VENISE

EN QUELQUES JOURS

PIERO PASINI

Sommaire

Préparer son séjour

Gondoles au soleil couchant

Explorer Venise 37

Vaut le détour

Carnet pratique 197

Coups de projecteur

Bienvenue à Venise

Vous la savez splendide mais craignez le raz-de-marée touristique ? Rassurez-vous, Venise a encore de quoi vous étonner : recoins secrets, tranches de vie quotidienne, tempo différent, évocations d'un temps hors de la modernité, éclats de joie de vivre et moments de grande authenticité... Pour en profiter, il vous faudra ouvrir l'œil et tendre l'oreille. Il faudra aussi faire preuve de patience et accepter de ne pas tout trouver du premier coup. Prendre le temps de découvrir la ville et se laisser soudain surprendre : par les cris du marché qui rompent la quiétude de la lagune ou par d'étincelants reflets dorés sur les eaux, qui évoquent Constantinople et donnent de l'éclat aux austères façades Renaissance sur le canal de la Giudecca. Oui, prendre le temps : c'est la meilleure façon d'envisager Venise, et vous en serez récompensé.

Le bassin de Saint-Marc
PIERO PASINI / EDT ©

Les incontournables

Basilique Saint-Marc

Il a fallu près de huit siècles pour aboutir à cette merveille architecturale, riche en échos de l'Orient byzantin et aux murs recouverts de fascinantes mosaïques. (p. 40)

MAURO CHIARLE ©

PIERO PASINI / EDT ©

Palais des Doges

Posé sur ses colonnes comme sur des pilotis, il est stupéfiant de l'extérieur : à l'intérieur, c'est un dédale de pièces, de passages et de salles immenses. (p. 44)

LUCAMATO / SHUTTERSTOCK ©

Gallerie dell'Accademia

Musée de rang international, qui conserve des chefs-d'œuvre tels que *La Tempête* de Giorgione, tableau énigmatique. (p. 68)

PIERO PASINI / EDT ©

Basilica di Santa Maria della Salute

Unique à Venise par sa forme et par ses proportions, cette église abrite aussi des œuvres d'art de grande valeur. (p. 70)

Collection Peggy Guggenheim

L'art du XXe siècle et l'histoire de la ville se mêlent dans cette résidence privée. (p. 74)

S74 / SHUTTERSTOCK ©

ANYAIVANOVA / SHUTTERSTOCK ©

POLUDZIBER / SHUTTERSTOCK ©

I Frari

La plus grande église de Venise. (p. 102)

Ghetto

Le premier du nom, témoin d'une histoire ancienne. (p. 124)

Santi Giovanni e Paolo

Une place, une belle basilique et un étonnant hôpital. (p. 144)

Quais de Castello

Promenade urbaine sans jamais perdre de vue la mer. (p. 146)

PIERO PASINI / EDT©

PIERO PASINI / EDT©

PIERO PASINI / EDT©

Grand Canal

Une des plus belles rues du monde, toute en eau. (p. 98)

Se restaurer

Pour apprécier la cuisine vénitienne, nul besoin d'un repas complet au restaurant, même s'il ne faut pas s'en priver pour autant. Faites comme les Vénitiens, qui préfèrent cichetare, *c'est-à-dire aller d'un bistrot à l'autre pour y grignoter divers petits en-cas* (cicheti) *traditionnels, accompagnés d'un verre de bon vin.*

Gare aux pièges !

Vu l'afflux de visiteurs, les lieux de restauration pullulent à Venise. Et, bien sûr, quantité ne rime pas toujours avec qualité. Commencez par vous familiariser avec la ville et fuyez d'office les adresses dotées d'un rabatteur (*batidòr* ou *intromettitore* en vénitien) devant la porte, car il s'agit des plus touristiques.

Spécialités

Le *risi e bisi* (risotto aux petits pois), le foie de veau à la vénitienne, les sardines *in saor* (à l'aigre-doux et frites) ou les seiches à l'encre sont désormais célèbres dans toute l'Italie. En dehors de ces plats, mélanges de saveurs méditerranéennes, orientales et d'Europe centrale, il existe des recettes populaires plus méconnues, telles les *moeche* (crabes en mue, dont on mange même les pinces et les pattes), les *bovoleti* (petits escargots dégustés en été) et les *bigoli in salsa* (gros spaghettis en sauce aux anchois). Enfin, les fêtes contribuent à enrichir le paysage gastronomique : pour la Festa del Redentore (3e dimanche de juillet), on prépare l'*anatra ripiena* (canard farci), et celle de la Madonna della Salute (21 novembre) va de pair avec la *castradina*, une soupe balkanique à base de mouton et de chou.

Sur le pouce

Les *bacari* (bistrots) servent des *cicheti* (tapas vénitiennes). Certains permettent toutefois de s'attabler pour déguster au calme les plats du comptoir ou de la

PFEIFFER / SHUTTERSTOCK ©

cuisine. Les bars plus modernes proposent des *tramezzini* (voir ci-dessous), qui peuvent faire un repas complet. Citons aussi les *fritolini*, désormais rares, pour acheter un *scartosso* (cornet de friture de la mer).

Tradition vénitienne

Trattoria Altanella (p. 85). Une institution en activité sur l'île de la Giudecca depuis 1866.

Antiche Carampane (p. 116). L'affiche à l'entrée annonce la couleur : ici, "pas de pizza, pas de lasagnes, pas de menu touristique" !

Cuisine créative

Local (p. 161). La tradition revisitée par un grand chef.

CoVino (p. 161). L'expérimentation est le maître mot de la maison.

Tramezzino ou tramesìn ?

Venise et sa voisine Mestre se disputent la paternité du *tramezzino*. Quoi qu'il en soit, le *tramesìn*, comme on l'appelle dans la lagune, diffère de son homologue de Turin, ville d'origine de ce petit sandwich triangulaire au pain de mie. Pour être authentique, il doit en effet être écrasé aux angles et présenter un renflement central de 5 ou 6 cm d'épaisseur. Les classiques sont garnis d'œuf et de thon ou de jambon, mais il existe quantité de versions, des 100% végétales aux combinaisons plus audacieuses (saucisson et morue, par exemple), sans oublier les créations gastronomiques d'**Estro** (p. 85).

Venise dans l'assiette

Quelques cicheti

★ Le top des *cicheti*

Cantina Do Mori (p. 113). Un vieux bar à vin au cœur du Rialto, avec un grand comptoir et une poignée de tabourets. Outre des *cicheti*, on peut y commander des petits *tramezzini* surnommés *francobolli* ("timbres-poste").

All'Arco (p. 114). À deux pas de la Cantina Do Mori, cet endroit sympathique et animé a la faveur des gens du coin et des touristes pour ses sandwichs créatifs préparés à la demande et ses *cicheti* sortant de l'ordinaire.

Cantina Aziende Agricole (p. 134). Idéal si vous pouvez vous passez de *cicheti* de poisson, mais pas de bonnes *polpette* de viande et d'atmosphère couleur locale.

Trattoria Ca' D'Oro "Alla Vedova" (p. 135). Célèbre pour les *polpette*, mais recommandé aussi pour les autres *cicheti* au comptoir, que l'on peut manger assis en attendant les plats commandés en cuisine. Cadre splendide.

Cicheto ou stuzzichino ?

Les *cicheti* (du latin *ciccum*, "peu de chose") sont des sortes de tapas destinées à combler les petits creux en accompagnement d'un verre de vin. Toutefois, tout en-cas (*stuzzichino* en italien) ne peut prétendre à cette appellation : à Venise, une multitude d'établissements servant de prétendus *cicheti* proposent en réalité de simples canapés recouverts de n'importe quoi, au lieu de spécialités ancrées dans la tradition culinaire vénitienne.

Cornet de friture, Acqua & Mais (p. 114)

PIERO PASINI / EDT ©

Prendre un verre et faire la fête

La tradition à Venise, c'est d'aller de bar en bacari *prendre un verre en picorant des* cicheti *(tapas) pour partager des moments conviviaux au comptoir, dans la rue ou le long d'un canal. Chaque Vénitien possède ses adresses préférées. Vous ne tarderez pas à sympathiser et découvrirez avec eux leurs repaires fétiches.*

Les bacari

Un *bacaro* (terme dérivé de Bacchus, le dieu du Vin, ou de *fare bàcara*, festoyer) est un bistrot typiquement vénitien, où l'on peut commander des *cicheti* (p. 12-13), exposés dans une vitrine. Il propose généralement deux types de vin : en bouteille, plus cher et de meilleure qualité, ou bien en bonbonne ou *di spina* (à la tirette). Les adresses authentiques disparaissent lentement au profit d'établissements privés du charme de la patine des ans. Cependant, quelques survivants, voire des nouveaux venus, incarnent encore l'âme de la ville, dans son quotidien et sa socialité de quartier.

Un petit verre ?

Le vin en bonbonne se sert sous forme d'*ombra* (voir encadré p. 52), c'est-à-dire au verre. Ce dernier est traditionnellement bas à fond lourd, même si les verres à pied s'imposent de plus en plus. Enfin, l'habitude vénitienne de boire peu à la fois, mais de façon répétée, a donné naissance au *birrino*, un verre de bière de moins de 25 cl qui coûte entre 1 et 1,50 €.

Café

Grâce à ses relations avec l'Empire ottoman, Venise introduisit le café en Europe et fut la première à en consommer. Si l'*espresso* a depuis longtemps détrôné le café à la turque, les Vénitiens l'aiment toujours autant. On trouve ainsi du bon café presque partout.

PIERO PASINI / EDT ©

Cocktails

Mélange vénitien le plus célèbre après le spritz, le Bellini a été inventé au Harry's Bar (p. 60). Quel que soit le cocktail qui vous fait envie, vous aurez vraiment l'embarras du choix à Venise.

Tarnowska (☎ 041 520 83 33 ; San Marco 2494 ; 🕑 17h-0h mar-dim). Un bar américain du début du XXe siècle, élégant et intimiste, dont l'histoire est liée à un crime passionnel.

Il Caravellino (☎ 041 520 89 01 ; San Marco 2398 ; 🕑 8h-0h). Passé mondain et fauteuils en cuir.

Caffè dei Frari – Il Mercante (p. 118). Ouvert récemment et très professionnel.

Vins de la lagune

Le nom du Campo San Francesco della Vigna, à Castello, rappelle qu'il y avait jadis des vignes à Venise. Elles reviennent depuis peu grâce à l'engouement croissant pour le vin bio et les cépages rares. Le premier dimanche d'octobre, l'île de Sant'Erasmo célèbre la Festa del Mosto (fête du Moût). Toujours dans le nord de la lagune, le domaine **Venissa** (☎ 041 527 22 81 ; www.venissa.it ; Fondamenta Santa Caterina 3, Mazzorbo) a été pionnier dans la redécouverte des vignes de la Sérénissime, cultivées sur les îles ou cachées dans des jardins ou des cloîtres de monastère. Pour plus de détails, consultez le site www.lagunanelbicchiere.it.

Venise dans le verre

Un spritz à l'Aperol

À Venise, on remplace parfois l'orange par une olive.

★ Spritz avec vue

Difficile de boire un mauvais spritz à Venise. Les adresses qui suivent ont néanmoins notre préférence.

Le **Campo Erbarìa**, une place du Rialto donnant sur le Grand Canal, accueille de nombreux bars où siroter un spritz en compagnie de touristes et de Vénitiens assis sur le ponton en bois auquel les Vénitiens amarrent leurs bateaux.

Le spritz du **Caffè Rosso** (p. 86) fait partie des incontournables, non qu'il soit plus réussi qu'ailleurs mais parce que l'endroit est le QG des jeunes et des étudiants à l'heure de l'apéritif.

Au bar **La Palanca** (p. 84), magnifiquement situé sur le canal de la Giudecca, un panneau au mur récapitule un tas de variantes possibles. N'hésitez pas à créer la vôtre.

Une question de degrés

Le spritz (de l'allemand *spritzen*, arroser) a vu le jour pendant la domination autrichienne sur le royaume de Lombardie-Vénétie (1814-1866). Les soldats avaient alors l'habitude d'allonger le vin blanc, trop fort à leur goût, avec de l'eau de Seltz. Les Vénitiens, qui trouvaient cela trop léger, y ajoutèrent par la suite de l'Aperol (recette la plus sucrée et la plus connue), du Select (utilisé presque exclusivement à Venise) ou du Campari, plus alcoolisé.

Cocktail Bellini (p. 60)

Shopping

À Venise, la quantité de boutiques et d'ateliers peut donner le tournis. Cependant, comme toujours dans un haut lieu du tourisme, la vigilance s'impose : des prix très bas sont souvent synonymes de qualité médiocre ou de production de masse.

Accessoires

Sartoria dei Dogi Châles d'hier et d'aujourd'hui : un accessoire précieux et incontournable. (p. 121)

Art

Les **galeries d'art** abondent. (voir l'encadré p. 58)

Bijoux

Perlamadredesign Patrizia et Evelina vous expliqueront comment elles travaillent le verre de Murano. (p. 89)

Sigfrido Cipolato La loupe est de rigueur pour apprécier les bijoux de cet orfèvre talentueux. (p. 63)

Attombri Des modèles qui remettent au goût du jour les vieilles perles en verre de Murano. (p. 119)

Laberintho Design original, inspiré du passé marin de la ville et de l'art byzantin. (p. 120)

Materialmente Ici, le bronze et le métal doré brillent avec éclat. (p. 63)

Gibigiana Petits chefs-d'œuvre d'argent et de verre de Murano. (p. 139)

Chapeaux

Giuliana Longo vend toutes sortes de couvre-chefs, des panamas haut de gamme aux bérets d'hiver des gondoliers. (p. 64)

Chaussures

Kalimala D'impeccables chaussures faites main à des prix plus qu'honnêtes. (p. 165)

Giovanna Zanella C'est la passion qui anime les mains de fée de cette artisane dynamique. (p. 165)

Gmeiner Les chaussures de Gabriel sont d'une beauté unique au monde. (p. 120)

Dentelle

La **Via Galuppi**, à Burano, présente une multitude de magasins, mais presque tous les articles en vitrine sont importés et fabriqués à la machine. **Dalla Olga** (p. 175) et **Dalla Lidia Merletti d'Arte** (p. 175) restent des valeurs sûres.

Haute couture

La **Calle Larga XXII Marzo** regroupe toutes les grandes maisons.

KAVALENKAU / SHUTTERSTOCK ©

Masques

Ca' Macana Un grand atelier où vous pourrez apprendre à fabriquer votre propre masque, pourquoi pas comme ceux d'*Eyes Wide Shut*. (p. 91)

Bottega dei Mascareri En activité depuis 35 ans, la boutique des frères Boldrin a contribué à moderniser le masque vénitien. (p. 120)

Papier

Gianni Basso Choisissez le motif parfait pour votre carte de visite. (p. 139)

Il Pavone di Paolo Pelosin De toutes ses créations, Paolo a un faible pour les "boîtes magiques". (p. 120)

Paolo Olbi Avec ses idées originales, Paolo fait rêver les artistes, mais pas seulement. (p. 88)

Pâtisserie

Les biscuits vénitiens font de délicieux souvenirs à rapporter chez soi. À vous de choisir entre les produits traditionnels de **Rizzardini** (p. 113), de **Tonolo** (p. 83) ou de **Colussi** (p. 88), ceux aux accents autrichiens de **Didovich** (p. 158) ou les gourmandises juives de **Volpe** (p. 134).

Au palais du commerce

Des décennies durant, le **Fondaco dei Tedeschi** (041 314 20 00 ; www.dfs.com ; Calle del Fontego dei Tedeschi ; 10h-20h tlj ; Rialto), ancien entrepôt des négociants allemands, a abrité la poste centrale. Restauré en 2016 par Rem Koolhaas, il a retrouvé sa vocation première en accueillant de nombreux commerces. Sa terrasse sur le toit dévoile une vue somptueuse.

Souvenirs vénitiens

VANESSAWOZ / SHUTTERSTOCK ©

Verrerie

Le verre, sous toutes ses formes (p. 22 et p. 170), est sans doute l'artisanat vénitien par excellence.

Masques

Les masques les plus typiques sont ceux qui, telle la *baùta*, étaient utilisés toute l'année. Vous pourrez en acheter un ou en fabriquer un à la **Ca' del Sol** (☎ 041 528 55 49 ; www.cadelsolmascherevenezia.com ; Castello 4964 ; ⏲10h-22h) ou à la **Ca' Macana** (p. 91).

GENTIAN POLOVINA / SHUTTERSTOCK ©

PIERO PASINI / EDT ©

Furlane

Originaires du Frioul mais popularisées par les Vénitiens, ces pantoufles se portent partout, à la maison, dans la rue, à la plage, en bateau... Rendez-vous chez **Dittura** (p. 65) ou, pour des modèles plus chics, chez **Pied à Terre** (voir encadré p. 119).

PIERO PASINI / EDT ©

Vintage

Chetti (☎347 746 08 47 ; Calle delle Botteghe, Dorsoduro 3185 ; 🕒10h15-12h45 et 16h-19h lun-sam) ; **Vintageria** (☎348 825 67 11 ; Campo Santa Maria Mater Domini, Santa Croce 2120 ; 🕒10h30-18h30 lun, 12h-18h mar-ven, 10h-20h sam-dim) ; **Penny Lane** (☎041 524 41 34 ; Salizada San Pantalon, Santa Croce 39 ; 🕒10h-18h lun-sam)

PIERO PASINI / EDT ©

Antiquaires

Nombre de magasins d'antiquités parsèment la ville. La **Calle delle Botteghe**, près du Campo San Barnaba, à Dorsoduro, se révèle particulièrement riche en la matière, ainsi qu'en boutiques d'art et d'objets vintage.

Verrerie

Le verre soufflé de Venise est le digne héritier des savoir-faire de la Rome antique et des techniques importées d'Orient à l'époque médiévale. Au XIIIe siècle, en raison d'incendies récurrents, le gouvernement de la Sérénissime obligea les verreries à s'installer sur l'île de Murano, où cet art raffiné se perpétue encore.

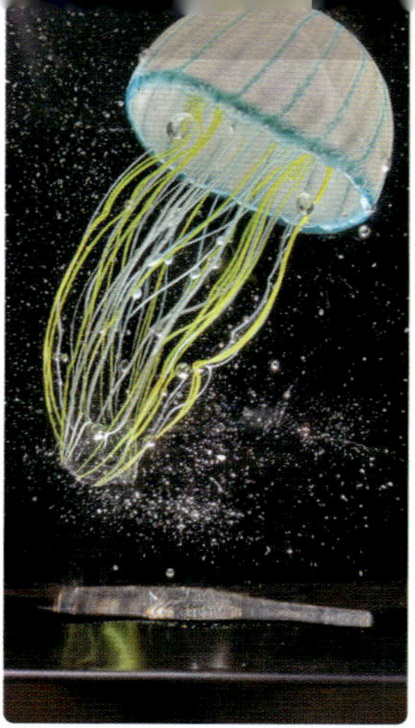

PIERO PASINI / EDT ©

Bien acheter

Fiez-vous non pas aux étiquettes "Made in Italy" ou "Made in Venice", mais seulement à la marque déposée "Vetro artistico di Murano" (logo violet sur fond blanc).

Petits formats

Des vases aux figurines d'animaux, Murano produit un large éventail de jolis articles de taille réduite. On peut aussi opter pour des **murrine**, fragments de baguettes de verre multicolores à section florale, qui servent notamment à réaliser les classiques presse-papiers millefiori, ou des **conterie**, perles avec lesquelles sont confectionnés bijoux et fleurs. Sans oublier les créations **a lume** (verre filé au chalumeau), souvent fabriquées dans les ateliers attenant aux boutiques.

Déco

VMA Pour assister au travail du verre et acheter un souvenir. (p. 172)

Bijoux

Anticlea (☎ 041 528 69 46 ; Calle San Provolo, Castello 4719/A ; ⌚11h-19h lun-sam). Bijoux composés de *conterie* ou de *murrine*.

Enfileuses de perles

Les *impiraresse* étaient des femmes qui enfilaient des perles de verre sur le pas de leur porte pour confectionner de longs colliers. On ne les voit plus guère aujourd'hui qu'à l'occasion de manifestations culturelles.

Le Carnaval et ses masques

Fête attestée à Venise dès le XIIe siècle, le Carnaval commençait autrefois juste après Noël. Il constituait une période d'abolition des barrières sociales, durant laquelle aristocrates et gens du peuple pouvaient se mêler. Interrompu après la fin de la République vénitienne, il fut réintroduit officiellement en 1980.

PIERO PASINI / EDT ©

Événements

Certains des grands moments qui rythmaient à l'origine le Carnaval font l'objet de fascinantes reconstitutions. La Festa delle Marie, aujourd'hui un concours de beauté, avait jadis pour but de trouver un mari aux douze plus jolies filles pauvres de la ville. Le "vol de l'ange" (voir Campanile p. 52) fut d'abord exécuté sur une corde vers le palais des Doges au XVIe siècle par un acrobate turc. Programme sur www.carnevale.venezia.it.

Masques

Les masques du Carnaval s'inspiraient de la commedia dell'arte. Il y en avait de fantaisistes, de drôles ou de réalistes, comme celui du *medico della peste* ("médecin de la peste"), avec son long bec rempli d'épices et d'aromates censés empêcher la contagion. À présent, la vogue est au XVIIIe siècle, comme vous le constaterez dans les vitrines des boutiques spécialisées.

Ni vu ni connu

L'emblématique *baùta* se distingue des autres masques vénitiens, car elle était portée toute l'année par les personnes désireuses de conserver l'anonymat. Couvrant tout le visage, sauf le menton, elle s'élargissait sous le nez pour permettre de boire et de manger sans se dévoiler. Sa forme altérait même la voix.

Églises

À commencer par la Chiesa di San Simeon Piccolo et sa grosse coupole vert-de-gris que l'on aperçoit dès la sortie de la gare ferroviaire, les églises constitueront le fil rouge de votre visite à Venise. Dominant les rues, s'appuyant aux maisons et se reflétant dans les canaux, elles font entendre leurs cloches à travers toute la ville.

Diversité de cultes

La cité des Doges compte plus d'une centaine d'églises, qui forment autant de musées épars. Si le catholicisme romain prévaut, il existe aussi quelques lieux de culte orthodoxe grec et catholique arménien comme **San Giorgio dei Greci** (p. 155), à Castello, et **Santa Croce degli Armeni** (Sotoportego dei Armeni, San Marco 965/B), près de la basilique Saint-Marc, qui n'ouvre à la visite que le dernier dimanche du mois après la messe de 10h30.

Insertion dans le tissu urbain

Tels des joyaux sertis dans des montures élaborées, toutes les églises vénitiennes, sauf Santa Maria dei Miracoli (p. 130), s'appuient à un autre édifice au moins sur un de leurs côtés ou s'intègrent à celui-ci. C'est le cas de **San Giovanni Crisostomo** (Salizada San Giovanni Grisostomo, Cannaregio ; ⏲8h15-12h15 et 15h-19h), havre de tranquillité et de pénombre dans le va-et-vient continuel des environs du pont du Rialto, et de **San Salvador** (Campo San Salvador, San Marco ; ⏲9h-12h et 16h-18h30). La première recèle des œuvres de Giovanni Bellini et de Sebastiano del Piombo, la seconde le monument funéraire de Catherine Cornaro, reine de Chypre.

Grands lieux de rassemblement

Les vastes églises des *sestieri* traditionnellement les plus peuplés

CORNFIELD / SHUTTERSTOCK ©

(et les plus populaires), avec leur mélange d'œuvres d'art et d'objets de facture plus artisanale, témoignent d'une foi sincère et profonde. Certaines trahissent leur ancienneté, comme **San Giacomo dall'Orio** (p. 112), dotée d'un splendide plafond gothique en coque de navire, ou **San Martino** (Campo San Martino, Castello ; 9h30-12h et 16h-18h30). D'autres possèdent une immense nef centrale, à l'image de la **Chiesa dell'Angelo Raffaele** (Foncamenta de la Pescaria, Dorsoduro ; 10h-12h et 15h-17h lun-sam, 10h-12h dim), conçue pour accueillir la grande masse des fidèles de Dorsoduro, où résidait une importante communauté de pêcheurs.

Mausolées familiaux

Les églises de Venise se distinguent par leur profusion de monuments funéraires et de statues représentant des figures de la vie politique et économique, à mi-chemin de l'art sacré et de l'art profane. Plusieurs, parmi lesquelles **Santa Maria del Giglio** (p. 56) et **Santa Maria Formosa** (p. 154), ont même été entièrement construites à l'initiative de particuliers, finissant par devenir de véritables mausolées familiaux.

Au fil de l'eau

La dimension aquatique qui définit Venise se révèle paradoxalement la plus difficile à appréhender pour un simple visiteur. Il faut dire que les folkloriques gondoles qui baladent les touristes en mal de romantisme ne forment qu'une infime partie des bateaux naviguant sur la lagune.

Gondoles

Jadis l'apanage des nobles, qui disposaient de gondoliers à leur service, elles n'assurent plus que des **prestations touristiques** (sauf les gondoles de *traghetto*, p. 203), permettant de contempler Venise sous son meilleur angle et d'en apprendre davantage sur son histoire (même s'il ne faut pas prendre pour argent comptant tout ce que l'on vous racontera à bord). Les **gondoles** (80 €/30 min, 100 € 19h-8h) attendent à différentes stations (*stazi*), signalées par des panneaux verts, le long du Grand Canal.

Autres bateaux

De nombreuses autres embarcations traditionnelles sillonnent les eaux vénitiennes : les *sandoli* de Burano, les *sanpierote*, barques de pêche pansues du sud de la lagune, les grands *topi*, destinés au transport des marchandises, et les *tope*, plus petites et au tableau arrière plat, typiquement urbaines. Citons encore les très maniables *sandoleti* et les *mascarete*, pour les courts trajets. Ces dernières, de même que les *gondolini* (gondoles “sportives”), participent à la saison des régates, qui se conclut le premier dimanche de septembre par la Regata Storica. Pour les cargaisons plus importantes, on utilisait les *caorline*, les *burci* ou encore les *peate*. Près de la Punta della Dogana, on voit souvent amarré l'un des derniers *trabaccoli* (caboteur à voile) existant,

PIERO PASINI / EDT ©

jadis employé pour le commerce maritime sur de moyennes distances.

Chantier naval

Les **squeraroli** (p. 81) sont les charpentiers de marine. Les **remeri** fabriquent les *forcole* (tolets) et les rames en fonction des caractéristiques des rameurs. La *forcola* est un instrument de précision : celle de la gondole a sept, voire huit positions, correspondant à autant de manœuvres.

Polos rayés

Emilio Ceccato (☎ 041 522 27 00 ; emilioceccato.com ; San Polo 16 ; ⏲ 10h-19h). Cette boutique au pied du pont du Rialto habille les gondoliers depuis 1902.

Figure de proue

Le célèbre *fero da prova* ("figure de proue" en fer) des gondoles est singulier. Ses six barres horizontales parallèles représenteraient les six *sestieri* (quartiers). D'autres éléments se voient aussi attribuer une signification. En réalité, les tableaux anciens montrent des modèles à 5, 7 ou 8 barres : il s'agit en fait d'un contrepoids au rameur, standardisé au XIXe siècle.

Kayak

Depuis maintenant une vingtaine d'années, des kayaks glissent sur les canaux, non sans gêner les autres embarcations. Si l'idée vous tente, adressez-vous plutôt à **Row Venice** (☎ 347 725 06 37 ; www.rowvenice.com ; cours de 90 min 85 € pour 1-2 pers), qui dispense des cours dans une zone tranquille à l'écart de la circulation nautique.

Avec des enfants

Si l'on excepte les canaux, dans lesquels tout Vénitien est tombé au moins une fois au cours de sa vie, Venise, ville sans voitures, convient parfaitement aux bambins et leur réserve nombre d'expériences captivantes.

Promenades

Itinerari Segreti Passages secrets, prisons mystérieuses et l'évasion de Casanova. (p. 45)

Vélo Arpentez le Lido et l'île de Pellestrina. (p. 192)

Musées

Museo di Storia Naturale di Venezia Des dinosaures, des momies et même une chèvre à deux têtes. (p. 111)

Museo Storico Navale Pour tout savoir sur la flotte vénitienne. (p. 148)

Activités

Plage Les plages des îles du Sud de la lagune sont baignées par des eaux peu profondes, adaptées aux plus petits. (p. 181)

Tir à l'arc Les Arcieri del Leon accueillent les enfants à partir de 9 ans. (p. 191)

FallaniVenezia Pour découvrir la sérigraphie : châssis et racle en main, devenez artisan pour 1 heure (40 €/pers, 2 pers au minimum). (p. 139)

Freetime Diving Plongées pour les plus de 10 ans, près de l'hôtel Excelsior. (p. 191)

Row Venice Les plus de 8 ans apprendront les techniques des gondoliers, les plus jeunes se feront aider par leurs parents. (p. 27)

Tragicomica Prêt à décorer votre masque pour le prochain Carnaval ? (☎041 72 11 02 ; tragicomica.it ; San Tomà, San Polo 2800 ; ateliers 1-40 pers ; ⏲sur réservation)

Parcs et jardins

Oasi WWF delle Dune degli Alberoni Réserve naturelle charmante. (p. 183)

Isola di Sant'Elena Pinède avec bancs, toboggans, balançoires, piste de patinage... et de l'ombre.

Infos utiles

Le site de l'association **Venezia dei Bambini** (veneziadeibambini.it) est très informatif. Sa page Facebook (www.fb.com/veneziadeibambini) offre un calendrier des événements.

Aires de jeux

Le jardin de la **Ca' Rezzonico** (p. 80) et la **Villa Groggia** (Cannaregio 3160) disposent d'espaces aménagés pour les enfants.

PIERO PASINI / EDT ©

Shopping

Fanfaluca Jouets artisanaux et écologiques. (041 847 68 91 ; www.fanfaluca.com ; San Marco 4339 ; 10h30-14h et 15h30-19h30 lun-sam ; Rialto)

Gilberto Penzo Pour construire une gondole en miniature. (p. 121)

C'era una Volta Beaux jouets, notamment en bois. (041 71 88 99 ; www.ceraunavoltavenezia.com ; Dorsoduro 3739 ; 10h-19h30 lun-sam San Tomà)

Bim Bum Bam Boutique spécialisée dans les Lego. (041 241 15 03 ; San Polo 383 ; 10h-19h30 lun-sam)

La Sérénissime en livres

Venise a aussi trouvé sa place dans la littérature jeunesse. Citons *Le Castor à l'oreille blanche*, d'Anne Wouters (1990), *Le Petit Cordonnier de Venise*, de Pascal Lemaître (2007), *Le Luthier de Venise*, de Claude Clément (1991), tous chez Pastel, ou *Le professeur a disparu*, de Jean-Philippe Arrou-Vignod (Folio junior, 2017). Côté BD, chez Casterman, *La Sérénissime*, de Jacques Martin, Jean Pleyers et Hugues Payen (2009), dans la collection "Les voyages de Jhen" – dans la même série, on retiendra *Venise*, de Jacques Martin et Enrico Sallustio (2017), histoire illustrée de la cité ; pour les plus grands, la série historique *Marina*, de Matteo et Zidrou (Dargaud, 2013-2017), ou *Fable de Venise*, d'Hugo Pratt (Casterman, 2009), une aventure de Corto Maltese.

Venise en 4 jours

Jour 1

PIERO PASINI / EDT ©

Le premier jour sera celui où s'animeront les images que vous avez toujours eues en tête. Venise n'est plus un rêve : elle est enfin là devant vos yeux ! Commencez par la zone de Saint-Marc (p. 40) : la **basilique**, la **place** et le **palais des Doges**. Accordez-vous une pause dans l'un des cafés historiques, puis continuez sur les **quais de Castello** (p. 147) en essayant de vous imaginer ce que pouvait bien être autrefois la vie portuaire de cette ville. De là, explorez **Castello** (p. 141) dans l'après-midi en revenant petit à petit vers le centre. Terre et eau, splendeur et simplicité se mêlent déjà : c'est la clé pour comprendre Venise. Célébrez vos premiers émois vénitiens avec un généreux dîner au **Local** (p. 161).

Jour 2

PIERO PASINI / EDT ©

Le **pont du Rialto** (p. 54) donne accès au **marché** (p. 104), cœur économique de la Sérénissime, et à l'entrelacs des ruelles et placettes de San Polo et Santa Croce. Après un peu de shopping et quelques *cicheti* (p. 12) à la **Cantina Do Mori** (p. 113), gagnez l'un des plus grands *campi* (places) de Venise et visitez la **Chiesa di San Polo** (p. 109). Au déjeuner, calmez votre appétit à la **Zucca** (p. 115). Ensuite, offrez à vos enfants (ou à l'enfant qui est en vous) une visite du **Museo di Storia Naturale** (p. 111), avant de vous consacrer à l'art moderne et oriental de la **Ca' Pesaro** (p. 112). Enfin, ne manquez pas le *campo* et la **Chiesa di San Giacomo dall'Orio** (p. 112), merveilleux exemple d'architecture romane.

ENRICOALIBERTI ITALYPHOTO / SHUTTERSTOCK ©

Commencez par la **Basilica della Salute** (p. 70), à la silhouette emblématique, non loin de l'ancienne douane, sur la **Punta della Dogana** (p. 78). La **Collection Peggy Guggenheim** (p. 74) est toute proche, dans l'un des coins les plus romantiques de la cité. Après avoir déjeuné aux **Quatro Feri** (p. 84), vous aurez le choix : balade muséale aux **Gallerie dell'Accademia** (p. 68) ou à la **Ca' Rezzonico** (p. 80), ou visite de l'une des plus grandes églises de la ville, **I Frari** (p. 102). Dans tous les cas, il faudra compenser l'éclatante luminosité de la Salute par la pénombre discrète et émouvante de **San Nicolò dei Mendicoli** (p. 82), avant de terminer par un verre sur le **Campo Santa Margherita** (p. 81).

PIERO PASINI / EDT ©

Ne pensez pas que certains quartiers sont périphériques : tout Venise n'est qu'un grand centre historique. Cannaregio illustre bien cette particularité. Partez de la **gare** et bifurquez vers le plus ancien **Ghetto** (p. 124) du monde. Vous trouverez sur la **Fondamenta della Misericordia** plusieurs options pour vous restaurer (p. 136) et, sur les quais parallèles, de petits bijoux comme la **Chiesa della Madonna dell'Orto** (p. 132) ou le **Campo dei Mori**, proche du **Palazzo Mastelli** (p. 132). Comme vous êtes presque aux **Fondamente Nove** (p. 133), vous pouvez filer vers les **îles du Nord** (p. 167) ; ou, si vous ne l'avez pas fait le premier jour, visitez le *campo* et la **Basilica dei Santi Giovanni e Paolo** (p. 144).

Les basiques

Pour plus de renseignements, voir le Carnet pratique (p. 197)

Voyage
www.veniceairport.it, www.autostrade.it, www.viamichelin.fr, www.cciss.it, www.trenitalia.com, www.italotreno.it, www.babyinviaggio.it.

Hébergement
Le choix est vaste, du classique hôtel vénitien du XVIIIe siècle aux hôtels de charme, B&B, auberges de jeunesse ou appartements. Les prix varient beaucoup selon la période.

Se restaurer
Les papilles frétillent : cuisine de rue, vin et tapas typiques (*cicheti*) dans les *bacari* (auberges), tradition dans les trattorias et *osterie*, cuisine revisitée des restaurants plus élégants.

Pourboire
Facultatif (10%) dans les restaurants où le service n'est pas inclus, les bars, les bateaux-taxis et les hôtels.

Budget quotidien

Moins de 100 €

Nuit en auberge de jeunesse : 25 €

Assortiment de *cicheti* au déjeuner : 15 €

Circuit panoramique en *vaporetto* : 7,50 €

De 100 à 200 €

Nuit en chambre double : 80-140 €

Déjeuner pour deux en *osteria* : 60 €

Promenade en gondole de 2 à 6 personnes : 80 €

Plus de 200 €

Nuit en hôtel de luxe : 200 € et plus

Dîner dans un restaurant de luxe : 100-200 € par personne

Loge centrale à la Fenice : 320 €

Sites Internet

Lonely Planet www.lonelyplanet.fr
Comune di Venezia www.comune.venezia.it
VeneziaUnica www.veneziaunica.it

À prévoir

Deux mois avant Réservez votre hébergement pour la haute saison, les grands festivals et les manifestations particulières.
Un mois avant Prenez votre carte personnelle VeneziaUnica sur le site web. Si vous venez en voiture, réservez le parking.
Quelques jours avant Jetez un coup d'œil à la météo, et, à l'automne, renseignez-vous sur les éventuelles grandes marées.

Arriver à Venise

Aéroport Marco Polo

Le bus n°5 d'ACTV dessert la ville depuis l'aéroport (15 € aller-retour, 4h30-1h). Navette en *vaporetto* Alilaguna (27 € aller-retour). Un bateau-taxi coûte environ 110 €.

Aéroport Antonio Canova de Trévise

Desservi par de nombreuses compagnies low-cost, l'aéroport de Trévise est relié à Venise par les bus ATVO (22 € aller-retour).

Stazione Venezia Santa Lucia

De nombreux trains s'arrêtent dans la principale gare de Venise, pratique pour rejoindre le centre.

Stazione Venezia Mestre

Certains trains longue distance s'arrêtent à Mestre, d'où les départs pour Venise sont très réguliers.

Piazzale Roma

Terminus des autobus des compagnies ACTV et ATVO et de certaines lignes internationales ; d'autres s'arrêtent dans la zone de Tronchetto.

P Piazzale Roma

On y trouve, comme à Tronchetto, les garages et parkings les plus pratiques.

Comment circuler

Vaporetto

Les embarcations d'ACTV desservent de nombreuses destinations et fonctionnent 24 heures sur 24.

Gondole de traghetto

Ces gondoles de traversée font la navette en plusieurs points entre les deux rives du Grand Canal (*barchéta*, 2 €).

PIERO PASINI / EDT ©

Les quartiers

Cannaregio (p. 123)

Riche d'évocations levantines et européennes : statues de marchands de la Grèce ancienne et camélidés de pierre, oubliettes et synagogues surmontant les maisons du Ghetto.

San Polo et Santa Croce (p. 97)

Du Rialto, centre originel, au Piazzale Roma, seul lieu de Venise où circulent des voitures, un dédale de ruelles qui retrace toute l'histoire de la cité.

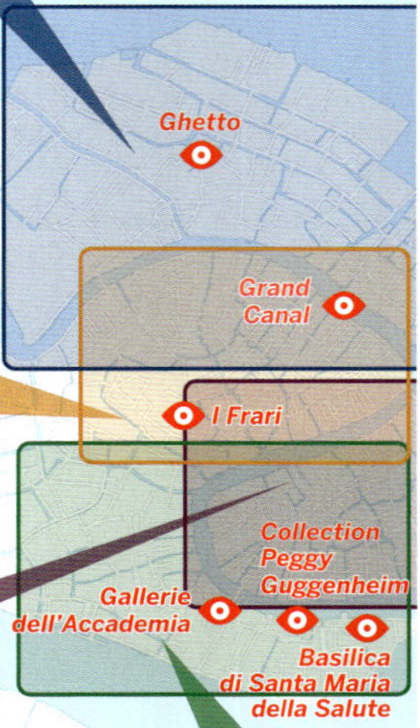

San Marco (p. 39)

Un quartier de carte postale : pont des Soupirs, place Saint-Marc, campanile et masques de Carnaval. Pourtant, rien de banal dans tout cela et, contre toute attente, aucune sensation de déjà-vu.

Dorsoduro (p. 67)

Collections d'œuvres d'art remarquables, flânerie le long de canaux paisibles ou des quais ensoleillés des Zattere et places animées idéales à l'heure de l'apéritif.

Îles du Nord (p. 167)

Les petites sœurs de Venise se cachent là où se mêlent terre et eau : Murano, scintillante de verre ; Burano, toute en jeux d'ombre et de lumière, comme une dentelle ; Torcello, dorée par ses mosaïques.

Castello (p. 141)

L'Arsenal, le Museo Storico Navale, la promenade ensoleillée sur les quais, la Via Garibaldi et son atmosphère de village, le tout enveloppé des parfums de la mer.

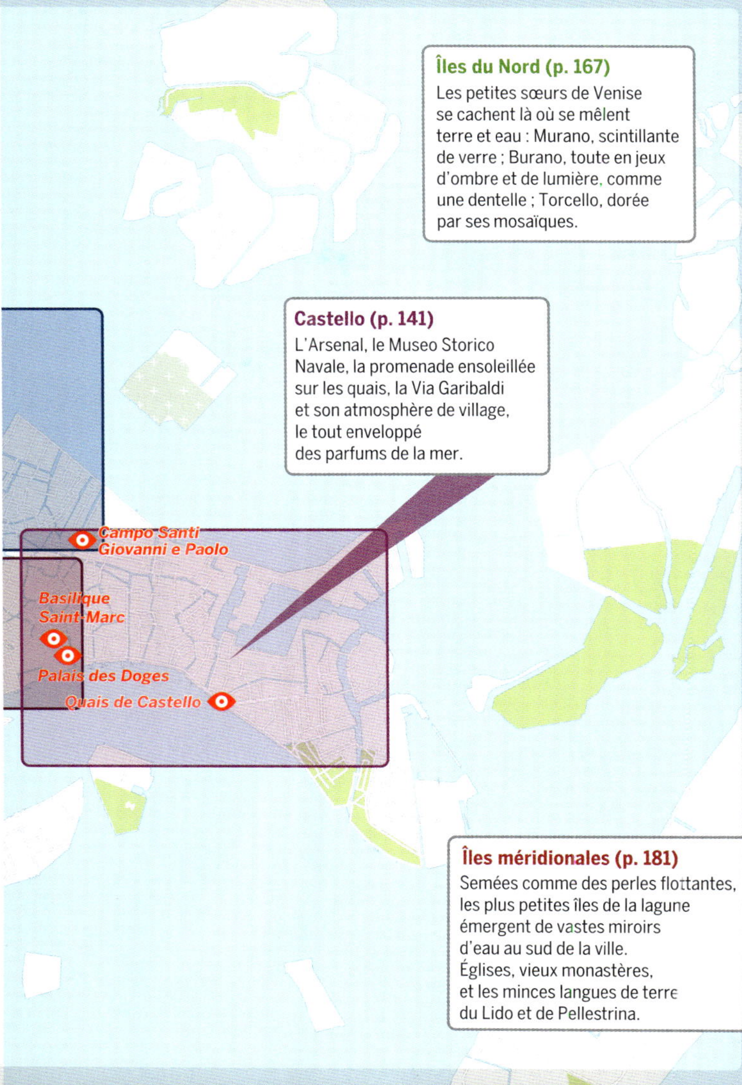

Îles méridionales (p. 181)

Semées comme des perles flottantes, les plus petites îles de la lagune émergent de vastes miroirs d'eau au sud de la ville. Églises, vieux monastères, et les minces langues de terre du Lido et de Pellestrina.

Explorer Venise

Vaut le détour

Promenades à pied

Promenade à vélo

Explorer
San Marco

Bordant l'ancien port, montant la garde à l'entrée du Grand Canal, le plus célèbre sestiere *(quartier) de Venise tire son nom de la basilique et de la seule* piazza *de la ville – et le partage avec une partie de la lagune, le bassin de Saint-Marc, dans laquelle se mirent les façades de certaines des plus belles églises de la ville. La magnificence de l'ensemble ne doit cependant pas éclipser les nombreuses autres merveilles de ce quartier raffiné et resplendissant. Centre politique de la Sérénissime, il constituait avec le pôle économique de Rialto le noyau d'origine de Venise.*

Le matin, prenez un café sur la place, puis découvrez le cœur de l'histoire et du faste de la ville : la basilique et le palais des Doges, sans oublier le Museo Correr (p. 55).

Pour déjeuner, quelques cicheti *(tapas vénitiennes) chez Fiore (p. 59) ou un* tramezzino *(sandwich triangulaire) chez Rosa Salva (p. 59), avant un tour entre des églises-mausolées et un incroyable escalier en colimaçon (p. 56).*

Prêt à casser votre tirelire ? Dînez au Harry's Bar (p. 60) ou à l'Ai Assassini (p. 59), en toute vénitianité.

Comment y aller

Vaporetto Les principaux arrêts sont Rialto et San Marco, où accostent les lignes n°1, 2 et N.

Traghetto L'une des plus anciennes stations se trouve devant San Marco. Par grand vent, le service est parfois interrompu.

Plan p. 50

Pont des Soupirs (p. 53) PIERO PASINI / EDT ©

Les incontournables

Basilique Saint-Marc

Fondée en 832, la Basilica di San Marco n'est la cathédrale de Venise que depuis 1807. Elle était en effet jusqu'alors régie par le doge et non par le patriarche : une église "d'État", en quelque sorte. Elle a symbolisé l'indépendance de Venise, et l'alliance entre son peuple et son saint patron, Marc, dont les reliques étaient arrivées d'Alexandrie après un voyage mouvementé, cachées sous de la viande de porc pour les soustraire à la convoitise des musulmans.

PLAN P. 50, H4

041 270 83 11

www.basilicasanmarco.it

Piazza San Marco 328

Entrée libre

9h30-17h lun-sam et 14h-16h30 dim nov à mi-avr, 9h30-17h lun-sam et 14h-17h dim mi-avr à oct

San Marco

Entre Orient et Occident

La basilique Saint-Marc offre la trace la plus visible du passé byzantin de la ville. Son aspect actuel remonte au remaniement de 1060. À l'époque, Venise était encore fortement liée à Constantinople : le plan de l'édifice, surmonté de cinq coupoles, reprend le plan byzantin en croix grecque de son église des Saints-Apôtres, aujourd'hui disparue.

Extérieur

Les butins des croisades, notamment la quatrième (1204), vinrent enrichir cette inspiration orientale. Sur une terrasse dominant l'entrée se dresse le célèbre **quadrige de chevaux** provenant de l'hippodrome de Constantinople (des copies, les originaux étant conservés à l'intérieur depuis 1981). Quelques éléments moins connus sont à voir sur le côté sud de l'édifice (côté lagune) : à l'angle, la *pietra del bando*, un **tronçon de colonne de porphyre** sur lequel on prononçait les lois et les bans de la République (comme le Gobbo, p. 108) ; **deux piliers** de la basilique Saint-Polyeucte de Saint-Jean-d'Acre ; et surtout, près de la Porta della Carta (palais des Doges), les **Tétrarques** de porphyre (IIIe siècle, rapportés de Constantinople) représentant les quatre gouverneurs (deux pour l'Empire romain d'Occident, deux pour celui d'Orient) institués par la réforme administrative de Dioclétien.

Intérieur

L'apport des églises byzantines se confirme à l'intérieur. Les trois nefs, au pavement de marbre gondolé par le temps, arborent des arcs outrepassés et des chapiteaux byzantins. Et le visiteur est ébloui par plus de 4 240 m² de mosaïques, assemblées à partir du XIIIe siècle par des maîtres de Ravenne formés par des Byzantins. Après le portail, dont la voûte représente la translation des reliques de saint

★ À savoir

- Visitez la basilique tôt le matin, pour éviter des heures de file d'attente.
- Préparez votre visite en vous documentant avant de venir : il est difficile de s'arrêter longtemps au même endroit, surtout s'il y a du monde.
- N'oubliez pas l'étage, où vous pourrez voir les originaux du quadrige de Constantinople et admirer la place et la basilique sous un autre angle.

Une petite pause ?

Au **Caffè Lavena** (plan p. 50, G4 ; ☎ 041 522 40 70 ; www.lavena.it ; Piazza San Marco 133/4 ; boissons 1,20-15 € ; 9h30-22h en hiver, 9h30-0h en été ; San Marco), fréquenté par Richard Wagner et Gabriele D'Annunzio ; on y boit (au comptoir) les cafés et les boissons alcoolisées les moins chers de la place.

Marc, on accède au **narthex**, doté d'un pavement des XIe et XIIe siècles et de mosaïques des XIIe-XIIIe siècles représentant des scènes de l'Ancien Testament. Dans la première travée, les 24 scènes de la **coupole de la Création** s'inspirent de la bible de Cotton, codex enluminé du VIe siècle. Plus loin, dans les niches bordant l'entrée vers la nef, les mosaïques les plus anciennes représentent la Vierge, les apôtres et, en dessous, les évangélistes. Les mosaïques du Jugement dernier et de l'Apocalypse (refaites au XIXe siècle) couvrent les deux voûtes de l'entrée. Dans la coupole de la Pentecôte, première de la nef principale, la colombe de l'Esprit saint envoie des langues de feu sur les apôtres. Le baptistère (XIVe siècle) et le presbytère valent aussi le détour. Enfin, derrière le maître-autel, au-dessus du **sarcophage de saint Marc**, ne manquez pas le retable **Pala d'Oro** (tarif plein/réduit 2/1 € ; ⌚9h45-16h45 lun-sam et 14h-16h30 dim nov à mi-avr, 9h35-17h lun-sam et 14h-17h dim mi-avr à oct), chef-d'œuvre d'orfèvrerie vénéto-byzantine (1105-1345), serti de 1927 pierres précieuses : émeraudes, améthystes, saphirs, rubis et perles. Les plaques d'émaux cloisonnés, de facture exquise, illustrent des scènes bibliques. Les médaillons du bas illustrent, sur la droite, l'enlèvement de la dépouille de saint Marc en Égypte.

Trésor

On accède au **Tesoro di San Marco** (tarif plein/réduit 3/1,50 € ; ⌚9h45-16h45 lun-sam et 14h-16h30 dim nov à mi-avr, 9h35-17h lun-sam et 14h-17h dim mi-avr à oct) par le bras sud du transept. Le musée comprend trois espaces : l'Antitesoro, qui abrite une statue en argent de saint Marc (1804) ; le Santuario, qui présente 110 reliquaires dans 11 niches ; et le Tesoro à proprement parler, où sont conservées de précieuses pièces provenant de tout l'Orient, de facture byzantine, rapportées à Venise après la quatrième croisade.

Musée

La basilique ayant été la chapelle des doges jusqu'en 1807, leurs somptueux trésors y sont conservés, à l'étage, dans le **Museo di San Marco** (www.museosanmarco.it ; tarif plein/réduit 5/2,50 € ; ⌚9h45-16h45 nov à mi-avr, 9h35-17h mi-avr à oct). Les originaux des **chevaux en cuivre** de la façade, d'époque romaine, y sont exposés. Après avoir pris Venise en 1797, Napoléon les emporta et les fit installer sur l'arc de triomphe du Carrousel, à Paris. En 1815, après la défaite de Waterloo, les Autrichiens les restituèrent à Venise. Le musée présente aussi des fragments de mosaïque (XIIIe-XVe siècle) déposés au XIXe siècle, et notamment ceux de l'*Arbre généalogique de la Vierge*, dans le bras nord du transept. Une section est dédiée au textile – tapis, antependiums et tentures – dans ce qui fut la **salle de banquet du doge**, décorée de moulures du XVIIIe siècle, allégories de la Musique, de la Poésie et de la Paix. Au centre de la pièce trône la **Pala feriale** de Paolo Veneziano (1345), qui dépeint des scènes de la vie de saint Marc.

Basilique Saint-Marc

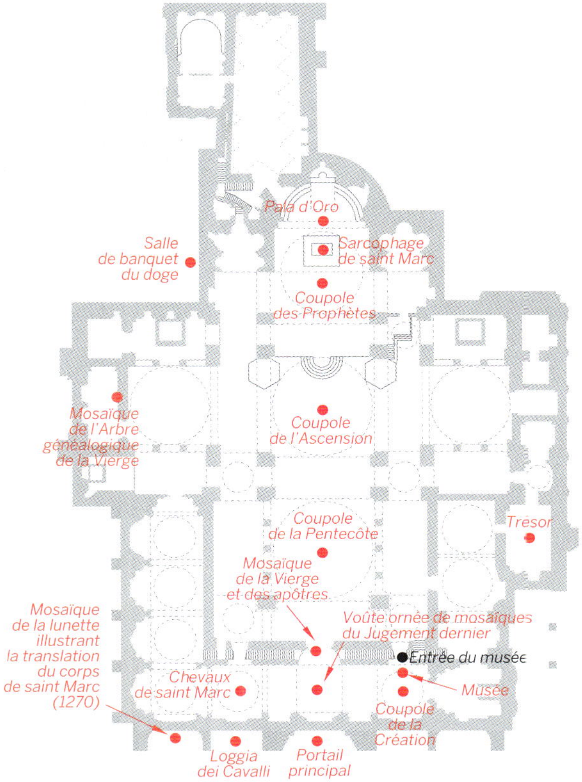

Rez-de-chaussée

Les incontournables

Palais des Doges

Le Palazzo Ducale fut érigé à partir de 810 pour protéger le nouveau siège du gouvernement. Il fit l'objet de plusieurs aménagements et connut un remaniement important en 1340, lorsque la République décida de construire une salle pour le Grand Conseil. Ce dernier ne put s'y réunir qu'à partir de 1419, car la construction des murs donnant sur la petite place et le quai nécessita près d'un demi-siècle de travaux.

PLAN P. 50, H4

041 271 59 11

palazzoducale.visitmuve.it

Piazza San Marco 1

billet unique musées de la Piazza San Marco tarif plein/réduit 25/13 € ou Museum Pass 35/18 €

8h30-19h avr-oct, 8h30-17h30 nov-mars

San Zaccaria

Extérieur et Porta della Carta

Ce palais illustre à merveille le gothique vénitien. Les façades d'Antonio da Ponte, savant mélange de pierre d'Istrie et de marbre de Vérone, sont percées de grandes baies. Deux de celles qui donnent sur la lagune sont polylobées, vestiges du palais détruit par l'incendie de 1577. Attardez-vous sur la colonnade et ses chapiteaux, ornés de représentations des corporations de métiers, d'épisodes bibliques et de créatures fantastiques. À sa jonction avec la basilique Saint-Marc apparaît la magnifique **Porta della Carta** (porte du Papier) ; ancienne entrée du palais, elle exprime les fondements de l'organisation vénitienne, où tout découle du principe de justice (sculpture au sommet) auquel le doge lui-même était soumis : on le voit agenouillé devant le lion de saint Marc, symbole de la République.

Cour et étage des loggias

Après la billetterie (côté lagune), on accède à la superbe **cour intérieure**. Dans l'alignement de la Porta della Carta se trouve l'imposante **Scala dei Giganti** (escalier des Géants), chef-d'œuvre d'Antonio Rizzo (fin du XVe siècle), en haut duquel trônent les statues de Mars et de Neptune, de Sansovino, symboles de la puissance maritime et terrestre. Sous le côté est des arcades se trouvaient les redoutables **Pozzi** (puits), une prison au niveau de l'eau (qui accueille aujourd'hui la consigne) ; dans la cour, les *vere da pozzo* (margelles de puits), coulées dans du bronze au XVe siècle, sont très ornementées. Par la **Scala dei Censori** (escalier des Censeurs), on accède à l'**étage des loggias**, autrefois réservé à l'administration.

Premier étage

Autre œuvre de Sansovino, la **Scala d'Oro** (escalier d'Or) mène à la **Sala degli Scarlatti** (salle des Écarlates), où se réunissaient les

★ À savoir

o Pour voir les pièces inaccessibles en visite classique – dont les Plombs (les anciennes prisons) –, participez à une visite guidée avec **Itinerari Segreti** (848 08 20 00 ; tarif plein/réduit 28/15 € ; en français 10h20 et 12h, durée 1 heure 15, réservation obligatoire ; à partir de 6 ans). Vous suivrez le parcours des détenus, qui empruntaient le pont des Soupirs pour rejoindre les Prigioni Nuove. Dans les cachots humides d'où Casanova réussit à s'évader, les murs sont couverts d'inscriptions, et le marbre au sol provient du sac de Constantinople.

Une petite pause ?

Prenez un verre au bar **Al Todaro** (plan p. 50, H5 ; 041 528 51 65 ; Piazzetta San Marco 3 ; 8h30-18h nov-Pâques, 8h30-21h Pâques-oct ; San Marco), sans perdre de vue l'écart de prix entre comptoir et salle.

conseillers du doge, hauts dignitaires de la République vêtus de toges rouges. Ensuite se trouve la **Sala dello Scudo** (salle de l'Écusson), où l'on exposait les insignes du doge en fonction (vous verrez ceux du dernier, Ludovico Manin, déchu en 1797) et les cartes de l'Afrique, de l'Italie et de l'Europe orientale, celles des voyages de Marco Polo et de l'Asie Mineure jusqu'à l'Indus. Plus loin se tiennent les **appartements du Doge** et la **Sala degli Stucchi** (salle des Stucs). L'aile sud du palais est presque entièrement occupée par l'immense **Sala del Maggior Consiglio** (salle du Grand Conseil), le plus important organe politique de la Sérénissime, auquel revenait notamment l'élection du doge. Les portraits des doges y sont exposés ; l'un d'eux est masqué par un voile : Marino Falier est coupable d'avoir comploté contre la République. L'une des plus grandes toiles du monde orne le mur est : le *Paradis*, que le Tintoret réalisa entre 1588 et 1592.

Deuxième étage

En reprenant la **Scala d'Oro**, vous accéderez à l'**Atrio Quadrato** (atrium carré), au beau plafond de bois, puis à la **Sala delle Quattro Porte** (salle des Quatre Portes), où les ambassadeurs attendaient d'être reçus sous une voûte en berceau ornée de moulures en stuc. Le pouvoir est aussi représenté dans les œuvres de Titien, *Le Doge Antonio Grimani agenouillé devant la Foi en présence de saint Marc* (1554), et de Giambattista Tiepolo, *Neptune offrant des cadeaux à Venise* (1748). Les délégations patientaient dans l'**Anticollegio** (Anticollège), pièce décorée d'œuvres mythologiques et allégoriques. Celle-ci donne sur la **Sala del Collegio** (salle du Collège), où se réunissait la magistrature suprême de la ville. Le centre de la **Sala del Consiglio dei Dieci** (salle du Conseil des Dix) est orné de la copie d'une fresque de Véronèse, *Jupiter punissant les vices* (1556), dont l'original est exposé au Louvre. Dans la **Sala della Bussola** (salle de la Boussole), adjacente, est exposée la boîte où les citoyens glissaient leurs dénonciations anonymes, ainsi que la copie d'une fresque de Véronèse : *Saint Marc récompensant les vertus* (1556), dont l'original fut également emporté par Napoléon au Louvre. Après la **Scala dei Censori** (escalier des Censeurs), on arrive aux **Sale d'Armi del Consiglio dei Dieci** (salles d'armes du Conseil des Dix).

Les salles "secrètes"

Le circuit d'**Itinerari Segreti** (p. 45) permet de visiter les lieux dédiés à l'administration de la justice : la **Cancelleria** (Chancellerie), débordant d'armoires où l'on conservait les rapports des espions vénitiens, les documents des procès et les sentences ; puis la **Sala della Tortura** (salle de la Torture), lieu des interrogatoires. Sous les toits, vous découvrirez la prison des **Piombi** (Plombs), où Casanova fut condamné à cinq ans de réclusion pour avoir séduit des religieuses et voulu propager la franc-maçonnerie. Ses mémoires racontent son évasion en 1756 par le toit.

Palais des Doges

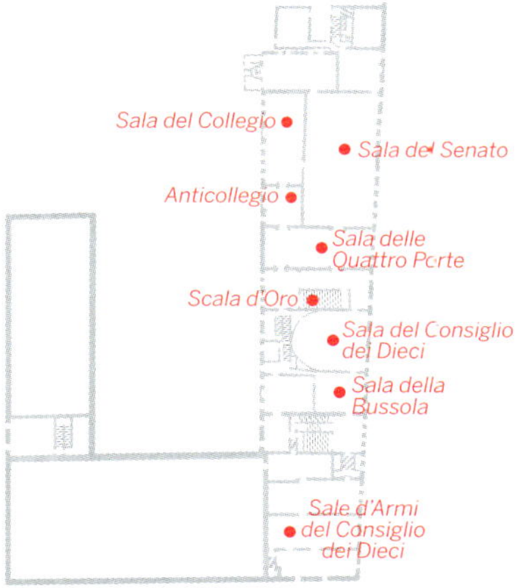

Deuxième étage

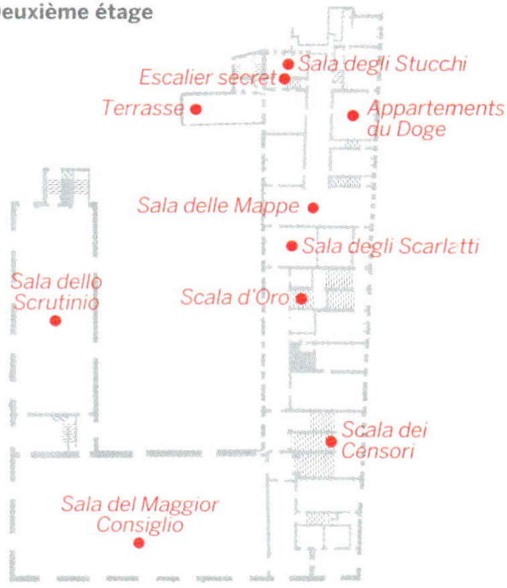

Premier étage

Promenade à pied

C'est une révolution !

Reine des mers au Moyen Âge, puissance territoriale au XVIe siècle, centre mondain au XVIIIe siècle, Venise, écrasée ensuite par des jougs étrangers, prend part au Risorgimento. De mars 1848 à août 1849, Daniele Manin, aspirant à une union républicaine des États italiens, prend la tête de la plus longue révolte qu'ait affrontée l'Empire austro-hongrois dans la péninsule. Retrouvez les traces de cette épopée.

La promenade

Départ Campo Manin

Arrivée Campo San Salvador

Distance 1 km

Durée 1 heure

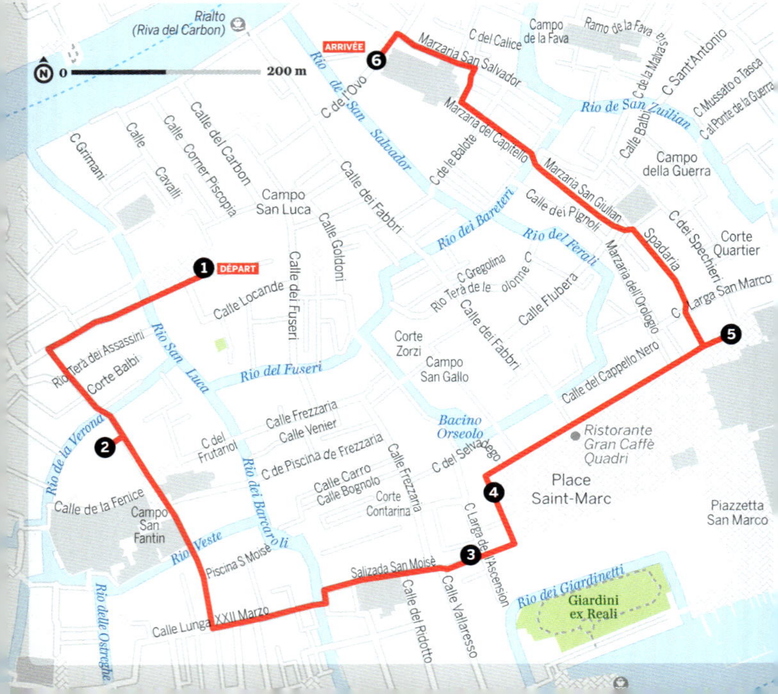

❶ Campo Manin

La statue de Daniele Manin, le regard tourné vers la maison qu'il occupait (la rouge), trône au milieu de ce *campo* (place vénitienne), sur lequel la façade moderne de la Cassa di Risparmio détone. Dans le coin nord du parterre de la statue figure au sol la carte du *campo* tel qu'il était à la fin du XIXe siècle, avec son campanile si particulier, au plan irrégulier.

❷ Hotel San Fantin

En filant vers le Campo Sant'Anzolo puis en bifurquant à gauche, on arrive à la Fenice (voir encadré p. 57), théâtre, c'est le cas de le dire, de nombreux soulèvements du Risorgimento. Sur le Campiello della Fenice, tout proche, vous verrez un petit temple (aujourd'hui entrée de l'Hotel San Fantin) décoré de matériel de guerre, boulets et canons, qui ont servi pour la défense de la ville en 1849 contre l'occupation autrichienne.

❸ Venise reconnaissante

En suivant vers l'est la Via XXII Marzo, ainsi nommée en souvenir du jour où Daniele Manin proclama la République, vous gagnerez l'arrière de l'Ala Napoleonica (ou Procuratie Nuovissime), dont les murs arborent des épigraphes rendant hommage aux patriotes tombés pour le Risorgimento, certains oubliés, d'autres encore bien connus en Italie, comme les frères Bandiera.

❹ Palazzo Reale

Les doges n'avaient pas de palais royal, mais Napoléon, les Autrichiens, puis le roi d'Italie eurent le leur. Le bâtiment, formé par la réunion des Procuratie Nuove et de l'Ala Napoleonica, était doté, au sud, d'un *rio* (canal) privé et de jardins qui offrent aujourd'hui un havre de verdure dans le bouillonnant quartier de Saint-Marc. C'est d'ici que le gouverneur autrichien entendit les premières rumeurs de la révolte.

❺ Tombe de Manin

Sur le flanc nord de la basilique Saint-Marc, une lourde grille cache la tombe de Manin, qui, après de longues pérégrinations, repose ici depuis 1867.

❻ Campo San Salvador

Sur ce *campo*, une colonne fut dressée en souvenir de l'épopée du Risorgimento. On y trouve aussi des boulets de canon, témoignages des bombardements autrichiens de 1849 ; l'un d'eux est fiché au pied de la colonne de gauche sur la façade de l'église San Salvador (p. 24).

✕ Une petite pause ?

Autrefois rendez-vous des officiers autrichiens, le **Gran Caffè Quadri** (☎ 041 522 21 05 ; Piazza San Marco 121 ; 🕘 9h-0h ; ⛴ San Marco) est un café en bas et un **restaurant** (repas 200 €) à l'étage.

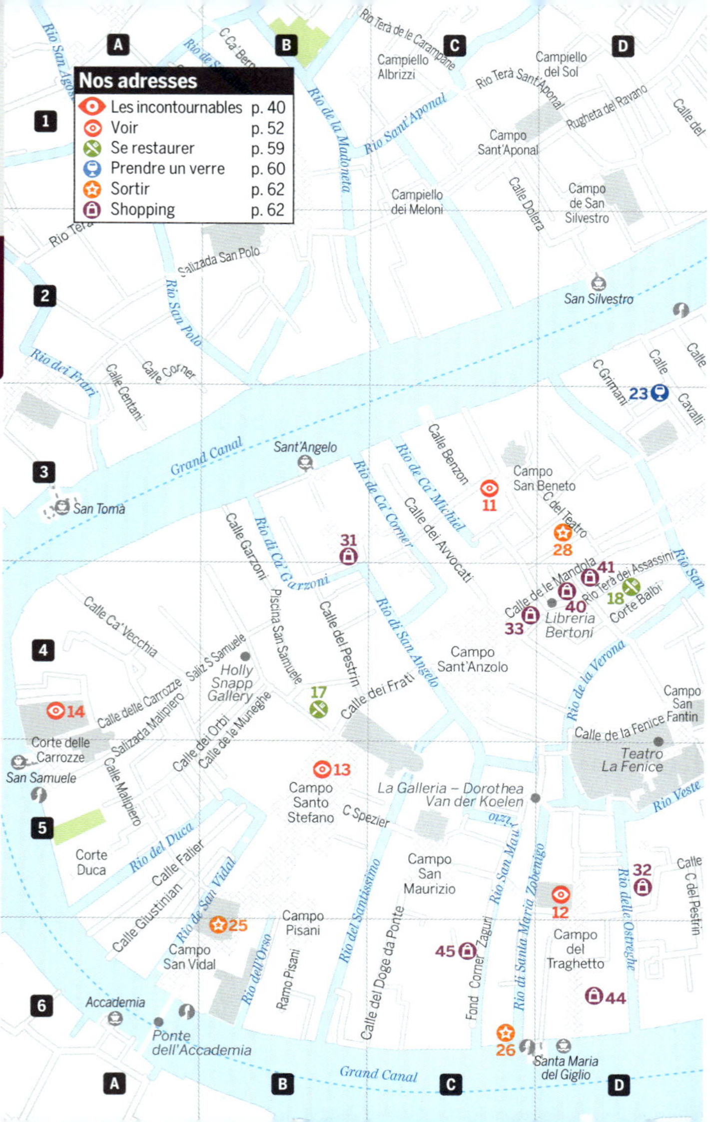
Nos adresses
Les incontournables p. 40
Voir p. 52
Se restaurer p. 59
Prendre un verre p. 60
Sortir p. 62
Shopping p. 62
A
B
C
D
1
2
3
4
5
6
Rio Terà de le Carampane
Campiello Albrizzi
Campiello del Sol
Rio Terà Sant'Aponal
Rugheta del Ravano
Rio de la Madoneta
Rio Sant'Aponal
Campo Sant'Aponal
Campiello dei Meloni
Calle Dolera
Campo de San Silvestro
Salizada San Polo
Rio San Polo
San Silvestro
Rio dei Frari
Calle Centani
Calle Corner
C Grimani
23
Grand Canal
Sant'Angelo
San Tomà
Calle Benzon
Rio de Ca' Michiel
Rio de Ca' Corner
Calle dei Avvocati
Campo San Beneto
C del Teatro
11
28
Calle Garzoni
Rio di Ca' Garzoni
31
Calle de le Mandola
Rio Terà dei Assassini
41
40
18
33
Libreria Bertoni
Corte Balbi
Calle Ca' Vecchia
Saliz S Samuele
Holly Snapp Gallery
Piscina San Samuele
Calle del Pestrin
Rio di San Angelo
Campo Sant'Anzolo
Rio de la Verona
Campo San Fantin
Calle delle Carrozze
Salizada Malipiero
Calle dei Orbi
Calle de le Muneghe
17
Calle dei Frati
14
Corte delle Carrozze
San Samuele
Calle de la Fenice
Teatro La Fenice
13
Campo Santo Stefano
C Spezier
La Galleria – Dorothea Van der Koelen
Rio Veste
Calle Malipiero
Rio del Duca
Corte Duca
Calle Falier
Rio de San Vidal
Campo San Maurizio
Rio San Maurizio
Rio di Santa Maria Zobenigo
32
Rio delle Ostreghe
C del Pestrin
12
Calle Giustinian
25
Campo Pisani
Rio del Santissimo
Calle del Doge da Ponte
Fond Corner Zaguri
45
Campo del Traghetto
Campo San Vidal
Rio dell'Orso
Ramo Pisani
44
Accademia
Ponte dell'Accademia
26
Santa Maria del Giglio

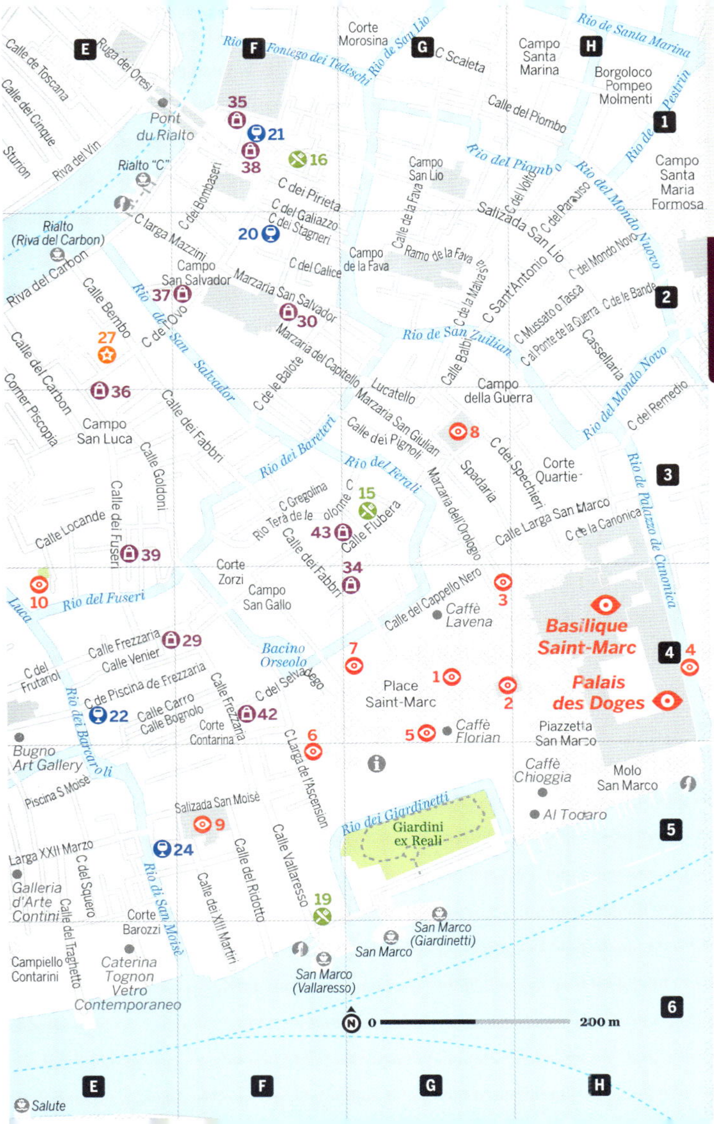
E
F
G
H
1
2
3
4
5
6
Calle de Toscana
Ruga dei Oresi
Calle dei Cinque
Sturion
Riva del Vin
Pont du Rialto
Rialto "C"
Rialto (Riva del Carbon)
Riva del Carbon
Rio Fontego dei Tedeschi
Corte Morosina
Rio de San Lio
C Scaleta
Campo Santa Marina
Rio de Santa Marina
Borgoloco Pompeo Molmenti
Rio de Pestrin
Calle del Piombo
Rio del Piombo
Campo San Lio
Campo Santa Maria Formosa
Rio del Mondo Nuovo
35
21
38
16
C dei Bombaseri
C dei Pirieta
C del Galiazzo
C dei Stagneri
20
C larga Mazzini
Campo San Salvador
Marzaria San Salvador
C del Calice
Campo de la Fava
Calle de la Fava
Ramo de la Fava
C del Volto
Salizada San Lio
C del Paradiso
C Sant'Antonio
C del Mondo Novo
C Mussato o Tasca
C de le Bande
Cal Ponte de la Guerra
Casselleria
Rio de San Zulian
C de la Malvasia
Calle Balbi
Campo della Guerra
Rio del Mondo Novo
C del Remedio
37
30
Rio de San Salvador
C de l'Ovo
Calle Bembo
27
Calle del Carbon
Corner Piscopia
36
Campo San Luca
Calle dei Fabbri
Calle Goldoni
C de le Balote
Marzaria del Capitello
Lucatello
Marzaria San Giulian
Calle dei Pignoli
8
C dei Spechieri
Spadaria
Corte Quartie
Rio de Palazzo de Canonica
Rio dei Bareteri
Rio del Ferali
C Gregolina
Rio Terà de le Colonne
15
Calle Flubera
43
Marzaria dell'Orologio
Calle Larga San Marco
C de la Canonica
Calle Locande
Calle dei Fuseri
39
Calle dei Fabbri
34
Corte Zorzi
Campo San Gallo
Calle del Cappello Nero
3
Caffè Lavena
Basilique Saint-Marc
10
Rio del Fuseri
Luca
Calle Frezzaria
29
Calle Venier
Bacino Orseolo
7
1
2
4
Palais des Doges
Place Saint-Marc
C del Frutariol
C de Piscina de Frezzaria
Calle Frezzaria
C del Selvadego
22
Calle Carro
Calle Bognolo
42
Corte Contarina
6
5
Caffè Florian
Piazzetta San Marco
Bugno Art Gallery
Rio dei Barcaroli
C Larga de l'Ascension
Caffè Chioggia
Molo San Marco
Piscina S Moisè
Salizada San Moisè
9
Rio dei Giardinetti
Giardini ex Reali
Al Todaro
Larga XXII Marzo
24
Galleria d'Arte Contini
C del Squero
Calle del Tragheto
Rio di San Moisè
Calle dei XIII Martiri
Calle del Ridotto
Calle Vallaresso
19
Corte Barozzi
Campiello Contarini
Caterina Tognon Vetro Contemporaneo
San Marco (Giardinetti)
San Marco
San Marco (Vallaresso)
N
0
200 m
Salute

Voir

Place Saint-Marc

PLACE

1 PLAN P. 50, G4

Bordée par des cafés historiques, la Piazza San Marco accueillait autrefois un marché et des célébrations publiques. Sa partie principale, sur laquelle se découpe la façade de la basilique Saint-Marc et que domine le campanile, est entourée des Procuratie Vecchie et Nuove et fermée par l'Ala Napoleonica (p. 54). Elle arbore trois immenses mâts de bronze. L'espace sur lequel donne le palais des Doges est appelé **Piazzetta San Marco** ; côté lagune, il accueille deux hautes colonnes rapportées d'Orient, peut-être de Constantinople, au XIe siècle, portant l'une un lion ailé, symbole de saint Marc (sculpture de bronze ancienne, de Grèce ou de Syrie, probablement une chimère à laquelle on a ajouté des ailes), et l'autre saint Théodore, premier patron de Venise, qui tue un dragon. Au-delà, le **Molo** était un môle d'amarrage jusqu'au XIXe siècle. Au nord de la basilique, la **Piazzetta dei Leoncini** tire son nom de deux petits lions de marbre rouge. Attention : toute la place est soumise à des règles strictes de comportement (à lire sur les totems). (San Marco)

L'ombra

Cette étrange dénomination du verre de vin viendrait de ce que, jusqu'au XIXe siècle, des tavernes ambulantes s'installaient à l'ombre du campanile de Saint-Marc.

Campanile di San Marco

CAMPANILE

2 PLAN P. 50, G4

Pour les Vénitiens, c'est *el paròn de casa* (maître de maison), symbole de la ville. Érigé au IXe siècle, pour faire office de tour de vigie ou de phare (des sources historiques rapportent que l'on allumait un grand feu en haut), il devint un campanile au XIe siècle et prit sa forme actuelle au XVe siècle. C'est à son ombre que l'on buvait l'*ombra* (verre de vin), tandis que sa grosse cloche appelait au travail les *marangoni*, les ouvriers de l'Arsenal (voir encadré p. 156) : elle y gagna le surnom de **Marangona** et, seule survivante des cinq cloches d'origine, résonne encore dans tout Venise. Pendant le Carnaval, c'est de son sommet que part le "vol de l'ange" : une jeune fille suspendue à un câble "vole" jusqu'au pied de l'Ala Napoleonica (remplaçant l'acrobate qui, jusqu'au XVIIIe siècle, marchait sur une corde). Souvent frappé par la foudre au fil du temps, l'édifice s'écroula en 1902, avant d'être reconstruit à l'identique en dix ans. (041 270 83 11 ; www.basilicasanmarco.it ; Piazza San Marco ; tarif plein/réduit 8/4 € ; 8h30-21h mi-avr à sept, horaires réduits le reste de l'année, fermé en jan ; San Marco)

Torre dell'Orologio

MUSÉE

3 PLAN P. 50, G4

Le carillon de la tour de l'Horloge ne se fait entendre que deux fois par an, pour l'Épiphanie et l'Ascension, dévoilant alors le défilé des personnages de la Nativité et des Rois Mages. Mais on s'émerveille toute l'année devant cette horloge Renaissance, ornée d'émaux et de dorures, qui indique le jour, l'heure, les phases lunaires et le zodiaque. Au sommet de l'édifice, deux **Maures** frappent une cloche autour de chaque heure : le plus vieux, barbu, la fait sonner deux minutes avant l'heure, pour marquer le temps qui est passé ; le plus jeune, imberbe, le fait deux minutes après l'heure, pour le temps à venir. Empruntez l'escalier en colimaçon pour aller observer les mécanismes. Entrée par le passage voûté sous la tour. (041 273 08 92 ; www.visitmuve.it ; Merceria dell'Orologio, San Marco 147 ; tarif plein/réduit 12/7 € ; visite guidée en français 14h et 15h lun-mer, 11h et 12h jeu-dim, réservation obligatoire ; à partir de 6 ans ; San Marco)

Pont des Soupirs

PONT

4 PLAN P. 50, H4

Les soupirs étaient ceux des prisonniers qui traversaient ce pont de pierre construit en 1614 pour passer du palais des Doges, où se trouvait le tribunal, aux Prigioni Nuove (Nouvelles Prisons). Grâce aux Itinerari Segreti (p. 45), on accède au pont depuis la Sala del Magistrato alle

Les chevaux de Saint-Marc (p. 41)

Leggi, une salle du palais des Doges décorée de peintures de Jérôme Bosch. (San Zaccaria)

Procuratie et Ala Napoleonica BÂTIMENTS HISTORIQUES

5 PLAN P. 50, GH

Trois des côtés de la place Saint-Marc sont fermés par des bâtiments à arcades : au nord et au sud, ceux des **Procuratie Vecchie** et des **Procuratie Nuove**, résidences des procurateurs, charge la plus prestigieuse dans la République après celle du doge et couronnement d'une belle carrière politique. Ceux-ci étaient chargés de la protection et de l'entretien de la basilique Saint-Marc et des œuvres charitables de la ville. Les Procuratie Vecchie, côté nord, furent réalisées au début du XVe siècle en replacement des précédentes, de style vénéto-byzantin ; les Nuove, quant à elles, furent commencées par Vincenzo Scamozzi (1582-1586) et achevées par Longhena en 1640. L'ouest de la place est fermé par l'**Ala Napoleonica** (ou Palazzo Reale, ou Procuratie Nuovissime), édifiée entre 1805 et 1814 pour le vice-roi Eugène de Beauharnais (fils de Joséphine, adopté par Napoléon), en abattant l'ancienne église San Geminiano, de Sansovino. Ornée de sculptures représentant les empereurs romains, elle abrite le Museo Correr. (San Marco)

Quatre ponts sur le Grand Canal

Le premier **pont du Rialto** (plan p. 50, E1), en bois, dont le centre était mobile pour permettre le passage des bateaux, fut remplacé au XVIe siècle par celui visible aujourd'hui. C'était jusqu'au XIXe siècle la seule construction permettant de traverser le Grand Canal. La piétonisation progressive de la ville entraîna la construction du **Ponte degli Scalzi** (plan p. 128, B5), en face de la gare, et du **Ponte dell'Accademia** (plan p. 50, A6), entre le Campo San Vidal et l'Accademia di Belle Arti, conçus par Alfred Neville, ingénieur anglais spécialiste des ponts suspendus. Dans les années 1930, les ponts de Neville, trop bas pour les *vaporetti* et d'un entretien difficile, furent remplacés : celui des Scalzi par un beau pont en pierre d'Istrie et celui de l'Accademia par un pont de bois provisoire. Entre report et indécision, il est en fait définitif depuis 1934 et, fréquemment restauré, a gardé son bois enduit de goudron, comme l'avait voulu, "en attendant", son concepteur, Eugenio Miozzi. Le métal a fait sa réapparition sur le Grand Canal en 2008, avec l'inauguration d'un quatrième pont, le **Ponte della Costituzione** (plan p. 128, A6), conçu par Santiago Calatrava, entre le Piazzale Roma et la gare.

Museo Correr

MUSÉE

6 PLAN P. 50, F5

Ce musée fut créé en 1830 grâce au legs de Teodoro Correr, qui, après une carrière politique dans la Sérénissime, devint collectionneur d'art et d'antiquités. Parmi les œuvres remarquables, outre la mappemonde de Fra Mauro, on trouve des manuscrits de Pétrarque, la *Vue de Venise* de Jacopo de' Barbari, les saints représentés par Jacopo Bellini et ses fils Gentile et Giovanni (salle 36), les *Deux Dames vénitiennes* de Carpaccio (salle 38) et un magnifique portrait (1784) de Maria Boscola, qui remporta cinq régates (salle 47). L'ensemble statuaire *Orphée et Eurydice* de Canova (1775-1776) occupe la salle de bal néoclassique. Le bâtiment abrite aussi un **Museo Archeologico** (Musée archéologique) dont la collection date du XVIe siècle. (041 4273 0892, réservations 848 08 20 00 ; correr.visitmuve.it ; Piazza San Marco, San Marco 52 ; billet unique musées de la Piazza San Marco tarif plein/réduit 25/13 € ou Museum Pass tarif plein/réduit 35/18 € ; 10h-19h avr-oct, 10h30-17h nov-mars ; San Marco)

Negozio Olivetti

MUSÉE

7 PLAN P. 50, G4

La visite de ce magasin offre un intéressant détour par le design et l'architecture moderne, très insolite pour la place Saint-Marc. Cet espace, imaginé en 1958 par Carlo Scarpa (célèbre architecte et muséographe vénitien), présente bon nombre de modèles des machines à écrire qui ont fait l'histoire de cette grande marque. (041 522 83 87 ; www.negoziolivetti.it ; Piazza San Marco, San Marco 101 ; tarif plein/réduit 8/5 € ; 10h-18h30 mar-dim ; San Marco-San Zaccaria)

Chiesa di San Zulian

ÉGLISE

8 PLAN P. 50, G3

Cette église présente une intrigante façade blanche, avec des planisphères et des astrolabes, des épigraphes grecques et hébraïques. Elle arbore aussi une statue de bronze de Tommaso Rangone (1493-1577), médecin qui en finança la reconstruction. Rangone écrivit un livre de conseils pour vivre cent ans et imagina un traitement contre la syphilis à base de salsepareille (son effigie en tient un bouquet entre ses mains). L'église doit sa forme actuelle à Sansovino, qui en dirigea les travaux en 1553. Elle abrite des œuvres de Palma le Jeune et un retable (1581-1582) de Véronèse. (041 523 53 83 ; Campo San Zulian, San Marco ; 9h30-18h30 ; San Marco, Rialto)

Chiesa di San Moisè

ÉGLISE

9 PLAN P. 50, F5

Fondée au VIIe siècle et sans doute reconstruite au Xe siècle, elle fut remaniée en 1632. On est frappé par l'exubérante décoration baroque de sa façade, allégée au XIXe siècle pour éviter qu'elle ne s'écroule. Certaines œuvres sont signées du sculpteur allemand Heinrich Meyring (dit Enrico Marengo). Observez notamment les deux dromadaires qui supportent un monument surmonté du buste de Vincenzo Fini, procurateur qui contribua par un legs à l'embellissement de la façade. La chapelle du Très-Saint-Sacrement, à gauche du maître-autel, abrite le *Lavement des pieds* du Tintoret et une *Cène* attribuée à Palma le Jeune. (041 528 58 40 ; Campo di San Moisè, San Marco ; 9h30-12h30 et 15h30-19h lun-sam jusqu'à 18h30 mai et oct, 9h30-11h et 14h30-18h30 dim ; San Marco)

Scala Contarini del Bovolo

PALAIS

10 PLAN P. 50, E4

Ce palais du XVe siècle fut autrefois la propriété des Contarini, famille qui donna au XIVe siècle un doge à la ville. On n'en visite qu'une salle, qui abrite des œuvres d'artistes vénitiens comme le Tintoret, Sebastiano Ricci et Sansovino, et, surtout, le splendide escalier extérieur à vis qui lui donne son nom (*bovolo* signifie "colimaçon" en vénitien), attribué à Giovanni Candi, magnificence inattendue dans cet endroit reculé de la ville. D'en haut, la vue est extraordinaire, et il est très joliment éclairé de nuit. (041 309 66 05 ; www.gioiellinascostidivenezia.it ; Scala Contarini del Bovolo, San Marco 4303 ; tarif plein/réduit 7/6 € ; 10h-18h)

Palazzo Fortuny

MUSÉE

11 PLAN P. 50, C3

Ce musée rend dignement hommage au maître de maison, l'Espagnol Mariano Fortuny (1871-1949), dont le génie s'exprima essentiellement dans la création textile, s'inspirant notamment de l'art byzantin, présent depuis toujours dans l'esthétique vénitienne. Le musée est constitué de ses riches collections réparties en plusieurs sections : peinture, sculpture, éclairage artistique, théâtre et photographie, et accueille des expositions de grande qualité (programme sur le site). (041 520 09 05, réservations 848 0820 00 ; fortuny.visitmuve.it ; Campo San Beneto, San Marco 3958 ; tarif plein/réduit 10-12 €/8-10 € selon l'expo ; 10h-18h mer-lun durant les expos ; Sant'Angelo)

Chiesa di Santa Maria del Giglio

ÉGLISE

12 PLAN P. 50, D5

Voici une église à la façade assez inhabituelle : ses bas-reliefs représentent des îles et des villes, des navires de guerre et de commerce, et ses statues ne sont à l'effigie d'aucun saint. C'est bien un lieu de culte, mais c'est aussi le mausolée de la famille d'Antonio Barbaro, navigateur du XVIIe siècle qui voulut célébrer son nom en finançant la restauration d'un temple du Xe siècle. La façade le représente donc avec ses frères, et les lieux où ils combattirent ou gouvernèrent, leurs aventures. À l'intérieur, ne manquez pas les *Évangélistes* (1552) du Tintoret, près de l'orgue, la *Cène* de Giulio del Moro sur le revers de la façade, l'*Annonciation* de Salviati dans le presbytère, la *Sainte Famille avec sainte Catherine* de Pierre de Cortone et la *Madone à l'Enfant avec saint Jean* de Rubens dans la chapelle Molin, sans oublier un abondant trésor de reliquaires et d'objets sacrés. (041 275 04 62 ; www.chorusvenezia.org ; Campo Santa Maria del Giglio, San Marco ; tarif plein/réduit 3/1,50 € ou Chorus Pass ; 10h30-16h30 lun-sam ; Santa Maria del Giglio)

Campo Santo Stefano PLACE

13 PLAN P. 50, B5

C'est l'un des plus grands *campi* de Venise, point névralgique puisqu'il relie San Marco et le Rialto à l'Accademia. Au milieu trône la **statue de Nicolò Tommaseo**, écrivain et patriote, que les Vénitiens surnomment affectueusement *il Cagalibri* ("chie-livres" : vous comprendrez vite pourquoi). On y voit aussi la **Chiesa di Santo Stefano** (041 275 04 62 ; www.chorusvenezia.org ; Campo Santo Stefano, San Marco ; tarif plein/réduit 3/1,50 € ou Chorus Pass ; 10h30-16h30 lun-sam ; Accademia). Bâtie au tournant du XIIIe et du XIVe siècle par les Augustins, cette église fut profondément remaniée au XVe siècle. Depuis, ses absides enjambent un canal, le Rio del Santissimo. Entrez par le porche en marbre réalisé par Bartolomeo Bon, qui se détache sur une façade de briques, puis levez les yeux vers le plafond de bois avec sa charpente en carène de navire, soutenue par des arcs d'ogive. La sacristie abrite des sculptures de Pietro et Tullio Lombardo, quatre toiles remarquables du Tintoret, des œuvres de Bartolomeo Vivarini et la *Stèle funéraire du sénateur Giovanni*

La Fenice

Par deux fois, il a fallu éteindre les flammes des incendies (en 1836 et en 1996) qui ont ravagé ce théâtre construit en 1792. Mais les flammes les plus ardentes sont celles qui ont fait vibrer les mélomanes, venus assister ici aux créations de Rossini puis de Verdi, Stravinski, Prokofiev ou Britten. Réservez tôt, car les 900 places partent comme des petits pains ; vous pouvez aussi vous contenter de visiter le théâtre : un enchantement. (plan p. 50, D5 ; billetterie 041 2424, visite 041 78 66 72/75 ; www.teatrolafenice.it ; Campo San Fantin, San Marco 1965 ; visite avec Audioguide tarif plein/réduit 11/7 €, places à partir de 40 € ; variables, voir site ; Santa Maria del Giglio)

Falier, de Canova (1808). Autre bâtiment remarquable de la place, l'**Istituto Veneto di Scienze, Lettere ed Arti** arbore un mur en pierre d'Istrie sur le côté nord-est et huit arcades sur la façade moutarde qui donne sur la place. En face de l'Institut, un passage mène au **Campiello Pisani**, où se trouve le conservatoire Marcello. Plus loin, vers le pont de l'Accademia, se dresse la masse impressionnante du **Palazzo Franchetti**, exemple parfait de l'éclectisme néogothique imaginé au XIXe siècle par Camillo Boito, frère de l'écrivain Arrigo Boito. En gagnant le Campo Sant'Angelo (ou Anzolo), au nord, on voit mieux l'inclinaison du campanile de

Galeries d'art

Les *calli* entre la Fenice et le Campo Santa Maria del Giglio se prêtent à une immersion dans l'art à travers plusieurs galeries intéressantes. **Caterina Tognon Vetro Contemporaneo** (plan p. 50, E6 ; 041 520 15 66 ; www.caterinatognon.com ; Ca' Nova di Palazzo Treves, Corte Barozzi, San Marco 2158 ; 10h-19h mar, 11h-19h mer-sam : téléphonez, horaires variables ; Santa Maria del Giglio, Vallaresso) expose ici depuis 2015 des artistes qui s'inspirent de Venise, tant dans les thématiques que dans les matériaux. Vous trouverez les œuvres de peintres et sculpteurs de renommée mondiale dans la superbe **Galleria d'Arte Contini** (plan p. 50, E5 ; 041 523 03 57 ; www.continiarte.com ; Calle Larga XXII Marzo, San Marco 2288 ; 10h30-13h et 14h-19h30 ; Accademia, Vallaresso, San Marco, Rialto).

En face de la Fenice, la **Bugno Art Gallery** (plan p. 50, E4 ; 041 523 13 05 ; www.bugnoartgallery.com ; Campo San Fantin, San Marco 1996/D ; 10h30-18h30 lun-sam, 16h-18h30 dim ; Santa Maria del Giglio) est spécialisée en art moderne, contemporain et en photo, et expose des artistes comme Arman, Luca Campigotto, Gavin Rain, Fabio Bianco, Mario Deluigi et Joe Tilson. Derrière le théâtre, **La Galleria – Dorothea van der Koelen** (plan p. 50, C5 ; 041 520 74 15 ; www.galerie.vanderkoelen.de ; Calle dei Calegheri, San Marco 2566 ; 10h-19h30 lun-sam ; Santa Maria del Giglio) présente des pièces conceptuelles, qui stimulent la réflexion. Non loin du Campo Santo Stefano, la **Holly Snapp Gallery** (plan p. 50, B4 ; 041 296 08 24 ; www.hollysnappgallery.com ; Calle delle Botteghe, San Marco 3133 ; 9h30-13h30 et 15h30-19h30 mar-sam ; Sant'Angelo, San Samuele) propose notamment les œuvres de l'Anglais Geoffrey Humphries, qui vit à la Giudecca : principalement des nus et des portraits. Vous pouvez même commander le vôtre (à partir de 2 500 €).

Santo Stefano : 2 m environ de la base au sommet. (San Samuele ; Accademia)

Palazzo Grassi
PALAIS

14 PLAN P. 50, A4

On doit ce palais (1748-1749) à Giorgio Massari, l'architecte qui termina la Ca' Rezzonico (p. 80). Sa façade harmonieuse sur le Grand Canal est parfois précédée de sculptures flottant sur l'eau. Dédié à l'art contemporain, il présente la collection de François Pinault, exposée aussi à la Punta della Dogana. L'intérieur combine le grandiose projet d'origine et les interventions de Gae Aulenti (1986), qui a fait retirer l'ornement rococo pour mettre en relief ses lignes néoclassiques, et de Tadao Ando, qui y a apporté une touche minimaliste. Le **café**, donnant sur le Grand Canal et réaménagé à chaque expo, vaut le détour. (041 240 13 08 ; www.palazzograssi.it ; Campo San Samuele, San Marco 3231 ; tarif plein/réduit/enfant 18/15 €/gratuit, incluant Punta della Dogana ; 10h-19h mer-lun durant les expos ; San Samuele, Sant'Angelo)

Se restaurer

Rosa Salva
PÂTISSERIE €

15 PLAN P. 50, G3

Jetez un coup d'œil aux colonnes de l'arrière-boutique : ce lieu incarne l'histoire de la pâtisserie à Venise. Pâte d'amande, gâteaux, beignets (pour le Carnaval) et, côté salé, excellents sandwichs. (041 521 05 44 ; www.rosasalva.it ; Calle Fiubera, San Marco 950 ; 8h-20h lun-sam ; Vallaresso). Autre adresse à **San Salvador** (041 522 79 34 ; Marzaria San Salvador, San Marco 5020 ; 8h-20h lun-sam ; Rialto).

Gislon
RÔTISSERIE €

16 PLAN P. 50, F1

Une institution depuis les années 1930. On y propose de la mozzarella *in carrozza* (panée dans du pain de mie), des fritures, des pâtes et des plats cuisinés, de viande ou de poisson. Tout peut s'emporter. (041 522 35 69 ; Sotoportego della Bissa, San Marco 5424/A ; fritures 1-2,30 € ; pâtes 7,20-9,50 € ; 9h-21h ; Rialto)

Da Fiore
BACARO, OSTERIA €€

17 PLAN P. 50, B4

Il est agréable de rester au comptoir, dans le flot des habitués et des touristes, à grignoter des boulettes, des *nervetti* (tendons) à l'oignon ou un *folpeto* (supion) en sirotant une *ombra*. Pour une pause plus consistante, installez-vous à table. (041 523 53 10 ; www.dafiore.it ; Calle delle Botteghe, San Marco 3461 ; repas 30 € environ ; 9h-22h mer-lun ; San Samuele)

Ai Assassini
OSTERIA, BAR À VINS €€

18 PLAN P. 50, D4

Des classiques bien cuisinés, mais avec une touche personnelle, de caractère, quoique discrète

MANOKHINA NATALIA / SHUTTERSTOCK ©

Goûter au café Florian (p. 61)

et respectueuse. On déguste seiches, morue et raviolis dans un décor de chaudrons de cuivre, de plateaux de balance suspendus, d'arches de brique et de boiseries. (☎ 041 528 79 86 ; Rio Terà dei Assassini, San Marco 3695 ; repas 35 € environ ; ⏲ 12h-15h et 18h45-22h lun-sam ; Rialto)

Harry's Bar

BAR **€€€**

19 PLAN P. 50, F5

Ce bar porte le prénom d'un jeune Américain venu soigner un début d'alcoolisme en Italie. Il emprunta de l'argent à un serveur, Giuseppe Cipriani, et le lui rendit majoré d'une grosse somme, par gratitude. Le 13 mai 1931, Cipriani décida alors d'ouvrir son propre bar, qui devint vite incontournable, encore plus quand Hemingway le popularisa en 1949 dans *Au-delà du fleuve et sous les arbres*. Cipriani avait entre-temps conquis une gloire mondiale pour avoir inventé le cocktail Bellini. Y manger semble cher, mais les assiettes sont bien garnies, et un plat peut suffire. Le rapport qualité/prix a toutefois déçu quelques-uns de nos lecteurs. (☎ 041 528 57 77 ; www.cipriani.com ; Calle Vallaresso, San Marco 1323 ; cocktails 12-26 € ; ⏲ 10h30-23h ; San Marco)

Prendre un verre

Devil's Forest

PUB

20 PLAN P. 50, F2

Pub irlandais cher au cœur des quarantenaires vénitiens.

Excellents paninis et bon choix de bières. Retransmission de matchs de foot ou d'autres événements sportifs. (041 520 06 23 ; Calle de la Fava, San Marco 5185 ; boissons 2,50-10 € ; 11h-0h ; Rialto)

All'Alba

BACARO

21 PLAN P. 50, F1

Un pilier des apéritifs vénitiens depuis des années. C'est un *bacaro* qui sert des cocktails, un bar à cocktails qui propose des *cicheti*, une *osteria* avec DJ. Un bien agréable patchwork. (www.facebook.com/osteriallalba ; Ramo al Fontego dei Tedeschi, San Marco 5370 ; boissons 2,50-10 € ; 16h-0h lun-jeu, 12h-0h ven-dim ; Rialto)

Caffè Centrale

BAR LOUNGE

22 PLAN P. 50, E4

Éclairage tamisé, canapés en cuir, bons cocktails et large choix de plats pour petit creux tardif. (041 88 76 642 ; caffecentralevenezia.com ; Piscina di Frezzaria, San Marco 1659/B ; boissons 5-20 €, 19h-1h tlj ; Rialto, San Marco)

Al Volto

BACARO

23 PLAN P. 50, D3

On dit à Venise que c'est le plus vieux bar à vins du monde. C'est à coup sûr l'exemple parfait d'un *bacaro*, et il a un charme incontestable. (041 522 89 45 ; Calle Cavalli, San Marco 4081 ; repas 35 € environ ; 10h-15h et 18h-23h ; Rialto)

Florian

Que Naples, Trieste ou Rome se fassent une raison : le plus ancien **café** (plan p. 50, G4) d'Italie est vénitien : ouvert en 1720 sous les Procuratie Nuove par Floriano (Florian) Francesconi à l'enseigne de Alla Venezia Trionfante ("À la Venise triomphante"), il n'a pas changé depuis 1858, année de sa dernière restructuration. C'est ici que Carlo Goldoni et Aleksandr Herzen ont réfléchi à la nature de cette ville bouleversante, ici que se réunissaient les patriotes du XIXe siècle, ici que le Carnaval prend vie depuis toujours. Pour en avoir un aperçu sans vous ruiner, lâchez quelques euros pour un café au comptoir. (041 520 56 41 ; www.caffeflorian.com ; Piazza San Marco, San Marco 57 ; boissons 3,50-18 €, supplément pour la musique en terrasse ou dans les salles intérieures : 6/3,50 € été/hiver ; 10h-21h lun-jeu, 9h-23h ven-sam et 9h-21h dim mi-nov à mi-mars, 9h-0h tlj mi-mars à mi-nov ; San Marco)

Jazz at The Bauers

BAR, MUSIQUE LIVE

24 PLAN P. 50, E5

La terrasse de l'Hôtel Bauer propose une perspective de rêve et des musiciens de réputation internationale. Dans la salle intérieure, on se croirait à New York. (041 520 70 22 ; www.bauervenezia.com/jazz ; Campo San Moisè, San Marco 1459 ; concerts 9 € + consommation obligatoire ; concerts 19h-20h et 22h-0h ven-sam ; San Marco, Vallaresso)

Sortir

Interpreti Veneziani CLASSIQUE

25 PLAN P. 50, B6

Des centaines de concerts par an (de qualité variable), joués sur des instruments du XVIIIe siècle, pour se plonger encore davantage dans l'atmosphère de Venise. (041 277 05 61 ; www.interpretiveneziani.com ; Chiesa di San Vidal, Campo San Vidal, San Marco 2862 ; tarif plein/réduit 30/25 € ; ouverture des portes 20h30 nov-mars, 21h avr-oct ; Accademia). Avant, un saut au **Museo della Musica** (041 241 18 40 ; www.interpretiveneziani.com/museo-della-musica.php ; Campo San Maurizio, San Marco 2603 ; 10h-19h tlj ; entrée gratuite ; Santa Maria del Giglio, Accademia), consacré à la lutherie italienne, sera un bon complément.

Musica a Palazzo OPÉRA

26 PLAN P. 50, C6

Cette association propose une approche itinérante de l'art lyrique à travers les salles d'un palais vénitien aux meubles et aux fresques baroques. On redécouvre le grand répertoire du mélodrame italien, avec un verre et des amuse-bouche. (340 971 72 72 ; www.musicapalazzo.com ; Palazzo Barbarigo-Minotto, Fondamenta Duodo o Barbarigo, San Marco 2504 ; adhésion annuelle avec boisson 85 € ; ouverture des portes 20h, spectacle 20h30, toute l'année ; réservation obligatoire ; Santa Maria del Giglio)

Teatro Goldoni THÉÂTRE

27 PLAN P. 50, E2

C'est le théâtre des Vénitiens : outre la programmation de saison (voir site), qui compte toujours des classiques de Goldoni, il accueille de grands événements culturels. (041 240 20 11, billetterie 041 240 20 14 ; www.teatrostabileveneto.it ; Calle del Teatro o della Commedia, San Marco 4650/B ; billets 8-29 € ; accueil 9h-13h et 15h-17h lun-ven, billetterie 10h-18h30 mar-sam, 15h-18h30 dim ; Rialto)

Multisala Rossini CINÉMA

28 PLAN P. 50, D3

Une salle du début du XXe siècle modernisée et dotée de trois écrans. Bar, restaurant et supermarché. (041 241 72 74 ; Salizada del Teatro, San Marco 3997/A ; tarif plein/réduit/étudiant 7,50/7/6 €, films en 3D 10/9,50/9 € ; tlj ; Rialto, Sant'Angelo)

Shopping

L'Armadio di Cocò VINTAGE DE LUXE

29 PLAN P. 50, D4

Des tenues vintage Chanel, Lagerfeld, Hermès ou Gucci côtoient des créations artisanales ou de stylistes en devenir. (041 241 32 14 ; www.larmadiodicoco.it ; Campo Santa Maria del Giglio, San

Marco 2516/A ; 10h30-13h30 et 14h30-19h30 lun-sam, 11h-13h30 et 14h30-19h dim ; Giglio, Accademia). Autre adresse dans la **Calle Frezzaria** (041 476 73 40 ; San Marco 1797 ; 10h30-13h30 et 14h30-19h30 lun-sam, 11h-13h30 et 14h30-19h dim ; San Marco, Rialto).

Materialmente
ART, BIJOUX

30 PLAN P. 50, F2

De petites structures en métal, des lampes et des bijoux qui semblent faits de lumière. **Atelier** (Calle del Forno 465/C) à la Giudecca. (041 528 68 81 ; www.materialmentevenezia.com ; Merceria San Salvador, San Marco 4850 ; 10h30-19h ; Rialto)

Sigfrido Cipolato
BIJOUX

31 PLAN P. 50, B3

Bijoux audacieux et originaux, avec crânes et masques africains. (041 522 84 37, 348 863 25 83 ; www.sigfridocipolato.com ; Calle della Mandola, San Marco 3717/A ; 11h-20h mar-sam ; Sant'Angelo, Rialto)

Fortuny
ACCESSOIRES, MODE

32 PLAN P. 50, D5

Cet atelier a repris les droits des dessins originaux de Fortuny et les utilise pour faire des vêtements, des accessoires et des éléments d'ameublement. (041 523 69 53 ; www.venetiastudium.com ; Calle delle Ostreghe, San Marco 2428 ; 11h-19h ; Santa Maria del Giglio, San Marco)

Venetian Dreams
ACCESSOIRES

33 PLAN P. 50, C4

Marisa s'inspire de l'art des *impiraresse* (enfileuses de perles), activité vénitienne féminine. Elle crée des bijoux, des broderies et des objets uniques à partir

L'atelier de Materialmente (ci-dessus)

d'authentiques perles de Venise, minuscules (*conterie*), fabriquées à Murano, ou plus grandes et plus rares. (041 523 02 92 ; www.marisaconvento.it ; Calle della Mandola, San Marco 3805/A ; 10h30-19h30 lun-sam ; Sant'Angelo)

Charta

LIBRAIRIE-PAPETERIE ARTISANALE

34 PLAN P. 50, G4

Livres anciens restaurés, parfois très coûteux. À prix plus doux, craquez pour une belle carte ou un marque-page illustré à 8 €. (351 591 85 16 ; www.chartaonline.com ; Calle dei Fabbri, San Marco 831 ; 10h-19h lun-sam ; Rialto)

Enoteca Millevini

CAVISTE

35 PLAN P. 50, F1

En entrant chez ce caviste, vous pourriez craindre que ses mille bouteilles ne vous tombent dessus. Venez en confiance : même sans conseils, vous ferez un bon choix. (041 520 60 90 ; Ramo del Fontego dei Tedeschi, San Marco 5362 ; 10h-13h30 et 15h-19h45 lun-sam, 11h-19h dim ; Rialto)

Malìparmi

VÊTEMENTS, ACCESSOIRES

36 PLAN P. 50, E2

Vocation artisanale et passion pour le design s'allient à l'attention portée au recyclage dans cette célèbre boutique de vêtements et d'accessoires. (041 528 56 08 ; www.maliparmi.it ; Calle del Teatro, San Marco 4600/A ; 10h-19h lun-sam, 11h30-19h dim ; Rialto)

Giuliana Longo

CHAPEAUX

37 PLAN P. 50, F2

Différents modèles de panamas de l'Équateur, mais aussi des couvre-chefs excentriques, élégants, toujours originaux. Il y en a pour toutes les bourses, même en optant pour les créations de Giuliana Longo, qui "chapeaute" aussi les gondoliers. Une référence pour les amateurs. (041 522 64 54 ; www.giulianalongo.com ; Calle del Lovo, San Marco 4813 ; 10h-13h et 14h-19h lun-sam ; Rialto)

Il Tempio della Musica

DISQUES

38 PLAN P. 50, F1

À l'ère numérique, une telle adresse est rare, mais Simone est un passionné. Grand choix en classique et en jazz, nombreuses offres à 10 €, voire moins. (041 523 45 52 ; Ramo del Fontego dei Tedeschi, San Marco 5368 ; 10h-13h et 15h-19h30 lun-sam ; Rialto)

Atelier Segalin

CHAUSSURES

39 PLAN P. 50, E3

Bottes, escarpins ou compensés, chaussures ornées d'un papillon, à bout pointu, en python, à lanière, boots à boutons... Nombre d'articles, tous artisanaux, sont signés Daniela Ghezzo, d'autres Rolando Segalin. Comptez 2 500 € pour une paire pour homme, à partir de 1 500 € côté femme. Des prix vertigineux, mais faites-y un saut pour apprécier les couleurs et les textures des cuirs. (041 522 21 51 ; www.danielaghezzo.

it ; Calle dei Fuseri, San Marco 4365 ; 10h-13h et 15h-19h lun-ven, 10h-13h sam ; Rialto, Vallaresso)

Lost in Venice
CHAPEAUX

40 PLAN P. 50, D4

Contre l'humidité hivernale ou le soleil estival, le chapeau est plus qu'un accessoire à Venise. Cette boutique récente propose un large choix de couvre-chefs sophistiqués et élégants. Un haut-de-forme pour une première à la Fenice ? (041 528 5025 ; Calle della Mandola, San Marco 3653 ; 10h-19h tlj ; Sant'Angelo, Rialto)

Ottica Carraro
LUNETTES

41 PLAN P. 50, D4

Les créations de Carraro se distinguent par leur élégance et leur sobriété. Lunettes de vue légères ou solaires à monture épaisse, il y a de nombreux modèles et une infinité de combinaisons. (041 520 42 58 ; www.otticacarraro.it ; Calle della Mandola, San Marco 3706 ; 9h30-13h et 15h-19h30 lun-sam ; Rialto, San Samuele)

Ottica Urbani
LUNETTES

42 PLAN P. 50, F4

Les créations d'Urbani comptent parmi les préférées des célébrités qui trouvent à satisfaire leurs exigences à deux pas de Saint-Marc. (041 522 41 40 ; www.otticaurbani.com ; Frezzaria, San Marco 1280 ; 9h30-13h et 15h-19h30 lun-sam ; San Marco)

Gianni Dittura
FURLANE

43 PLAN P. 50, F3

Babouches de velours ou de toile d'origine frioulane, que messieurs et dames, gondoliers et marchands de Venise portent depuis toujours, les *furlane* sont aujourd'hui déclinées partout dans des tissus précieux. Mais la boutique historique de Gianni "Papussa" ("babouche") reste pour les Vénitiens le lieu consacré. *Furlane* à douce tige de velours et à semelle en pneu de vélo. (041 523 11 63 ; ditturamassimo.it ; Calle Fiubera, San Marco 943 ; 10h-19h ; San Marco, Rialto)

Antica Legatoria Piazzesi
RELIURE

44 PLAN P. 50, D6

Depuis 1851, dans cet atelier, on recouvre de papier les carnets de voyage et autres objets d'usage quotidien. Incontournable. (SMS 333 895 00 95 ; Campo Santa Maria del Giglio, San Marco 2511/C ; sur demande par SMS ou WhatsApp ; Santa Maria del Giglio)

SV LAB
BOUTIQUE

45 PLAN P. 50, C6

Créativité et enthousiasme caractérisent la réalisation des objets (colliers, bijoux, mais aussi chaussures) de cette boutique-atelier au recyclage créatif. (041 522 05 95 ; Campo San Maurizio, San Marco 2663 ; 10h-14h et 15h-19h30 tlj ; Santa Maria del Giglio)

SUZUKI

Explorer
Dorsoduro

Le nom de ce quartier vient de ce qu'il s'étend sur un terrain moins marécageux, plus ferme. Dorsoduro comprend aussi l'île de la Giudecca, sur la rive sud du canal homonyme. Grâce à sa situation privilégiée de point d'arrivée des bateaux venant du continent, le secteur vécut longtemps d'activités commerciales et artisanales. Jusqu'au XIXe siècle, l'ouest de ce sestiere figurait parmi les plus pauvres de la ville. C'est aujourd'hui un quartier essentiellement résidentiel, qui abrite la vie estudiantine (surtout autour du Campo Santa Margherita), d'importantes institutions culturelles et les squeri, les chantiers navals traditionnels. Chasseurs d'images, Dorsoduro vous surprendra.

On y trouve aussi certains des plus grands musées : les Gallerie dell'Accademia (p. 68), la Collection Peggy Guggenheim (p. 74) et la Ca' Rezzonico (p. 80). Organisez votre journée autour de ces gisements d'art, avec une pause au déjeuner chez Estro (p. 85), et passez la soirée sur le Campo Santa Margherita (p. 81).

Comment y aller

Vaporetto Les lignes n°1, 2 et N circulent sur le Grand Canal, et s'arrêtent à Accademia, Ca' Rezzonico et Salute. Les n°2, 5.1, 5.2, 6 et N s'arrêtent à Santo Spirito et, côté Giudecca, à Zattere et San Basilio.

Traghetto Deux gondoles relient le quartier à San Marco et à la Basilica di Santa Maria del Giglio.

Plan p. 76

Calle San Barnaba MAURO CARLI / SHUTTERSTOCK ©

Les incontournables

Gallerie dell'Accademia

C'est la plus importante collection d'art de Venise et de Vénétie, visitée par des passionnés du monde entier. Les tableaux qui y sont conservés, du XIVe au XVIIIe siècle, sont un sensationnel répertoire des us et coutumes de différentes époques, et un sujet d'admiration pour les chercheurs et étudiants en histoire de l'art qui hantent ses salles. Le cadre, magnifique, mérite tout autant l'attention.

PLAN P. 76, D5

041 522 22 47/520 03 45

www.gallerieaccademia.it

Campo della Carità,
Dorsoduro 1050

tarif plein/réduit 15/7 €
(hors expo 12/7 €)

8h15-14h lun,
8h15-19h15 mar-dim

Accademia

Naissance d'une collection

Dès 1797, la disparition de la Sérénissime entraîna la suppression des congrégations religieuses et des magistratures publiques, suivie de l'annexion au royaume napoléonien d'Italie en 1805. Une énorme quantité d'œuvres d'art provenant de palais publics et de lieux de culte fut alors confisquée. Certaines partirent à Paris, au Louvre, d'autres furent envoyées dans divers musées, comme la Pinacoteca di Brera de Milan, et beaucoup furent vendues. Mais nombre d'entre elles furent installées ici, à la Pinacoteca dell'Accademia di Belle Arti, instituée par décret napoléonien en 1807.

Quelques chefs-d'œuvre

Parmi les tableaux du Tintoret, de Giambattista Pittoni, Canaletto, Giovanni Bellini et Cima da Conegliano, certains occupent une place particulière dans les livres d'histoire de l'art. Les neuf toiles du *Cycle de sainte Ursule* de Vittore Carpaccio, réalisées entre 1490 et 1495, sont riches en détails résultant d'une observation subtile du quotidien. *Le Repas chez Lévi*, de Véronèse, s'intitulait initialement *La Cène*, avant que l'Inquisition ne la déclare sacrilège en raison de la présence de bouffons, de nains, de chiens, de musulmans et de sympathisants allemands de la Réforme parmi les apôtres. Véronèse se refusa à la modifier, tout en acceptant d'en changer le titre – un geste de défi soutenu avec fierté par la ville. La star est *La Tempête* de Giorgione : on y voit une femme allaitant un enfant sur fond de ciel orageux et de classique paysage du XVIe siècle. Le peintre aurait truffé son œuvre d'indices et de symboles visant à exprimer des messages cachés. Le musée expose aussi la dernière œuvre de Titien, la *Pietà*. Enfin, c'est ici qu'est conservé le célèbre dessin de Léonard de Vinci l'*Homme de Vitruve*, qui n'est exposé qu'en de rares occasions.

★ À savoir

- Le lundi, la dernière admission se fait à 13h, contre 18h15 du mardi au dimanche.
- Les sacs volumineux sont à déposer au **vestiaire** (0,50 €/article).
- L'Audioguide (6 €), surtout descriptif, n'est pas indispensable. Lisez plutôt les textes explicatifs aux murs.
- Les toilettes du musée sont très propres : inutile de dépenser 1 € dans les sanitaires extérieurs.

Une petite pause ?

Al Bottegon (p. 84), *bacaro* historique doté d'une cave très fournie.

Les incontournables

Basilica di Santa Maria della Salute

Chef-d'œuvre d'art baroque se dressant à la Punta della Dogana, cette basilique affiche une silhouette compacte, mais majestueuse, et sa coupole est un des emblèmes de la ville. Érigé afin d'honorer une promesse faite en temps de peste, ce bijou d'ingénierie fut conçu par Baldassare Longhena, qui exprima là tout son talent. L'édifice est aussi l'un des préférés des Vénitiens, qui s'y rendent chaque année pour un pèlerinage fervent.

PLAN P. 76, H5
041 274 39 28
www.
basilicasalutevenezia.it
Campo della Salute, Dorsoduro
entrée libre
9h-12h et 15h-17h30
Salute

L'extérieur

Alors qu'en 1630, 80 000 Vénitiens succombaient à une épidémie de peste, le Sénat promit une somptueuse église en honneur de la Vierge Marie pour qu'elle intercède en faveur de la Sérénissime. Ainsi naquit l'un des plus grands sanctuaires de la ville, toujours objet d'une très forte dévotion. Cette œuvre de Baldassare Longhena est une construction grandiose, dont le plan circulaire devait, pour l'architecte, évoquer une sorte de couronne idéale offerte à la Vierge. L'édifice est surmonté d'une coupole monumentale soutenue par d'imposantes volutes (surnommées *orecchioni*, "grandes oreilles"). Pour un effet encore plus majestueux, Longhena plaça son temple en haut d'un large escalier, et ouvrit la façade principale vers le Grand Canal par un immense portail.

L'intérieur

Comme la Chiesa del Santissimo Redentore, l'autre sanctuaire votif pour la fin de la peste, c'est une très grande église, qui peut accueillir chaque année (le 21 novembre) l'impressionnant pèlerinage dont elle est la destination. La nef à plan hexagonal sur laquelle repose la grande coupole, entourée de six petites chapelles, invite le visiteur à cheminer en cercle, plutôt qu'à s'asseoir et à méditer, en suivant un parcours qui le conduit aux autels, certains incrustés de pierres précieuses. La visite mène à la *Vergine Mesopanditissa* (Vierge médiatrice de paix) au centre du maître-autel, une icône venue en 1670 de Candie (actuelle Héraklion, en Crète) et vénérée comme Vierge du Salut. Notez aussi le pavement de marbre incrusté, qui reprend les lignes de force de la coupole, formant un tourbillon dont on dit que le disque noir central dégage une énergie bienfaisante.

★ À savoir

- Ne manquez pas la **sacristie** (p. 72), où sont conservés de véritables chefs-d'œuvre. Attention : elle ferme à 17h !
- Cette zone apparemment excentrée est bien desservie par le *vaporetto* de la ligne n°1 et par deux gondoles de *traghetto* : l'une part de Saint-Marc et l'autre de Santa Maria del Giglio.

Une petite pause ?

À la **Linea d'Ombra** (041 241 18 81 ; www.ristorantelineadombra.com ; Dorsoduro 19 ; repas 70 € ; 12h-15h et 19h-22h30 ; Spirito Santo), sur les Zattere, juste derrière la basilique, pour un verre (vin 8 €, cocktail 12 €) avec vue, ou un repas romantique sans regarder à la dépense.

La sacristie

Dans la **sacristie** (tarif plein/réduit 4/2 € ; ⏲10h-12h et 15h-17h lun-sam, 15h-17h dim), on peut admirer *Les Noces de Cana* (1561), du Tintoret, une œuvre qui fait moins référence à l'épisode biblique qu'à un mariage de l'époque ; *Saint Marc en majesté entouré des saints Côme, Damien, Roch et Sébastien*, de Titien (notez la puissance des couleurs qui illuminent un saint Marc vêtu de fuchsia et de turquoise, contrastant avec le drap vert) ; la sacristie abrite aussi des œuvres de Salviati et de Palma le Jeune. Le plafond est l'œuvre de Titien, cette fois en pleine crise maniériste (c'est-à-dire "à la manière" de Michel-Ange). À noter toutefois que les huit médaillons latéraux ont été refaits ; seuls les trois tableaux carrés (*Caïn et Abel*, le *Sacrifice d'Isaac* et *David et Goliath*) sont donc des originaux.

Aux alentours

La zone de la **Punta della Dogana** est enchanteresse : en plus de l'église et de la Dogana da Mar, elle abrite le bâtiment du **Seminario Patriarcale** (☎041 274 39 73 ; www.seminariovenezia.it ; Dorsoduro 1 ; ⏲10h-12h et 15h-17h lun-ven, 10h-17h sam ; billet pinacothèque et sacristie de Santa Maria della Salute tarif plein/réduit 8/6 € ; pinacothèque seule 6 €), siège de la collection de la Pinacoteca Manfrediniana, léguée au séminaire par Federico Manfredini (1743-1829), mort sans héritier. Manfredini avait collectionné ces œuvres d'art pendant sa carrière au service des grands-ducs de Toscane et dans la paix de sa retraite vénitienne, après 1811. Il s'agit de 65 peintures sur toile, bois et cuivre des écoles italiennes et d'Europe du Nord, du XIIIe siècle au XIXe siècle, et de copies d'œuvres aujourd'hui exposées au Louvre et à l'Ermitage.

Après le Rio della Salute, canal qui délimite la zone de la Punta della Dogana, on aperçoit les absides gothiques de la **Chiesa di San Gregorio** et, à leur droite, la façade de l'**Abbazia di San Gregorio**. Après le Ponte dei Catecumeni, vous vous trouverez devant une rue inhabituellement large pour Venise : c'est le **Rio Terà dei Catecumeni** (*rio terà* signifie canal comblé en vénitien), qui longe le Complesso dei Catecumeni, dont on peut parfois visiter l'élégant **Oratorio di San Giovanni Battista** (Rio Terà dei Catecumeni, Dorsoduro 109 ; ⏲variables).

Après le Complesso, on tourne vers le sud dans le **Rio Terà ai Saloni**, dont les arcades suggèrent la physionomie qu'il devait avoir avant que le canal ne soit comblé. La croyance populaire veut que cette rue s'appelle ainsi parce qu'elle conduit à l'ancien emplacement des magasins de sel, denrée de première importance. Mais la thèse selon laquelle ce toponyme viendrait du surnom de la famille qui y vivait semble plus fondée : les Dalle Fornaci, surnommés Saloni car plusieurs de ses membres portaient le prénom Absalon.

Lazarets, vœux et fêtes : la peste à Venise

La propagation de la peste en Europe, à partir du XIIe siècle, est sans doute due, à l'origine, à la présence de rongeurs infectés à bord des navires vénitiens et génois provenant de la mer Noire. Mais qui y avait amené la maladie ? Probablement les pillards tartares arrivés en Crimée avec, sur les talons, des colonies de rats attirés par la nourriture. Il devint vite urgent de créer des structures adéquates pour combattre ce fléau, qui fera de très nombreuses victimes au fil des siècles.

Venise fut la première entité politique à s'attaquer méthodiquement au problème de la contagion en créant des lazarets. Le terme viendrait de l'église Santa Maria di Nazareth (*nazaretto*), qui servait de refuge aux pèlerins sur l'actuelle île du Lazzaretto Vecchio, ou de l'hôpital de San Lazzaro dei Mendicanti, dédié au lépreux ressuscité par Jésus, qui abritait depuis le XIIe siècle une léproserie, sur l'île appelée aujourd'hui San Lazzaro degli Armeni (p. 191). Face à une énième épidémie, en 1423, le Sénat créa sur cette île le premier refuge pour pestiférés doté de personnel médical. On impliqua les capitaines des navires, les invitant à déceler tout signe de peste à bord, et leur faisant observer des périodes d'isolement préventif avant de débarquer marchandises et passagers en ville. En 1468, on créa de plus un "lazaret de contumace", destiné à mettre en quarantaine des convalescents, des marchandises et des personnes arrivant des pays touchés par l'épidémie. Enfin, à partir du XVIIe siècle, on institua un système rigoureux de patrouille dans les lagunes pour s'assurer que personne ne puisse se soustraire aux contrôles du surintendant à la Santé. Les mesures d'isolement et d'assainissement pesaient sur les finances publiques, mais le pouvoir vénitien préférait dépenser pour la prévention et ralentir les trafics de marchandises plutôt que faire face aux effondrements économiques et démographiques provoqués par les épidémies.

Mais les lazarets ne suffisaient pas toujours à enrayer l'épidémie. Dans les cas extrêmes, la science cédait le pas à la foi, et le doge finissait par se recommander au Christ ou à la Vierge, s'engageant dans des vœux qu'il respectait rigoureusement. De ces vœux, il reste deux témoignages remarquables : l'église du Santissimo Redentore (p. 93), édifiée sur l'île de la Giudecca pour invoquer la fin de l'épidémie de 1575, et la Basilica di Santa Maria della Salute (p. 70), dédiée à la Vierge après la peste de 1630. Dans les deux cas, la fin de l'épidémie est encore célébrée : le troisième dimanche de juillet, pour la première, avec des fêtes laïques à grand renfort de bateaux et de feux d'artifice ; le 21 novembre pour la seconde, avec des processions religieuses très suivies et la préparation de plats typiques cuisinés en cette seule occasion (la *castradina*, à base de mouton fumé et séché et de choux, seuls aliments autorisés pendant les épisodes de peste).

Les incontournables

Collection Peggy Guggenheim

S'il avait été achevé, le Palazzo Venier dei Leoni aurait sans doute été la plus grande et la plus splendide demeure donnant sur le Grand Canal. Il est passé à la postérité pour avoir accueilli Peggy Guggenheim et sa collection, et abrite aujourd'hui l'un des plus importants musées d'art du XXe siècle.

PLAN P. 76, F5

041 240 54 40/19

www.guggenheim-venice.it

Calle San Cristoforo, Dorsoduro 701

tarif plein/réduit/étudiant/enfant 15/13/9 €/gratuit

10h-18h mer-lun

Salute, Accademia

Le Palais inachevé

Au milieu du XVIIe siècle, l'architecte Lorenzo Boschetti, chargé par la famille patricienne des Venier d'imaginer une résidence qui rivaliserait avec toutes les autres du Grand Canal non seulement par sa beauté, mais aussi par ses dimensions, se donna un objectif plus qu'ambitieux. Le projet était de réunir dans un seul bâtiment grandiose le meilleur de l'architecture vénitienne, en y glissant des hommages aux deux architectes, Palladio et Longhena, qui, à la Renaissance et à l'époque baroque, avaient le plus marqué la physionomie de la ville. Il ne put mettre aucune de ses intentions à exécution, car la construction du palais s'arrêta au premier étage en raison des problèmes économiques des Venier. Surnommée le Palais inachevé, la Ca' Venier dei Leoni est cependant l'un des plus admirés de Venise, pour son histoire autant que pour sa collection.

Une nouvelle vie

En 1947, Peggy Guggenheim, héritière d'une famille de banquiers américains, arriva en Europe avec sa riche collection d'œuvres d'artistes d'outre-Atlantique, qu'elle présenta l'année suivante à la Biennale de Venise. Le Vieux Continent put ainsi découvrir des artistes comme Arshile Gorky, Jackson Pollock et Mark Rothko. L'accueil fut chaleureux. Fin 1949, Peggy acheta le Palazzo Venier dei Leoni et s'y installa. En peu de temps, cette demeure rassembla la plus importante collection des avant-gardes européennes. En 1962, la "dernière dogaresse" reçut le titre de citoyenne d'honneur de Venise, ce qui ne l'empêcha pas de léguer sa collection d'art moderne à la fondation Solomon R. Guggenheim plutôt qu'à la ville. Parmi les artistes dont vous verrez les œuvres ici, citons Dalì, Fontana, Kandinsky, Magritte, Picasso, Man Ray et Mondrian.

★ À savoir

- Essayez de visiter la collection par une journée ensoleillée, vous pourrez profiter pleinement du jardin intérieur et de celui qui donne sur le Grand Canal.
- Attardez-vous aussi dans la **boutique du musée** (☎ 041 240 54 42 ; 🕒 10h-18h mer-lun).

Une petite pause ?

En songeant au destin aventureux de Peggy et de sa collection, faites quelques pas pour aller vous régaler au **Bottegon** (p. 84).

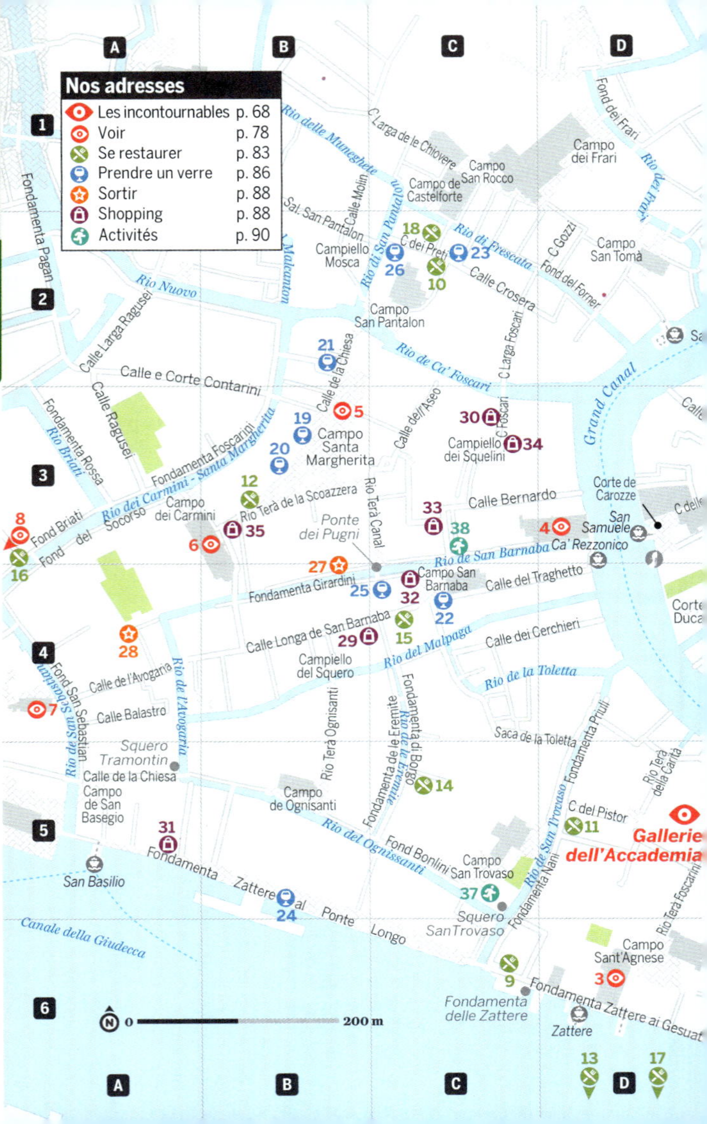
Nos adresses
Les incontournables p. 68
Voir p. 78
Se restaurer p. 83
Prendre un verre p. 86
Sortir p. 88
Shopping p. 88
Activités p. 90
A
B
C
D
1
2
3
4
5
6
Fondamenta Pagan
Rio delle Muneghete
C Larga de le Chiovere
Campo San Rocco
Campo de Castelforte
Fond dei Frari
Campo dei Frari
Rio dei Frari
Calle Molin
Rio di San Pantalon
Sal. San Pantalon
Campiello Mosca
C dei Preti
Rio di Frescada
C Gozzi
Campo San Tomà
Fond del Forner
Calle Crosera
Malcanton
Rio Nuovo
Campo San Pantalon
Calle Larga Ragusei
C Larga Foscari
Calle e Corte Contarini
Calle de la Chiesa
Rio de Ca' Foscari
Grand Canal
Calle dell'Aseo
C Foscari
Campiello dei Squelini
Fondamenta Rossa
Rio Briati
Calle Ragusei
Fondamenta Foscarini
Rio dei Carmini - Santa Margherita
Campo Santa Margherita
Rio Terà de la Scoazzera
Rio Terà Canal
Calle Bernardo
Corte de Carozze
San Samuele
Ca' Rezzonico
Fond Briati
Fond del Socorso
Campo dei Carmini
Ponte dei Pugni
Rio de San Barnaba
Campo San Barnaba
Calle del Traghetto
Fondamenta Girardini
Calle Longa de San Barnaba
Rio del Malpaga
Calle dei Cerchieri
Campiello del Squero
Rio de la Toletta
Fond San Sebastian
Rio de San Sebastian
Calle de l'Avogaria
Rio de l'Avogaria
Calle Balastro
Rio Terà Ognisanti
Fondamenta de le Eremite
Rio de le Eremite
Fondamenta di Borgo
Saca de la Toletta
Fondamenta Priuli
Rio Terà della Carità
Squero Tramontin
Calle de la Chiesa
Campo de San Basegio
Campo de Ognisanti
Rio del Ognissanti
Fond Bonlini
Campo San Trovaso
Rio de San Trovaso
C del Pistor
Gallerie dell'Accademia
Fondamenta Nani
Rio Terà Foscarini
San Basilio
Fondamenta Zattere al Ponte Longo
Squero San Trovaso
Canale della Giudecca
Campo Sant'Agnese
Fondamenta delle Zattere
Fondamenta Zattere ai Gesuati
Zattere
0
200 m
1
2
3
4
5
6
7
8
9
10
11
12
13
14
15
16
17
18
19
20
21
22
23
24
25
26
27
28
29
30
31
32
33
34
35
37
38

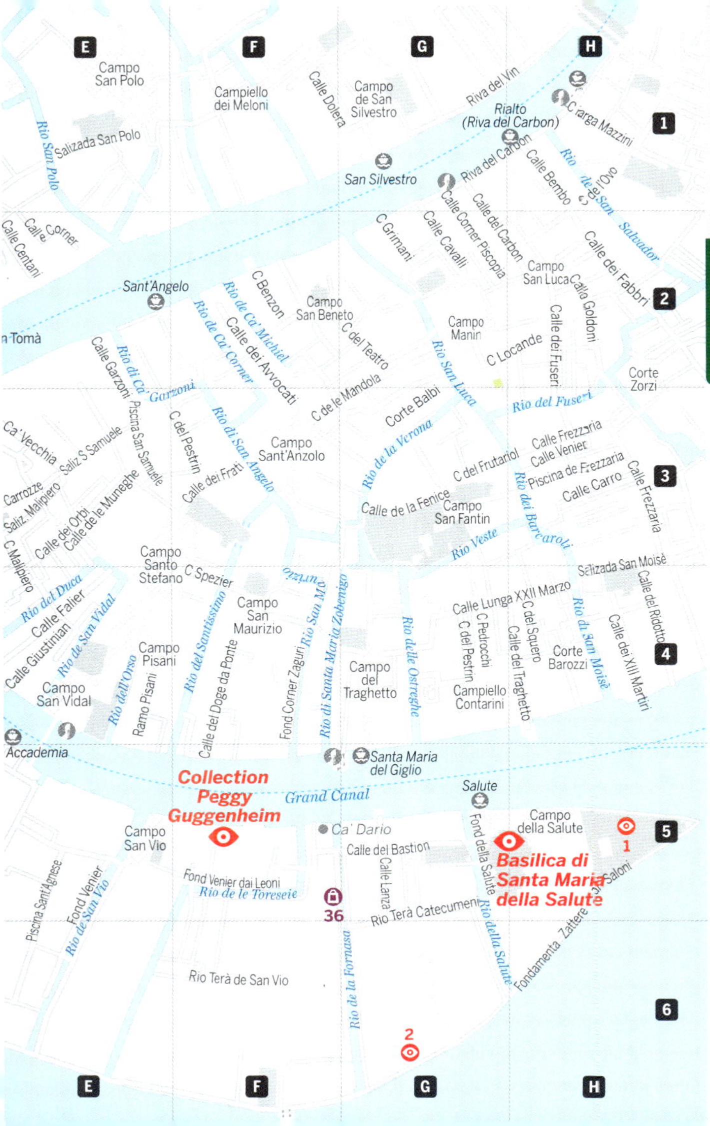
E
F
G
H
1
2
3
4
5
6
Campo San Polo
Campiello dei Meloni
Calle Dolera
Campo de San Silvestro
Riva del Vin
Rialto (Riva del Carbon)
C Larga Mazzini
Rio San Polo
Salizada San Polo
San Silvestro
Riva del Carbon
Calle Bembo
Rio de San Salvador
Calle Corner
Calle Centani
C Grimani
Calle Cavalli
Calle Corner Piscopia
Calle del Carbon
Campo San Luca
Calle dei Fabbri
Sant'Angelo
C Benzon
Campo San Beneto
Rio de Ca' Michiel
Rio de Ca' Corner
Calle dei Avvocati
C del Teatro
Campo Manin
Calle Goldoni
Calle dei Fuseri
C Locande
Corte Zorzi
Tomà
Calle Garzoni
Rio di Ca' Garzoni
C de le Mandola
Corte Balbi
Rio San Luca
Rio del Fuseri
Ca' Vecchia
Saliz S Samuele
Piscina San Samuele
C del Pestrin
Rio di San Angelo
Campo Sant'Anzolo
Rio de la Verona
C del Frutariol
Calle Frezzaria
Calle Venier
Piscina de Frezzaria
Calle Carro
Calle Frezzaria
Carrozze
Saliz. Malipiero
Calle dei Orbi
Calle de le Muneghe
Calle dei Frati
Calle de la Fenice
Campo San Fantin
Rio dei Barcaroli
C Malipiero
Campo Santo Stefano
C Spezier
Rio Veste
Salizada San Moisè
Rio del Duca
Calle Falier
Calle Giustinian
Rio de San Vidal
Rio del Santissimo
Campo San Maurizio
Rio San Moisè
Rio di Santa Maria Zobenigo
Rio delle Ostreghe
Calle Lunga XXII Marzo
C del Squero
C Pedrocchi
C del Pestrin
Calle del Traghetto
Calle del Ridotto
Rio da San Moisè
Corte Barozzi
Calle dei XIII Martiri
Campo Pisani
Campo San Vidal
Rio dell'Orso
Ramo Pisani
Calle del Doge da Ponte
Fond Corner Zaguri
Campo del Traghetto
Campiello Contarini
Accademia
Santa Maria del Giglio
Collection Peggy Guggenheim
Grand Canal
Salute
Campo della Salute
Campo San Vio
Ca' Dario
Calle del Bastion
Calle Lanza
Fond della Salute
Basilica di Santa Maria della Salute
1
Saloni
Fond Venier dai Leoni
Rio de le Toreseie
36
Rio Terà Catecumeni
Rio della Salute
Piscina Sant'Agnese
Fond Venier
Rio de San Vio
Zattere
Fondamenta
Rio Terà de San Vio
Rio de la Fornasa
2

Voir

Punta della Dogana

MUSÉE

1 PLAN P. 76, H5

La confluence du Grand Canal et du canal de la Giudecca est un site fascinant : il abrite la Basilica di Santa Maria della Salute (p. 70), le Seminario Patriarcale et les bâtiments de la **Dogana da Mar**, l'ancienne douane, point d'entrée des marchandises en transit à Venise. Tout au bout, au-dessus de la sphère en bronze doré portée par deux atlantes, la girouette de la Fortuna ("Chance") a tourné en faveur de Venise en 2009, lorsque l'homme d'affaires et collectionneur François Pinault a choisi d'y installer le siège de sa fondation. Bâtis au XIVe siècle, puis réaménagés au XVIIe siècle, les entrepôts hébergent aujourd'hui son centre d'art contemporain, dont l'aménagement a été confié à Tadao Ando. (041 271 90 39/041 523 16 80 ; www.palazzograssi.it ; Punta della Dogana, Dorsoduro 2 ; tarif plein/réduit/enfant 18/15 €/gratuit, inclus Palazzo Grassi ; 10h-19h mer-lun ; Salute)

Magazzini del Sale

GALERIE D'ART

2 PLAN P. 76, G6

Érigés au début du XVe siècle et restaurés en 1830, ces

Un palais maudit

En passant devant en *vaporetto*, regardez la **Ca' Dario** (plan p. 76, F5). Malgré son air penché, sa grâce délicate et sa façade de marbre polychrome en font l'un des plus beaux palais du Grand Canal. Mais la série de deuils qui a frappé ses occupants assombrit sa splendeur. La première victime serait la fille de l'ambassadeur Giovanni Dario, pour lequel le palais fut édifié en 1479 : elle ne survécut pas à la faillite de son mari ; et leur fils fut assassiné en Crète. Le négociant Arbit Abdol y finit dans la misère ; Rawdon Brown y mit fin à ses jours ; Charles Briggs y pleura le suicide de son amant au Mexique. Quant au ténor Mario del Monaco, victime d'un grave accident en allant signer l'acte de vente, il renonça à acquérir le palais. Le comte turinois Filippo Giordano delle Lanze fut assassiné par son amant croate, lequel fut tué à son tour à Londres ; le manager des Who y brûla sa fortune ; Raul Gardini, qui acheta le palais à la fin des années 1980, se suicida en 1993, avant que John Entwistle, bassiste des Who, simple locataire, ne succombe à un infarctus. En 1996, lors du tournage de *Tout le monde dit I love you*, Woody Allen faillit l'acheter, mais renonça en apprenant son histoire. Pour en savoir plus, lisez *Ca' Dario*, de Jean-Paul Bourre (Les Belles Lettres, 2011).

DON MAMMOSER / SHUTTERSTOCK ©

Punta della Dogana (p. 78)

entrepôts servaient au stockage du sel, bien précieux alors géré par l'État. Aujourd'hui, ils accueillent une fondation dédiée aux œuvres d'Emilio Vedova (1919-2006), artiste majeur de l'expressionnisme italien. L'architecte Renzo Piano a traduit la volonté de l'artiste, qui souhaitait voir son œuvre "marcher dans l'espace". Il a suspendu un rail sur lequel circulent 10 navettes fonctionnant à l'énergie renouvelable. Leurs bras robotisés vont chercher les œuvres dans les réserves pour les faire tourner. (041 522 66 26 ; www.fondazionevedova.org ; Fondamenta Zattere ai Saloni, Dorsoduro 50 et 266 ; prix d'entrée selon l'expo en cours ; 10h30-18h mer-dim durant les expos ; Zattere)

Chiesa dei Gesuati

ÉGLISE

3 PLAN P. 76, D6

Exposée au sud et baignée de soleil par beau temps, cette église, aussi appelée Santa Maria del Rosario, marque le profil des Zattere. Si les proportions rigoureuses imaginées par Giorgio Massari font pâle figure face aux chefs-d'œuvre palladiens qui se dressent en face, sur l'autre rive du canal de la Giudecca, la pénombre de l'intérieur s'illumine du travail du Tintoret, qui signa la *Crucifixion* dans la nef gauche ; de Tiepolo, auteur de *Rose de Lima, Agnès de Montepulciano et Catherine de Sienne* et surtout des fresques au plafond narrant la vie de saint Dominique ; et enfin de Piazzetta, à qui l'on doit *Saint Dominique et la vision des saints Louis Bertrand,*

Vincent Ferrier et Hyacinthe.
(www.chorusvenezia.org ; Fondamenta Zattere ai Gesuati, Dorsoduro ; tarif plein/réduit 3/1,50 € ou Chorus Pass ; 10h30-16h30 lun-sam ; Zattere)

Ca' Rezzonico

MUSÉE

4 PLAN P. 76, D3

La construction du bâtiment qui abrite le **Museo del Settecento Veneziano** (musée du XVIIIe siècle vénitien) débuta sous les auspices de Longhena et fut achevée après 1750 par Giorgio Massari, dans le respect du projet de son prédécesseur. Faites quelques pas dans l'entrée, retournez-vous pour admirer le jeu de lumière que les architectes ont créé pour agrandir l'espace et diriger le regard vers le blason de la famille Rezzonico.

Au 1er étage se succèdent le **salon du Bal**, sans égal à Venise en termes de taille et de décoration, la **salle de l'Allégorie nuptiale**, en l'honneur des époux Ludovico Rezzonico et Faustina Savorgnan, et la **salle du Trône**, avec son plafond et son *Allégorie du Mérite* signés Giambattista Tiepolo.
Le **grand salon des Peintures**, au 2e étage, réunit deux pièces maîtresses d'un jeune Canaletto, tandis qu'une salle consacrée à Giandomenico Tiepolo accueille les fresques que le peintre exécuta pour sa villa familiale, donc sans contrainte ; la **salle du Parloir** abrite deux vues d'intérieur de Francesco Guardi. Ne quittez pas cet étage sans avoir visité la fabuleuse **alcôve**, qui restitue l'atmosphère décadente de

Squero San Trovaso (voir encadré ci-contre)

ARNDALE / SHUTTERSTOCK ©

Chantiers navals

Les *squeri* sont les petits chantiers navals servant à la construction et au remisage des bateaux traditionnels. On y respire l'esprit le plus authentique de Venise, celui des métiers de la mer et de la culture du bois. Deux des *squeri* les plus importants se trouvent à Dorsoduro, le **Squero San Trovaso** (plan p. 76, C6) et le **Squero Tramontin** (plan p. 76, A5), toujours en activité ; un troisième, le **Squero Vecio** (Fondamenta Nove), aujourd'hui siège d'une société nautique, se trouve à Cannaregio, visible de la Fondamenta dei Mendicanti. Le Squero San Trovaso offre un bel écho de ce qu'a pu être le passé de la ville, mais un écho vivant et bourdonnant d'activité. Admirez-le sur la Fondamenta Nani ou suivez une visite guidée (25 pers au minimum), organisée, entre autres activités, par Terra & Acqua (p. 90).

l'aristocratie vénitienne. Au dernier étage, la **pinacothèque d'Egidio Martini** expose des peintures de l'école vénitienne, du XVe siècle au début du XXe siècle ; ne manquez pas les grands paysages de Marco Ricci et les vues insolites d'Ippolito Caffi. (041 241 01 00 ; carezzonico.visitmuve.it ; Fondamenta Rezzonico, Dorsoduro 3136 ; tarif plein/réduit 102/9,50 € ou Museum Pass MUVE ; 10h-18h mer-lun avr-oct, 10h-17h mer-lun nov-mars ; Ca' Rezzonico)

Campo Santa Margherita PLACE

5 PLAN P. 76, B3

L'une des plus vastes places de Venise fut encore agrandie au milieu du XIXe siècle, quand certains canaux l'entourant furent comblés parce qu'insalubres. Son nom vient de l'église qui s'élève au nord-est du *campo*, au campanile tronqué. Menaçant de s'effondrer, le haut fut en effet démoli en 1808, deux ans avant que l'église ne soit déconsacrée. L'autre particularité de ce *campo* est le bâtiment isolé en son centre, l'ancienne **Scuola dei Varoteri** (ne se visite pas), c'est-à-dire des tanneurs de cuir et des fourreurs. Sur sa façade nord, un bas-relief représente la Vierge avec la confrérie des fourreurs. Son emplacement vient de ce qu'il donnait sur un *rio* comblé plus tard. Le *campo* (voir aussi p. 87) est le théâtre d'une intense vie de quartier et un lieu très animé le soir. La proximité des deux universités de Venise y attire de nombreux jeunes. (Ca' Rezzonico, San Tomà, Zattere, Piazzale Roma)

Chiesa et Scuola dei Carmini ÉGLISE, SCUOLA

6 PLAN P. 76, B3

La Scuola di Santa Maria del Carmelo était initialement accueillie dans l'église, jusqu'à ce qu'au XVIIe siècle Longhena

Les "écoles" de Venise

Apparues entre 1250 et 1500, ces associations de laïcs étaient dédiées à l'assistance matérielle et spirituelle selon les principes de la charité chrétienne. Elles portaient secours aux infirmes, soutenaient psychologiquement les prisonniers et versaient des aides aux pauvres. Les écoles mineures accueillaient des corporations d'artisans et de commerçants des milieux populaires et bourgeois. Les *scuole grandi*, plus riches, étaient celles des nobles. Au XVIe siècle, on comptait environ 215 écoles, dont sept grandes. Chacune avait un saint patron, des fonds, un statut, un président, un siège et des artistes parmi ses membres. Celles disposant d'une importante trésorerie pouvaient passer commande de leurs sièges aux plus grands architectes et peintres du moment ; certaines renferment aujourd'hui de précieux trésors artistiques.

et Caustello ne conçoivent son nouveau siège. À l'intérieur, l'émotion naît dès que l'on monte le lumineux escalier monumental, et culmine face aux nombreuses œuvres de Giambattista Tiepolo, Piazzetta et Padovanino. L'église qui la flanque, datant du XIVe siècle, conserve un plan gothique à trois nefs séparées par deux rangées de colonnes. Elle abrite quelques œuvres intéressantes, dont un retable qui représente la Vierge remettant le scapulaire des Carmes à saint Simon Stock. (041 528 94 20 ; www.scuolagrandecarmini.it ; Campo Santa Margherita, Dorsoduro 2617 ; tarif plein/réduit 7/5 € ; 11h-17h tlj ; Zattere, Ca' Rezzonico)

Chiesa di San Sebastiano

ÉGLISE

7 PLAN P. 76, A4

L'élégance d'inspiration classique de la façade prouve que l'on peut créer des chefs-d'œuvre avec peu de moyens. En 1505, Antonio Abbondi, dit le Scarpagnino, ne put en effet bénéficier que d'un budget limité, à l'image du style de vie des frères de l'ordre de Saint-Jérôme, ses commanditaires. L'intérieur, à l'inverse, est d'une grande richesse. Il est entièrement décoré du sol au plafond par Véronèse, dont la sépulture se trouve dans la sacristie. (www.chorusvenezia.org ; Campo San Sebastiano, Dorsoduro 1687 ; tarif plein/réduit 3/1,50 € ou Chorus Pass ; 10h30-16h30 lun-sam ; San Basilio)

Chiesa di San Nicolò dei Mendicoli

ÉGLISE

8 PLAN P. 76, A3

L'église n'a guère changé depuis le XIIe siècle (voyez le campanile vénéto-byzantin), complétée par un préau au XVe siècle. Outre plusieurs œuvres des peintres de l'école de Véronèse, l'intérieur révèle une infinité de perspectives, créées par les nombreuses chapelles latérales. Le préau offrait une protection aux femmes pieuses démunies et aux pauvres (*mendicoli* signifie "mendiants" ; Mendigola est aussi l'ancien nom de l'île sur laquelle s'élève l'église). La zone était en effet très pauvre, peuplée de petits pêcheurs appelés *nicolotti* ; le nom désigna par la suite les habitants du quartier et l'une des deux factions qui s'affrontaient sur le Ponte dei Pugni (voir ci-contre). (041 275 03 82, 347 065 49 00 ; www.anzolomendicoli.it ; Campo San Nicolò, Dorsoduro ; 10h-12h et 15h-17h30 lun-sam, 9h-12h dim ; San Basilio)

Se restaurer

Gelateria da Nico GLACIER €

9 PLAN P. 76, C6

On vient ici pour le *gianduiotto di Nico* (à emporter/sur place 4/6,50 €), un imposant parallélépipède de glace au *gianduia* (chocolat aux noisettes), planté dans un gobelet et noyé dans la crème fouettée. Une institution depuis près de 100 ans. (041 522 52 93 ; www.gelaterianico.com ; Fondamenta Zattere al Pontelongo, Dorsoduro 922 ; 6h45-20h30 ven-mer et 7h30-20h30 dim oct-mai, 6h45-22h30 ven-mer et 7h30-22h30 dim mai-oct ; Zattere)

Pasticceria Tonolo PÂTISSERIE €

10 PLAN P.76, C2

Les bonnes pâtisseries ne manquent pas à Venise, mais pour ses fidèles, c'est la meilleure. Elle est portée aux nues depuis 1953, à juste titre, pour le petit-déjeuner ou toute envie de douceur (041 523 72 09 ; Calle dei Preti, Dorsoduro 3764 ; gâteau 1,10 € ; 7h45-20h mar-sam, 7h45-13h dim ; San Tomà)

Sur le "pont des Poings"

Entre le Campo San Barnaba et le Campo Santa Margherita, le **Ponte dei Pugni** (plan p. 76, C4) doit son nom aux bagarres qui s'y déroulaient, fruits de la rivalité entre les Nicolotti (pêcheurs de San Nicolò dei Mendicoli, à l'ouest de Venise, avec ceinture et bonnet noirs) et les Castellani (pêcheurs de San Pietro di Castello, à l'est de Venise, ceinture et bonnet rouges). Disputé une fois par an, le combat durait des heures et donnait le droit au camp vainqueur de planter ses couleurs sur le pont.
La lutte tournait souvent au pugilat, faisant régulièrement des victimes qui finissaient à l'eau. Repérez l'empreinte des pieds au sol près du pont : elle servait à déterminer la position des adversaires. (Fondamenta Gherardini, Dorsoduro ; Ca' Rezzonico)

Al Bottegon Cantinone già Schiavi

BACARO €

11 PLAN P. 76, D5

Si beaucoup cèdent à la tentation de boire un verre (1 € pour le vin ordinaire) en mangeant un *crostino* (1,50 €, celui au thon et poireaux est mémorable) accoudé aux rambardes de la *fondamenta* sur laquelle donne cette cave historique, nous recommandons l'intérieur : l'atmosphère a un charme indéniable, avec un long comptoir de marbre envahi de bouteilles. (041 523 0034 ; Fondamenta Nani, Dorsoduro 992 ; 8h30-20h30 lun-sam ; Zattere)

Bone Robe

SANDWICHS €

12 PLAN P. 76, B3

Ici, on prend le sandwich au sérieux pour s'en régaler comme d'un repas complet. Nombreuses suggestions, mais le client peut en composer un à sa guise, pain compris. (041 874 62 61 ; Campo Santa Margherita, Dorsoduro 2919 ; repas 7-20 € ; 18h-22h30 mar-sam ; Ca' Rezzonico)

La Palanca

BAR, TRATTORIA €/€€

13 PLAN P. 76,D6

En plus du menu de poisson au déjeuner, élaboré pour les employés – pâtes à l'encre de seiche, raviolis au bar, calamars grillés –, l'atmosphère du quartier, la gentillesse du personnel et le splendide emplacement panoramique font tout le prix de cette adresse. À tester, ne serait-ce que pour un spritz. (041 528 77 19 ; Fondamenta Sant'Eufemia, Giudecca 448 ; repas 35-45 € ; 12h-14h30 lun-sam, bar 7h-21h ; Palanca)

Locanda Montin

RESTAURANT €€

14 PLAN P. 76, C5

Pour un saut dans une "vénitianité" en voie d'extinction, tout près du Squero San Trovaso, sur l'une des *fondamente* les plus typiques. On ne saurait trancher entre l'intérieur, au mobilier comme on n'en fait plus, et l'extérieur, jardin insoupçonnable entre les maisons. Vous y savourerez des classiques vénitiens de viande et de poisson, dans une ambiance authentique et chaleureuse. (041 522 71 51 ; www.locandamontin.com ; Fondamenta di Borgo, Dorsoduro 1147 ; repas 35-40 € ; 12h30-14h30 et 19h15-22h jeu-mar ; Zattere)

Quatro Feri

OSTERIA €€

15 PLAN P. 76, C4

Le cadre est celui des vieilles *osterie* vénitiennes, ce qui est de plus en plus rare. Des tables massives, des chaises lourdes, des nappes d'épais papier absorbant et des petits verres de type *ombra* maintenant désuets au lieu des verres à pied. Prenez une carafe de blanc et des seiches grillées, et prolongez cette atmosphère familiale par un café à l'italienne. (041 520 69 78 ; Calle Lunga San Barnaba, Dorsoduro 2754/A ; repas 35 € ; 12h-16h et 18h-22h30 mar-sam ; Ca' Rezzonico)

Locanda Montin (p. 84)

Osteria da Codroma OSTERIA €€

16 PLAN P. 76, A3

Dans ce qui fut un repaire des nationalistes vénitiens au début du XXe siècle, on cuisine *sarde in saor* (sardines frites à l'aigre-douce), *folpetti* (supions) bouillis, *baccalà mantecato* (brandade de morue) et plats du jour. Les tables le long du canal sont très convoitées. Le midi, menu adapté aux étudiants et aux professeurs des universités voisines. (041 524 67 89 ; Fondamenta Briati, Dorsoduro 2540 ; repas 25-30 € ; 10h-15h30 et 18h-23h mar-sam ; San Basilio)

Trattoria Altanella TRATTORIA €€€

17 PLAN P. 76, D6

Stefano et Roberto, fils de Gianni, le fondateur, gèrent l'un des plus anciens établissements de la Giudecca. Excellentes suggestions de cuisine locale, traditionnelle (foie à la vénitienne et *bigoli* – gros spaghettis –à l anchois) et moderne (*tagliolini* à l'encre de seiche aux crevettes et courgettes, gnocchis à l'encre de seiche). On apprécie la superbe terrasse sur l'eau, tout comme le calme et les nombreux tableaux de l'intérieur. La gentillesse est de mise. Pour le samedi et le dimanche, réservez. (041 522 77 80 ; Calle delle Erbe, Giudecca 268 ; repas 40-50 € ; 12h30-14h et 19h30-21h mer-dim ; Palanca, Redentore)

Estro RESTAURANT, BAR À VINS €€€

18 PLAN P. 76, C2

Le "brio" du nom de l'enseigne est celui de Dario et Alberto, originaires de Murano. L'île est présente partout, dans les lampes, la vaisselle, le dressage des tables et la cuisine, typique de la lagune. Le *bisato* (anguille), excellent, est toujours au menu, le reste change selon les saisons. Dario soigne la sélection de presque 700 bouteilles. En cuisine, Alberto s'emploie à rendre uniques les saveurs de la tradition, relevant même le défi de proposer des idées nouvelles pour un classique : le *tramezzino*, qui devient ici gastronomique. (041 476 49 14 ; www.estrovenezia.com ; Crosera, Dorsoduro 3778 ; menus 36-60 €, repas 40-50 € ; restaurant 12h30-14h15 et 19h-22h15 mer-lun, bar à vins 12h-23h mer-lun ; San Toma, Ca' Rezzonico)

PIERO PASINI / EDT ©

Estro (p. 85)

Prendre un verre

Caffè Rosso

CAFÉ

19 PLAN P. 76, B3

Dans cette institution de la nuit vénitienne, vous admirerez le vieux percolateur, qui prépare depuis plus de 50 ans café sur café, et les serveurs, experts en matière de spritz. Toujours très fréquenté, ce café propose parfois des sessions DJ. (041 528 79 98 ; Campo Santa Margherita ; Dorsoduro 2963 ; 7h-1h lun-sam ; Ca' Rezzonico)

Osteria alla Bifora

BAR À VINS

20 PLAN P. 76, B3

Dans cette entrée de palais transformée en salle à manger (la fenêtre géminée qui lui donne son nom est au fond), on s'installe au comptoir ou à des tables de bois rustiques pour un verre de vin ou un spritz. Si vous avez faim, *cicheti* (assortiment 20 €) et planches de charcuterie pour tous les goûts (15-22 € selon la quantité). Les tables de l'extérieur sont très convoitées. (041 523 61 19 ; Campo Santa Margherita, Dorsoduro 2930 ; repas 25-30 € ; 12h-2h ; Ca' Rezzonico)

Ai Do Draghi

BAR À VINS, CAFÉ

21 PLAN P. 76, B2

Le vendredi ou le samedi soir, la foule se presse dans ce *bacaro* qui a le bon goût de fermer tard. (041 241 27 58 ; Campo Santa Margherita, Dorsoduro 3665 ; cicheti 1,50-2 € ; 17h-1h lun-ven et 10h30-2h sam-dim ; Ca' Rezzonico)

Ai Artisti

CAFÉ, BAR

22 PLAN P. 76, C4

Ce beau café, à la terrasse bien agréable par une journée ensoleillée, donne sur l'église de San Barnaba. (393 968 01 35 ; Campo San Barnaba, Dorsoduro 2771 ; 7h-0h lun-ven, 8h-0h sam, 9h-0h dim ; Ca' Rezzonico)

Cafè Noir

CAFÉ, BAR

23 PLAN P. 76, C2

Un des lieux de rendez-vous des jeunes Vénitiens, près du Campo Santa Margherita. Cocktails généreux et, pour les baisses de régime, sandwichs servis très tard. (041 200 78 93 ; Calle dei Preti, Dorsoduro 3805 ; verre 2,50-10 € ;

grosse salade 8 € ; 11h-2h lun-ven, 19h-2h sam-dim ; San Tomà)

El Chioschetto

CAFÉ, BAR

24 PLAN P. 76, B5

Il a presque des allures de bar de plage, ce “petit kiosque” avec sa belle terrasse. On y jouit d’une vue splendide sur le canal de la Giudecca, parfaite pour accompagner un spritz. Des soirées musicales en plein air y sont parfois organisées. (366 481 85 88 ; Fondamenta Zattere al Ponte Longo, Dorsoduro 1406/A ; apéritif 4-4,50 € ; 9h-1h été, ferme plus tôt en hiver, fermé déc-jan ; Zattere)

Osteria ai Pugni

BAR À VINS

25 PLAN P. 76, C4

Les sandwichs et les suggestions de déjeuners rapides sont bons, la carte des vins est fournie, et l’emplacement est remarquable, au bout du Ponte dei Pugni, près

Les mille et une vies d’une place vénitienne

Le Campo Santa Margherita est aujourd’hui un bol d’air frais dans une ville qui semble parfois écrasée par sa vocation touristique. La place offre une tranche de vie quotidienne, grâce au va-et-vient incessant des résidents et des étudiants des universités toutes proches, entre petites courses, conversations tranquilles et coups de fil animés, mais ce n’est que le visage le plus récent d’un *campo* qui a beaucoup changé. C’est ici que la conscience politique populaire a commencé à se développer (et c’est toujours la destination des manifestations politiques). Au début du XXe siècle, des représentants de la mouvance socialiste proclamèrent en effet dans une *osteria* de la place une prétendue république de Santa Margherita : célébrations drolatiques, mais institutions sérieuses. La politique et le *campo* se sont encore donné rendez-vous plus tard : sous le régime mussolinien, une École de mystique fasciste (fondée en 1930 à Milan pour entretenir l’esprit fasciste des origines) s’installa dans la Scuola dei Varoteri, qui était devenue un dépôt de charbon. L’histoire de la Chiesa di Santa Margherita est encore plus mouvementée : après avoir été déconsacrée en 1810 par le régime napoléonien, elle fut utilisée comme entrepôt de tabac, puis comme dépôt des marbres provenant des autres églises déconsacrées, et devint en 1861 l’atelier d’un sculpteur. Elle revint brièvement à la foi en 1882, comme église évangélique, fut en 1910 le siège de la Bourse du travail, avant d’abriter un cinéma entre 1921 et 1977. Elle accueille depuis 1994 l’Auditorium Santa Margherita de l’Université Ca’ Foscari.

de la *barca della frutta*, le primeur flottant de San Barnaba. Mérite une halte à toute heure. (346 960 77 85 ; Fondamenta dei Pugni, Dorsoduro 2859 ; sandwich à partir de 1,50 € ; repas 18 € ; 10h-22h30 ; Ca' Rezzonico)

Malvasia all'Adriatico Mar BACARO, BAR À VINS

26 PLAN P. 76, C2

À l'époque de la Sérénissime, les *malvasie* étaient les débits de boissons : c'est en effet du port de la ville de Monemvasia (Malvoisie), en Grèce, que l'on exportait dans le monde entier le vin doux grec. Dans un petit coin calme de Dorsoduro, vous pourrez boire ici du bon vin et déguster des *cicheti* à base de spécialités de toute l'Adriatique, face à un canal où les clients amarrent leur bateau en été. (041 476 43 22 ; Calle dei Preti, Dorsoduro 3771 ; cicheti 0,80-3 € ; 17h-22h lun ; 10h-22h mar-sam ; San Tomà)

Sortir

Venice Jazz Club JAZZ

27 PLAN P. 76, B3

Sauf exception, les musiciens qui se produisent ici sont membres du Venice Jazz Club Quartet. (340 150 49 85, 041 523 20 56 ; www.venicejazzclub.com ; Fondamenta del Squero, Dorsoduro 3102 ; entrée avec boisson 20 € ; à partir de 19h, concerts à 21h lun-mer et ven-sam ; Ca' Rezzonico)

Teatro a l'Avogaria THÉÂTRE

28 PLAN P. 76, A4

Achetez votre billet tôt si vous souhaitez assister à un spectacle expérimental proposé dans le plus petit théâtre de Venise. (041 099 19 67 ; www.teatro-avogaria.it ; Corte Zoppa, Dorsoduro 1617 ; San Basilio, Ca' Rezzonico)

Shopping

Colussi PÂTISSERIE

29 PLAN P. 76, B4

Colussi est le papy-gâteau, le *nonno* de tous les petits Vénitiens, et des plus grands aussi : ils viennent chez lui chercher le meilleur de la pâtisserie vénitienne, *focaccia* (qui est une brioche à Venise), biscuits et gâteaux. (041 520 69 78 ; Calle Lunga San Barnaba, Dorsoduro 2754/A ; 9h-13h et 15h30-19h mer-dim ; Ca' Rezzonico)

Paolo Olbi PAPETERIE ARTISANALE

30 PLAN P. 60, C2

Au mur, Paolo a accroché le portrait de Manuzio (éditeur vénitien de la fin du XVe siècle) comme pour mieux rappeler qu'ici on imprime encore à la main. “L'encrage est fait manuellement – nous vivons hors du temps”, dit-il. Agendas, répertoires et albums de souvenirs. (041 523 76 55 ; olbi.atspace.com ; Ponte Ca' Foscari, Dorsoduro 3253 ; 11h-12h40 et 15h30-20h lun-sam ; San Tomà, Ca' Rezzonico)

Bottega d'Arte Gibigiana CRÉATIONS ARTISTIQUES

31 PLAN P. 76, A5

Mirko et Serena créent des sculptures et objets de décoration à partir de matériaux de récupération. Dans un esprit d'émulation mutuelle, ils ouvrent régulièrement leurs portes à d'autres artistes. (338 616 50 74 ; www.gibigiana.com ; Fondamenta Zattere al Ponte Longo, Dorsoduro 1487 ; 10h-16h lun-sam, téléphonez au préalable ou prenez rdv ; Zattere, San Basilio)

Signor Blum JOUETS ARTISANAUX

32 PLAN P. 76, C4

L'explosion de couleurs dans la vitrine de ce magasin d'objets et de jouets artisanaux en bois attirera l'attention des petits et des grands. (041 522 63 67 ; www.signorblum.com ; Fondamenta Girardini, Dorsoduro 2840 ; 10h-13h30 et 15h-19h30 ; Ca' Rezzonico)

Perlamadredesign VERRERIE, BIJOUX

33 PLAN P. 76, C3

Patrizia et Evelina expriment à travers leurs créations leur goût prononcé pour le design et leur grand respect pour le travail traditionnel sur verre. Faites-vous expliquer la fascinante technique du *sommerso*. (340 844 91 12 ; www.perlamadredesign.com ; Calle delle Botteghe, Dorsoduro 3182 ; 10h30-13h et 15h30-18h30 lun-sam ; Ca' Rezzonico)

SIRA MORIZIO ©

Malvasia all'Adriatico Mar (p. 88)

Danghyra CÉRAMIQUE

37 PLAN P. 76, C3

Le doré, qui domine ici, orne les vases, lampes, tasses et plats. Pour autant, les couleurs plus discrètes sont aussi présentes. La tasse à café or et jaune (ou or et vert) fera un joli souvenir (9 €), tout comme la tasse à thé (11 €). (041 522 41 95 , 338 354 39 44 ; www.danghyra.com ; Calle della Vida, Dorsoduro 3220 ; 10h-13h et 14h-19h ; Ca' Rezzonico, San Tomà)

Libreria Marco Polo LIBRAIRIE

35 PLAN P. 76, B3

Ce n'est pas l'une des libraires historiques de Venise, mais elle est de celles qui font son histoire culturelle récente. Dans une ville qui compte aussi peu d'habitants,

ELENA ODAREEVA / SHUTTERSTOCK ©

Fondamenta delle Zattere (voir encadré ci-contre)

c'est en effet rare de trouver une librairie qui fasse des choix aussi exigeants, faisant confiance à des petites ou moyennes maisons d'édition. (☎041 822 48 43 ; www.libreriamarcopolo.com ; Campo Santa Margherita, Dorsoduro 2899 ; ⌚10h-22h lun-sam, 11h-20h dim ; ⛴Ca' Rezzonico, Zattere)

Le Fórcole di Saverio Pastor

TOLETS

36 PLAN P. 76, F5

Le maître Saverio façonne ici ses mâts pour voiles au tiers, ses objets à offrir, mais surtout ses *fórcole* (tolets) de gondoles. Leur forme varie selon l'embarcation, mais aussi la position et la physiologie du gondolier. Le travail du bois (noyer, en général) se fait à la scie à ruban et à la hache ; viennent ensuite les finitions au racloir et au papier de verre, avant la signature et la numérotation. Un art immuable depuis le XVIe siècle. (☎041 522 56 99/329 090 35 28 ; www.forcole.com ; Fondamenta Soranzo della Fornace, Dorsoduro 341 ; ⌚8h30-13h et 14h-18h lun-ven, parfois le sam, entrée libre ; ⛴Salute)

Activités

Terra & Acqua

BALADES EN BATEAU

37 PLAN P. 76, C3

Le *bragozzo* fait partie des bateaux (à voile) les plus typiques de la lagune. Une promenade à bord de ces embarcations, autrefois utilisées par des pêcheurs qui allaient jusqu'aux côtes de l'Istrie, offre une immersion dans l'histoire de la ville, mais aussi une manière magnifique de découvrir la lagune et d'en d'apprécier les multiples aspects : du vin produit dans une cave de Sant'Erasmo aux vestiges archéologiques de Lazzaretto Nuovo, de l'histoire du Fort Sant'Andrea à la saisissante beauté du paysage. Les sorties partent du Squero San Trovaso (voir encadré p. 81), que vous pourrez visiter en complément. (347 420 50 04 ; www.veneziainbarca.it, www.squerosantrovaso.com ; Fondamenta Bonlini, Campo San Trovaso, Dorsoduro 1097 ; location de l'embarcation pour 9-12 pers 400-550 €, repas à bord 27 €/pers).

Ca' Macana

MASQUES, COSTUMES

38 PLAN P. 76, C3

Les masques d'*Eyes Wide Shut*, de Stanley Kubrick, ont été faits ici. Vous pourrez en acheter et même apprendre à les fabriquer. (041 277 61 42 ; www.camacana.com ; Calle delle Botteghe, Dorsoduro 3172 ; atelier 1 heure avec un livre et un masque à choisir parmi 50 modèles 49/44/39 € par personne pour 1/2/3 participants et plus, atelier de 2 heures en famille sur rdv ; magasin 10h-19h30 haute saison, 10h-18h30 basse saison, ateliers : 10h30-12h30 et 14h30-17h30 lun-sam haute saison, 10h30-12h30 et 14h30-15h30 lun-sam basse saison, sans réservation ; Ca' Rezzonico)

Le long des Zattere

Le quai de presque 1 km qui délimite Venise au sud, le long du canal de la Giudecca, est connu sous le nom de **Fondamenta delle Zattere** (plan p. 76, H6). On dit que son nom vient de ce qu'au large de ce quai, les Vénitiens ont battu Pépin d'Italie – second fils de Charlemagne – en 810 en utilisant des bateaux à fond plat, pareils à des *zattere* (radeaux). L'hypothèse la plus crédible reste cependant que ce quai était le point de déchargement des cargaisons de bois et de sel, qui finissaient leur voyage, dans le canal de la Giudecca, sur des radeaux. Les bâtiments massifs des Magazzini del Sale (entrepôts de sel ; p. 78) sont en effet toujours présents au bout de la *fondamenta*, près de la Basilica di Santa Maria della Salute.

Autrefois, quand on ne risquait pas sa vie à nager dans le canal (trop de bateaux aujourd'hui), on trouvait sur ce quai quelques établissements balnéaires. Orienté au sud, il est ensoleillé toute la journée, et c'est la destination idéale de tranquilles promenades, surtout au printemps. Partant de San Basilio, à l'ouest, on rallie la Punta della Dogana, à l'est, en passant par quelques bars, avec une étape obligatoire au Chioschetto (p. 87).

Promenade à pied

La Giudecca

La Giudecca s'étire au sud de la cité, telle une anguille qui ondulerait sous son ventre. Son histoire est complexe : d'abord destinée aux juifs, puis résidence de nobles vénitiens, elle fut un village ouvrier au début du XXe siècle avant d'accueillir de nombreux studios d'architecture et de design. Des lignes épurées des églises de Palladio aux fantaisies néogothiques de l'Ostello et du Molino Stucky, la Giudecca est unique.

Comment y aller

Les lignes n°2, 4.1 et 4.2 desservent tous les arrêts de la Giudecca. La n°2 navigue dans les deux sens et, à mi-chemin, fait la navette avec les Zattere. La n°4.1 décrit une boucle et dessert Venise à Santa Marta et à San Zaccaria ; la n°4.2 fait le trajet inverse.

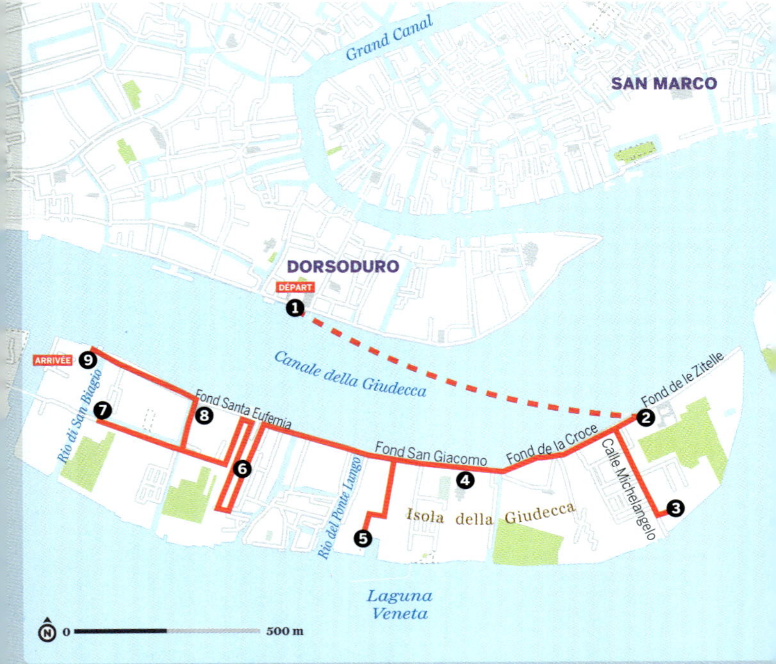

❶ La fabrique de Palladio

Observez d'abord la Giudecca de la rive d'en face, la Fondamenta delle Zattere (voir l'encadré p. 91). De gauche à droite, se reflétant dans le canal, la basilique de San Giorgio Maggiore (sur l'île du même nom voisine de la Giudecca), l'austère église des Zitelle et enfin celle du Redentore illustrent les phases de la recherche de Palladio, architecte novateur de la Renaissance.

❷ Le Zitelle

L'exploration de l'île débute à gauche de l'arrêt de *vaporetto* Zitelle. Conçue par Palladio à la fin du XVIe siècle, la Chiesa di Santa Maria della Presentazione, connue sous le nom de Zitelle ("vieilles filles"), comprenait autrefois un orphelinat et un hospice pour jeunes filles pauvres – aujourd'hui un hôtel (le Palladio) et son spa. L'église ne se visite que sur rendez-vous. Plus près de l'arrêt Zitelle se tient la **Casa dei Tre Oci** (☎041 241 23 32 ; www.treoci.org ; Fondamenta delle Zitelle, Giudecca 43 ; tarif plein/réduit 10/8 € environ ; 🕒variables selon l'expo, en général 10h-18h mer-lun ; ⛴Zitelle), dont les fenêtres évoquent trois yeux (d'où son nom). Son parement en brique rappelle celui du "voisin d'en face", le palais des Doges.

❸ Splendeurs du XXe siècle

Presque au bout de la Calle Michelangelo, vous trouverez sur votre gauche, au n°54/O, l'entrée de la **Villa Hériot** (parc en accès libre ; 🕒10h-17h lun et mer, 10h-14h mar et jeu). L'ensemble comprend deux villas et une *cavana* (remise à bateaux) bâties au début du XXe siècle. Splendide exemple des résidences de luxe de la Giudecca, ces demeures revisitent de manière éclectique la tradition byzantine de la ville et offrent une vue imprenable sur le sud de la lagune. Revenus sur la rive nord et en partant vers l'ouest, vous croiserez un édifice inattendu : l'**Ostello Venezia** (☎041 877 82 88, poste 3 ; staygenerator.com ; Fondamenta delle Zitelle, Giudecca ; prix variables selon la durée du séjour, tarif max lié aux grands événements : d 50-500 €, qua et quin 50-600 €, dort 5-7-8 lits 15-100 €/pers, dort 10-14-16 lits 10-90 €/pers ; ⛴Zitelle), auberge de jeunesse qui a pris ses quartiers dans un ancien grenier bâti par un architecte néerlandais. On se croirait à Amsterdam !

❹ Chiesa del Santissimo Redentore

Une église grandiose signée Palladio, aux proportions harmonieuses et à la simplicité toute franciscaine, voulue par le Sénat vénitien en 1576 pour remercier le Ciel d'avoir survécu à une épidémie de peste (voir encadré p. 73). L'intérieur, vaste et dépouillé, conserve des toiles de Palma le Jeune, de Véronèse et du Tintoret, et accueille des centaines de fidèles lors de la célébration de la fin de l'épidémie (3e dim de juillet). (☎041 523 14 15 ;

✕ Une petite faim ?

Un *tramezzino* et un spritz au bar **La Palanca** (p. 84).

Campo del Santissimo Redentore, Giudecca 195 ; tarif plein/réduit 3/1,50 € ou Chorus Pass ; 10h30-16h30 lun-sam ; Redentore)

5 Les chantiers navals

En empruntant le passage couvert entre les n°211 et 212 de la Fondamenta San Giacomo, vous vous retrouverez au cœur d'un atelier naval, avec de vieilles barques, de nouvelles embarcations et quelques épaves. En continuant votre promenade, vous gagnerez la rive sud de l'île, où un splendide panorama vous attend, parmi les bruits et les odeurs d'un artisanat séculaire, celui des charpentiers de marine. (Redentore)

6 Corte dei Cordami

Cette cour curieusement allongée rappelle l'époque où l'on fabriquait des cordes de chanvre. Notez les 13 cheminées qui permettaient non seulement d'évacuer la fumée des maisons, mais aussi d'étouffer les étincelles, parfois responsables de terribles incendies, ou encore de favoriser la circulation de l'air, combattant ainsi l'humidité dans les habitations. (Palanca)

7 Le Convertite

Les fruits, les légumes et les herbes aromatiques bio vendus sur le **Mercato delle Convertite** (Fondamenta delle Convertite, Giudecca 712, face à la prison des femmes ; 9h-12h jeu) viennent du potager d'un ancien couvent de religieuses qui abrite aujourd'hui la prison des femmes (*carcere femminile*) de Venise. Les détenues cultivent les légumes, créent

Pèlerinage à la Chiesa del Santissimo Redentore (p. 93)

ANDYPARKER72 / SHUTTERSTOCK ©

De Spinalonga à la Giudecca

À l'origine, la Giudecca était une zone marécageuse dénommée Spinalonga, probablement à cause de la forme en arête de poisson des petites îles allongées qui la constituaient. Son nom actuel dériverait de *zudegà* ("jugé"), évoquant un jugement du IXe siècle selon lequel certains nobles bannis de Venise pouvaient recevoir des terrains à la Giudecca en guise d'indemnisation. Selon une autre version, son nom est lié à la présence d'une communauté juive (*giudei*) ici confinée avant l'instauration du Ghetto en 1516 ; effectivement, sur les cartes du XVIe siècle, l'île figure sous le nom de Judaica. C'est au cours de ce même siècle qu'elle fut entièrement assainie et prit sa configuration actuelle. Avec la chute de la République de Venise en 1797, elle subit le même sort que la ville : les nobles qui y résidaient perdirent progressivement leur pouvoir au cours du XIXe siècle et, à partir du XXe siècle, les espaces verts laissèrent la place à des bâtisses populaires et à la zone manufacturière à l'ouest, faisant de l'île un quartier ouvrier. De 1943 à 1950, la Giudecca accueillit les studios de cinéma de la Scalera.

des produits cosmétiques et font de la reliure. (041 520 40 33 ; Fondamenta Sant'Eufemia, Giudecca 712 ; 9h-12h mer)

8 Chiesa di Sant'Eufemia

Revenez sur vos pas le long de la Fondamenta delle Convertite, puis prenez à gauche pour visiter l'église Sant'Eufemia, une des plus singulières de la ville. Elle se distingue par sa sobriété et l'harmonie de ses proportions, son emplacement et son grand âge. Car même si elle a connu de nombreux remaniements, elle a été bâtie au IXe siècle ! À l'intérieur, elle conserve de magnifiques stucs et des œuvres d'artistes mineurs.

9 Molino Stucky

À la fin du XIXe siècle, fort des quelque 1500 ouvriers de sa minoterie, Giovanni Stucky produisait jusqu'à 2 500 quintaux de farine par jour. Après son assassinat en 1910 par l'un de ses employés, le site déclina. Les machines devinrent obsolètes, et le commerce maritime, dont le moulin dépendait, fut peu à peu supplanté par le rail, plus efficace et plus pratique. Les deux guerres mondiales engendrant confiscations et destructions, les activités cessèrent définitivement en 1955. Aujourd'hui, cette forteresse néogothique abrite un hôtel de luxe du groupe Hilton ; sur son toit, il a aménagé un fantastique bar lounge, le **Skyline Rooftop** (041 272 33 11 ; www.molinostuckyhilton.it ; Hilton Molino Stucky, Giudecca 810 ; 12h-1h avr-oct, 16h-0h nov-mars ; Palanca).

Explorer

San Polo et Santa Croce

Ces deux quartiers centraux de Venise doivent leur nom à deux églises. L'une d'elles, Santa Croce, n'existe plus : jadis située près du Piazzale Roma, là où s'étendent aujourd'hui les Giardini Papadopoli, elle fut démolie au début du XIXe siècle.

San Polo et Santa Croce recèlent des œuvres d'art et d'architecture majeures parmi un dédale de ruelles étroites où il fait bon se perdre pour découvrir les aspects les plus authentiques de la ville. Dans ces deux quartiers pourtant petits, on pourrait marcher des jours entiers !

Ne manquez pas le marché du Rialto (p. 104), à découvrir le matin, quand l'activité bat son plein. Pour déguster des cicheti, vous aurez l'embarras du choix, mais la Cantina Do Mori (p. 113), véritable institution, mérite vraiment le détour. Ou bien poussez jusqu'à la Basilica dei Frari (p. 102), chef-d'œuvre du gothique vénitien, pour manger un sandwich à La Bottiglia (p. 118). Dans l'après-midi, embarquez sur un vaporetto pour une balade inoubliable sur le Grand Canal (p. 98). Le soir, une pizza chez Muro (p. 116), ou un fin dîner de cuisine vénitienne aux Antiche Carampane (p. 116). Les végétariens peuvent mettre le cap sur l'Osteria La Zucca (p. 115).

Comment y aller

Vaporetto Les deux quartiers sont desservis par les lignes n°1 et N ; la ligne n°2 ne s'arrête qu'à Piazzale Roma et à San Tomà.

Plan p. 106

Un canal entre les quartiers de San Polo et de Santa Croce PIERO PASINI / EDT ©

Les incontournables

Le Grand Canal

Prenez une carte et regardez comment le canal sinue et s'insère dans celui de la Giudecca : il vous semblera alors évident que le Grand Canal se love dans ce qui fut le cours d'un fleuve, du temps où la lagune était moins profonde et que sa population utilisait son lit comme un port-canal. Ensuite, embarquez sur un vaporetto de la ligne n°1, emparez-vous de bonnes places assises et commencez votre voyage au pays des merveilles.

PLAN P. 106, G3

Le Grand Canal, que les Vénitiens appellent Canalazzo, mesure 3,8 km de long et entre 30 et 70 m de large. La partie la plus étroite correspond au Rialto, un des quatre ponts qui l'enjambent. Pour le traverser, il existe aussi sept embarcadères de gondoles de *traghetto*.

Du Piazzale Roma à Santa Sofia

Passé le ❶ Ponte della Costituzione, un peu avant celui des ❷ Scalzi, la coupole vert-de-gris de la ❸ Chiesa di San Simeon Piccolo (photo p. 110) apparaît sur la droite ; puis on glisse jusqu'à la ❹ Chiesa di San Geremia, qui se dresse à l'entrée du Rio di Cannaregio. Sur votre droite, vous verrez défiler le ❺ Fondaco dei Turchi, restauré au milieu du XIXe siècle et siège du Museo di Storia Naturale, et ❻ l'entrepôt à grains de la Sérénissime, marqué du lion ailé. En face, vous noterez l'imposante bâtisse de la ❼ Ca' Vendramin Calergi, qui fut la demeure de Wagner et accueille le casino. ❽ San Stae avec sa riche façade conçue par Domenico Rossi (1709) est l'une des rares églises tournées vers le Grand Canal. La rive droite réserve d'autres surprises, comme l'exubérante façade baroque de la ❾ Ca' Pesaro et celle de la ❿ Ca' Corner della Regina, bâtie au XVIIIe siècle sur les vestiges de la résidence de la reine de Chypre, aujourd'hui siège de la Fondation Prada. La rive gauche surenchérit avec l'un des plus beaux palais du parcours, la ⓫ Ca' d'Oro, fruit d'une réinterprétation radicale de Meduna au XIXe siècle, puis d'une superbe restauration à laquelle participa D'Annunzio. Plus loin se dresse le ⓬ Palazzo Morosini Sagredo (photo p. 101), d'origine byzantine et remanié à partir de 1382.

De Santa Sofia à la Ca' Foscari

Ensuite, rive droite, vous apercevrez le grand pavillon de la ⓭ Pescheria Nuova (1907), suivi du long bâtiment des ⓮ Fabbriche Nuove. En face, impossible de manquer les formes archaïques vénéto-byzantines de la ⓯ Ca' da Mosto, une maison-entrepôt du XIIe siècle. Le ⓰ Palazzo dei Camerlenghi clôture la zone commerçante du Rialto. En face, le ⓱ Fondaco dei Tedeschi, comptoir des marchands allemands, fut reconstruit après l'incendie de 1505 sur les restes d'un édifice

★ À savoir

- La ligne de *vaporetto* n°1 de l'ACTV est idéale pour ce parcours.
- Évitez les horaires de pointe : le début de l'après-midi est un bon créneau, vous pourrez trouver une place assise, de préférence en proue ou en poupe.
- Parcourez-le au moins une fois à l'aube et une autre au coucher du soleil.
- Si vous êtes assis à l'avant du *vaporetto*, évitez de vous lever pour prendre des photos, sinon le capitaine ne verra plus rien !
- Le billet coûte 7,50 € et est valable 75 minutes : si vous quittez puis reprenez le *vaporetto* dans ce laps de temps, vous n'aurez pas besoin d'en acheter un autre.

du XIIIe siècle ; du toit, le panorama est splendide. Au pied du ⓲ pont du Rialto, sur la rive droite, s'élève le ⓳ Palazzo dei Dieci Savi, avec ses arcades, autrefois siège de la Cour des comptes de la Sérénissime. La rive gauche rivalise de prestige avec le ⓴ Palazzo Bembo, remaniement gothique tardif sur fondations byzantines ; le ㉑ Palazzo Loredan et sa voisine, la Ca' Farsetti, un ensemble d'édifices très anciens (XIIe-XIIIe siècle) qui abritent l'hôtel de ville ; et le ㉒ Palazzo Grimani, réalisé par Sanmicheli à partir de 1556. En face, l'édifice somptueux (XVIe siècle) avec jardin (XIXe siècle) est le ㉓ Palazzo Papadopoli. Le voyage continue devant des palais fastueux, chacun vantant la richesse et le prestige de son propriétaire. Situés face à l'arrêt San Tomà, les ㉔ Palazzi Mocenigo furent la résidence de lord Byron, qui rentrait chez lui à la nage depuis le Lido après être monté à cheval toute la matinée. Enfin, sur la dernière courbe, rive droite, se dresse la ㉕ Ca' Foscari, demeure du XVe siècle ayant appartenu à une

Mains surgissant sur le Palazzo Sagredo, sculptées par Lorenzo Quinn pour la Biennale 2017

puissante famille de doges, qui accueille aujourd'hui l'Université.

De la Ca' Foscari à la Salute

C'est à la Ca' Foscari que s'achève la Regata Storica (course de gondoles) le premier dimanche de septembre. À côté trônent les 26 Palazzi Giustinian et la 27 Ca' Rezzonico et, en face, l'élégant 28 Palazzo Grassi, de style classique (1748-1772), signé Giorgio Massari. Le frêle campanile qui pointe à côté est celui de la 29 Chiesa di San Samuele. Naviguant désormais en plein centre-ville, vous noterez que les *palazzi* sont de plus en plus luxueux. Citons les 30 palais Corfù et Contarini degli Scrigni, le premier de style gothique tardif (XVe siècle), l'autre un projet de Scamozzi du XVIIe siècle. Au pied du Ponte dell'Accademia, rive droite, s'étend l'ancien ensemble conventuel de Santa Maria della Carità, qui abrite aujourd'hui les 31 Gallerie dell'Accademia et, en face, la bâtisse imposante du 32 Palazzo Cavalli-Franchetti, du XVe siècle, agrandi et remanié par Camillo Boito au XIXe. Sur ce même côté, vous verrez le 33 Palazzo Corner della Ca' Granda, d'époque Renaissance, tandis qu'en face se dresse l'insolite 34 Palazzo Venier dei Leoni, "Palais inachevé" qui abrite la Collection Peggy Guggenheim, puis le 35 Palazzo Dario, aérien et très décoré. Le défilé continue, de part et d'autre, jusqu'au pied de la somptueuse 35 Basilica della Salute, qui, avec la Punta della Dogana, marque la fin du voyage.

Les incontournables

I Frari

Dédiée à l'Assomption de la Vierge et édifiée pour les Franciscains, la basilique Santa Maria Gloriosa dei Frari est une des plus riches églises de Venise. Bel exemple de gothique vénitien, elle est formée de trois vaisseaux aux arcs ogivaux élancés ; outre la célèbre Assomption de Titien, elle abrite un chœur en bois de facture exceptionnelle placé au centre de l'église, comme il était d'usage au Moyen Âge : une sorte d'iconostase, très rare en Italie.

PLAN P. 106, C5

041 272 86 18

www.basilicadeifrari.it

Campo dei Frari, San Polo 3072

tarif plein/réduit 3/1,50 €, ou Chorus Pass

9h-18h lun-sam et 13h-18h dim

San Tomà

Titien et Canova

Si la Basilica dei Santi Giovanni e Paolo (p. 144) est le lieu de sépulture des doges et d'autres personnalités politiques de la République de Venise, c'est aux Frari que reposent, parmi de merveilleux chefs-d'œuvre, les représentants de la société civile et de la culture. Vous pourrez ainsi admirer le mausolée de Titien, réalisé trois siècles après sa mort par Canova et complété par les frères Zandomeneghi, ses élèves : un arc de triomphe surmonté d'un lion, avec, à l'arrière, un relief reproduisant le retable de l'*Assomption*. De ces monuments funéraires s'en détache un autre : entre 1822 et 1827, quelques élèves de Canova réalisèrent la tombe de leur maître (seul le cœur est conservé ici, le reste de sa dépouille se trouvant à Possagno, sa ville natale). Cette monumentale pyramide en marbre de Carrare est dotée d'une ouverture vers laquelle les sculptures semblent se diriger. La portée métaphysique du mausolée invite à méditer sur le mystère de la mort. Le lion symbolise Venise, qui partage la douleur.

Titien et Donatello

Près du tombeau de Titien sont exposées deux peintures majeures : le retable de l'*Assomption* (1516-1518), chef-d'œuvre innovant qui orne le maître-autel, et la *Madonna di Ca' Pesaro* (1519-1526), originale dans la construction des perspectives et la disposition des figures : la Vierge à l'Enfant n'est pas placée au centre mais sur le côté, tandis qu'en bas à droite se tient un jeune garçon qui fixe le spectateur, créant un effet saisissant. Donatello aussi a marqué le lieu en signant son unique œuvre vénitienne dans la chapelle située à l'extrémité gauche du transept : une sculpture en bois (1438) représentant saint Jean en train de parler ; la charge expressive de l'œuvre est accentuée par le regard du saint, intense et poignant, et par la plastique de son bras levé.

★ À savoir

- C'est un des lieux de culte majeurs de Venise : prenez le temps de le visiter et acceptez l'idée qu'il pourrait y avoir un peu de monde.
- Ne quittez pas le coin juste après la visite : la Chiesa et la Scuola Grande di San Rocco (p. 110) se trouvent à proximité.
- Vous êtes tout près du quartier de Santa Croce, mais aussi de celui de Dorsoduro (p. 67) : envisagez donc de faire quelques petites déviations.

Une petite pause ?

Un sandwich et un verre de vin à **La Bottiglia** (p. 118) ; un gin tonic au **Caffè dei Frari – Il Mercante** (p. 118).

Promenade à pied

Au marché du Rialto

Autrefois, c'était le centre économique de la Sérénissime. On pouvait y trouver les épices et les ingrédients les plus exotiques, dont quelques boutiques exhalent encore les parfums, et un marché au poisson très florissant. Le charme est resté, ainsi que quelques échoppes, et les joyeux éclats de voix des Vénitiens, toujours attachés à ce lieu, surtout pour les courses du samedi matin.

À savoir

Départ Ruga dei Oresi

Arrivée Campo de le Becarie

Distance 500 m

Durée 1 heure en comptant les pauses

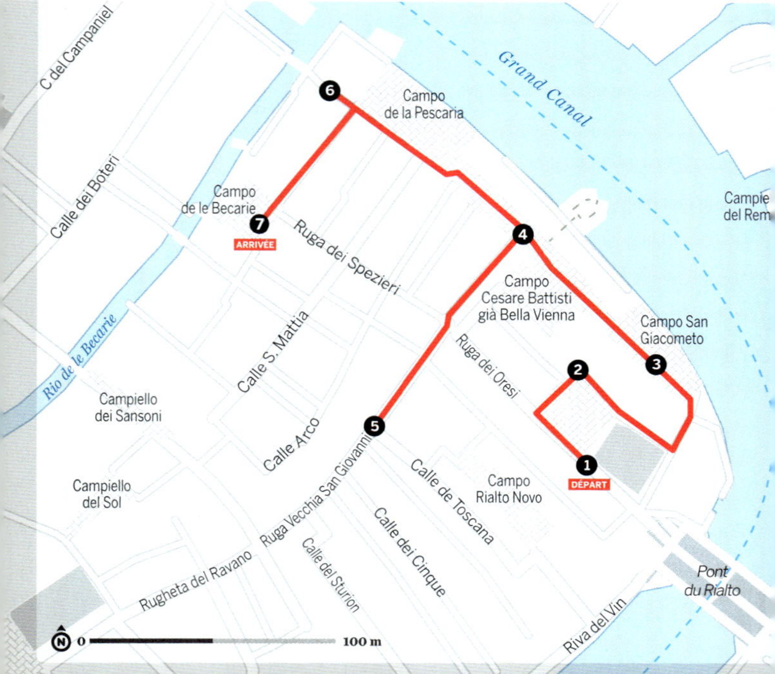

❶ Ruga dei Oresi
Après l'incendie de 1514 (voir p. 108), Scarpagnino réalisa des arcades, chacune ayant une boutique avec sa réserve. Il créa aussi une allée de livraison, la rue couverte que l'on emprunte aujourd'hui. Elle accueille encore des boutiques d'orfèvrerie (*oresi* signifie "orfèvres").

❷ Banco Giro
La "banque publique" de Venise était située ici. Fondée en 1524, elle permettait aux marchands du Rialto de recevoir des liquidités de clients qui n'en disposaient pas, via un guichet d'écritures comptables (le nom vient de *giroconto*, virement).

❸ Erbarìa
Cet ancien marché aux fruits et légumes s'étend sur une berge jadis en bois avant d'être pavée de pierre d'Istrie en 1398. D'autres toponymes du lieu spécifient le type de marchandise vendue, comme Naranzaria (oranges) ou Casaria (fromages).

❹ Fabbriche Nuove
Ces "halles" monumentales furent réalisées par Sansovino au milieu du XVIe siècle. Le rez-de-chaussée abritait les boutiques, les étages étaient occupés par les bureaux de régulation des commerces. C'est aujourd'hui le siège du tribunal. Un des côtés, doté de 25 arcades, donne sur le Grand Canal et l'autre sur le Campo Cesare Battisti, ex-Campo Bella Vienna, à présent couvert de stands de souvenirs.

❺ Ruga Rialto
Ici, l'on entreposait et triait les marchandises. L'espace venant à manquer, on ajouta au-dessus de la rue des avancées en bois ou en pierre, les *barbacani*, permettant de prolonger le plancher du 1er étage. Elles protégeaient aussi passants et marchands des intempéries. Dans la Calle della Madonna, l'une porte l'inscription *"Per la ivridiciom di barbacani"*, signalant la taille maximale imposée par sécurité (propagation des incendies notamment).

❻ Marché au poisson
Il se tient ici depuis 1332 et comprend deux pavillons : la Pescheria Vecchia et la Nuova. Cette dernière, inaugurée en 1907 et donnant sur le Grand Canal, est dotée de chapiteaux illustrant les produits en vente. Sur un des murs de la Vecchia, une plaque en marbre indiquait la taille minimale autorisée pour les poissons : les prémices de la pêche durable !

❼ Campo de le Becarie
Au sud-est de la Pescheria Nuova et au sud-ouest de la Vecchia s'ouvrent deux grandes places. La première accueille le marché aux fruits, la seconde, autrefois dédiée à la viande, se remplit de vie le samedi.

Une petite pause ?
Pour rester dans l'ambiance : **All'Arco** (p. 114), la **Cantina Do Mori** (p. 113) ou bien encore **La Pescaria** (p. 117).

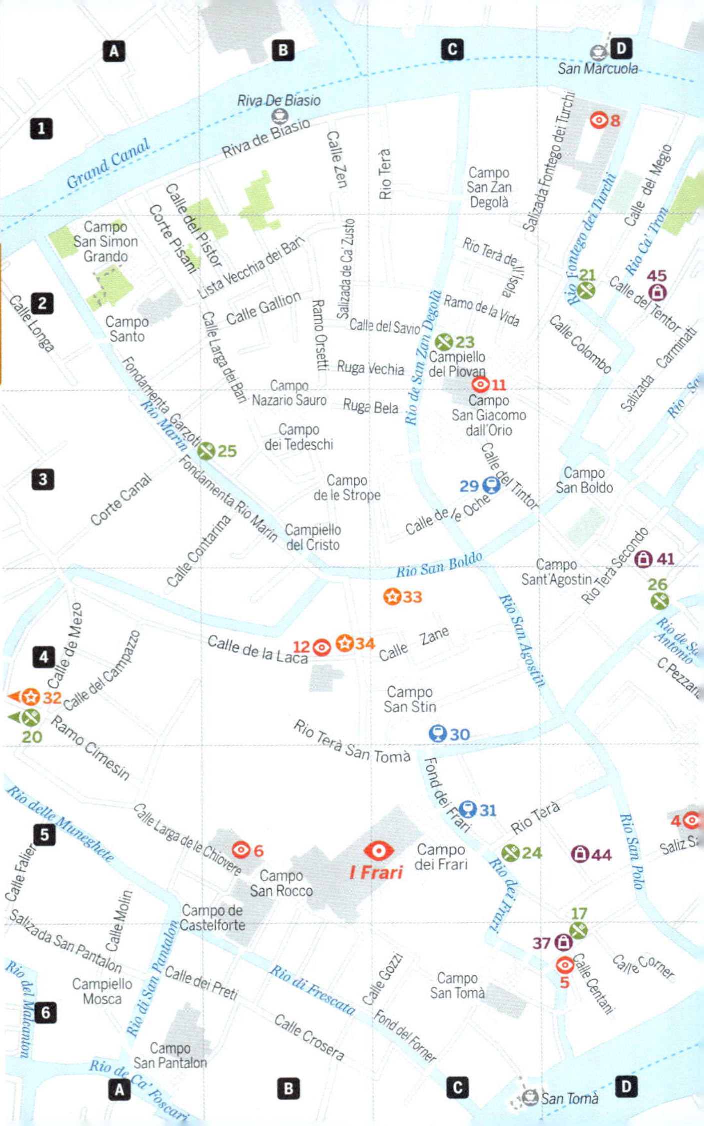
A
B
C
D
1
2
3
4
5
6
San Marcuola
Riva De Biasio
Riva de Biasio
Grand Canal
Calle Zen
Rio Terà
Campo San Zan Degolà
Salizada Fontego dei Turchi
8
Rio Fontego dei Turchi
Calle del Megio
Rio Ca' Tron
Campo San Simon Grando
Corte Pisani
Calle del Pistor
Lista Vecchia dei Bari
Salizada de Ca' Zusto
Rio Terà de l'Isola
21
45
Calle del Tentor
Calle Longa
Campo Santo
Calle Gallion
Calle Larga dei Bari
Ramo Orsetti
Calle del Savio
Ramo de la Vida
Rio de San Zan Degolà
23
Campiello del Piovan
Calle Colombo
Salizada
Carminati
Fondamenta Garzotti
Rio Marin
Campo Nazario Sauro
Ruga Vechia
Ruga Bela
11
Campo San Giacomo dall'Orio
25
Campo dei Tedeschi
Calle del Tintor
Campo San Boldo
Corte Canal
Fondamenta Rio Marin
Campo de le Strope
29
Calle de le Oche
Calle Contarina
Campiello del Cristo
Rio San Boldo
Campo Sant'Agostin
Rio Terà Secondo
41
26
33
Rio San Agostin
Rio de San Antonio
Calle de Mezo
Calle del Campazzo
Calle de la Laca
12
34
Calle Zane
C Pezzana
32
20
Ramo Cimesin
Campo San Stin
30
Rio Terà San Tomà
Fond dei Frari
31
Rio Terà
Rio delle Muneghete
Calle Larga de le Chiovere
6
I Frari
Campo dei Frari
24
44
Rio San Polo
4
Saliz S
Calle Falier
Calle Molin
Campo San Rocco
Campo de Castelforte
Rio dei Frari
17
37
5
Calle Centani
Calle Corner
Salizada San Pantalon
Rio di San Pantalon
Calle dei Preti
Rio di Frescata
Calle Gozzi
Campo San Tomà
Campiello Mosca
Rio del Malcanton
Calle Crosera
Fond del Forner
Campo San Pantalon
Rio de Ca' Foscari
San Tomà

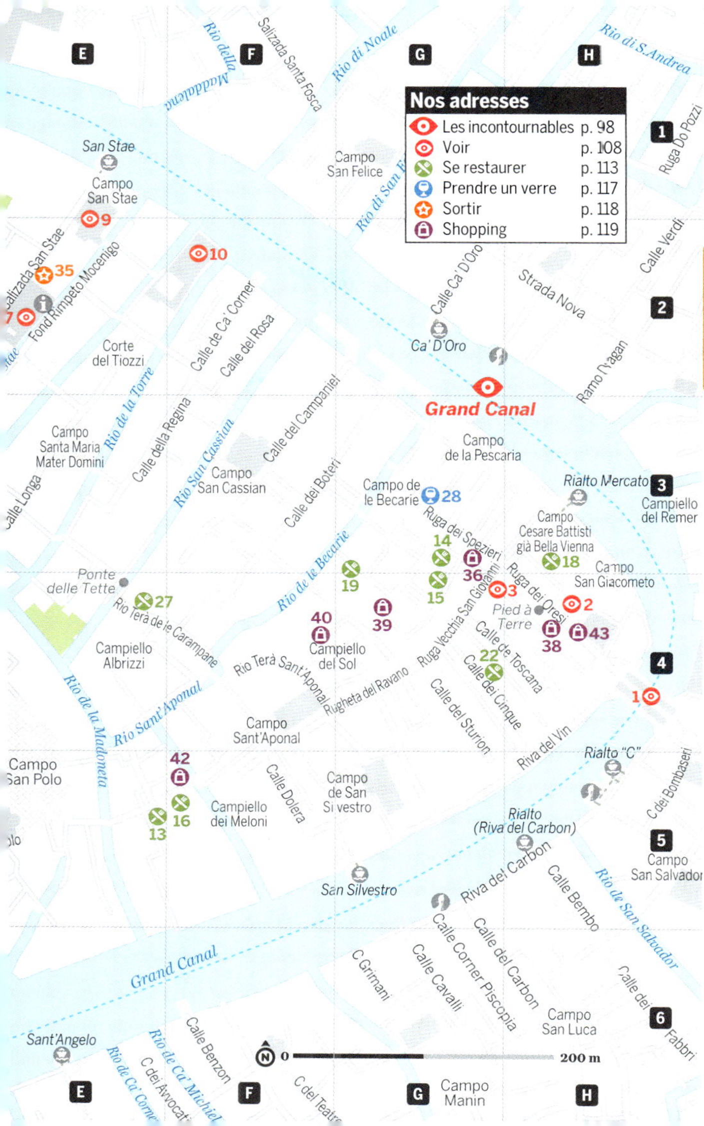
Nos adresses
Les incontournables p. 98
Voir p. 108
Se restaurer p. 113
Prendre un verre p. 117
Sortir p. 118
Shopping p. 119
E
F
G
H
1
2
3
4
5
6
Grand Canal
Rio della Maddalena
Salizada Santa Fosca
Rio di Noale
Rio di S.Andrea
Ruga Do Pozzi
San Stae
Campo San Stae
Campo San Felice
Rio di San Felice
Salizada San Stae
Fond.Rimpeto Mocenigo
Corte del Tiozzi
Calle de Ca' Corner
Calle del Rosa
Calle Ca' D'Oro
Ca' D'Oro
Strada Nova
Calle Verdi
Ramo Dragan
Rio de la Torre
Campo Santa Maria Mater Domini
Calle della Regina
Rio San Cassian
Campo San Cassian
Calle del Campaniel
Calle dei Boteri
Campo de la Pescaria
Campo de le Becarie
Ruga dei Spezieri
Rialto Mercato
Campiello del Remer
Campo Cesare Battisti già Bella Vienna
Campo San Giacometo
Calle Longa
Ponte delle Tette
Rio Terà de le Carampane
Rio de le Becarie
Ruga Vecchia San Giovanni
Ruga dei Oresi
Pied à Terre
Calle de Toscana
Calle dei Cinque
Campiello Albrizzi
Rio Terà Sant'Aponal
Campiello del Sol
Rugheta del Ravano
Calle del Sturion
Rio de la Madoneta
Rio Sant'Aponal
Campo Sant'Aponal
Riva del Vin
Rialto "C"
Campo San Polo
Calle Dolera
Campo de San Silvestro
Campiello dei Meloni
C dei Bombaseri
Rialto (Riva del Carbon)
Campo San Salvador
San Silvestro
Riva del Carbon
Calle Bembo
Rio de San Salvador
Calle Corner Piscopia
Calle del Carbon
Calle Cavalli
C Grimani
Calle dei Fabbri
Campo San Luca
Sant'Angelo
Rio de Ca' Corner
C dei Avvocati
Rio de Ca' Michiel
Calle Benzon
C del Teatro
Campo Manin
0
200 m
1
2
3
7
9
10
13
14
15
16
18
19
22
27
28
35
36
38
39
40
42
43

Voir

Pont du Rialto

PONT

1 PLAN P. 106, H4

Pendant des siècles, ce pont resta le seul moyen de traverser à pied le Grand Canal, ici plus étroit. Il fut érigé dans la partie de la ville où se concentrait l'activité économique. Au XIIe siècle, ce n'était qu'un pont de barques ; au siècle suivant, on bâtit une structure en bois qui dut être reconstruite plusieurs fois à cause de l'usure et des incendies. La dernière version du pont en bois, dont la partie centrale était mobile pour permettre le passage des bateaux, est immortalisée dans *Le Miracle de la Croix* de Carpaccio, aujourd'hui conservé à la Gallerie dell'Accademia (p. 68). Au début du XVIe siècle, il fut décidé d'en bâtir un en pierre, mais divers contretemps retardèrent sa réalisation jusqu'à la construction, de 1588 à 1591, du projet d'Antonio da Ponte : une arcade unique de 28 m en pierre d'Istrie, avec deux rangées d'échoppes créant ainsi trois rampes, deux externes et une interne. (Rialto ; Rialto Mercato)

Quand la lagune s'embrase

23

En majorité bâtie sur des ossatures en bois, Venise a été ravagée par de nombreux incendies. La basilique Saint-Marc a brûlé plusieurs fois, la première en 976, tout comme le pont du Rialto, jusqu'à ce que le grand brasier de 1514 ne décide les autorités à le rebâtir en pierre. En 1569, ce fut le tour de l'Arsenal, enflammé par une étincelle tombée dans de la poudre à canon. Enfin, sans oublier l'incendie impressionnant de San Marcuola, immortalisé par le peintre Francesco Guardi en 1789, ceux qui ont plus de 30 ans revoient encore les flammes dévorant le théâtre de la Fenice en 1996.

Campo San Giacomo

PLACE

2 PLAN P. 106, H4

Plusieurs fois représentée par Canaletto et d'autres védutistes, cette place regorge de détails intéressants. Au sud-est se dresse la **Chiesa di San Giacomo di Rialto** (9h-17h lun-sam), censée être la plus ancienne de la ville (421). Son porche est assez rare, et son immense horloge fut conçue pour être bien visible par les artisans et les ouvriers. De l'autre côté, sous les arcades, une colonne est assortie de marches sous lesquelles ploie un homme : c'est le **Gobbo**, statue de Pietro da Salò (1541). Sur ce "bossu", en même temps qu'à Saint-Marc (p. 41), le *comandador* annonçait les lois et lisait les sentences ; au fil du temps, les Vénitiens ont exprimé leur verve en y laissant des messages sarcastiques ou provocants. Ce côté sous arcades, appelé **Sotoportego del Banco Giro**, abritait les guichets de ce qui s'apparentait à une banque d'État. En activité de 1524 à 1806, elle accordait des prêts, convertissait les monnaies et permettait d'effectuer des paiements sans coupures, en reportant la somme sur des livres comptables. (Campo San Giacomo ; Rialto Mercato)

Chiesa di San Giovanni Elemosinario — ÉGLISE

3 PLAN P. 106, G4

L'église du XIe siècle fut détruite lors de l'incendie de 1514. Entre 1527 et 1539, sur un projet de Scarpagnino, on réalisa l'église actuelle (Saint-Jean-l'Aumônier), presque invisible de la rue, sauf le campanile, car bien caché par les édifices alentour. À l'intérieur, vous apprécierez sa riche décoration, qui compte des toiles de Titien (retable du maître-autel), de son élève Pordenone (*Sainte Catherine, saint Roch et saint Sébastien*) dans la chapelle des Corrieri (côté droit), et de Palma le Jeune (*Héraclius rapportant la Croix*) côté gauche – à comparer avec la version qu'il en a faite pour la Chiesa dei Gesuiti (p. 133). (041 275 04 62 ; www.chorusvenezia.org ; Ruga Vecchia di San Giovanni, San Polo 480 ; tarif plein/réduit 3/1,50 € ou Chorus Pass ; 10h30-13h15 lun-sam ; Rialto-Mercato)

Chiesa di San Polo — ÉGLISE

4 PLAN P. 106, D5

Cette église orpheline de façade (occultée à la fin du XVIe siècle par un portique, fermé et intégré à l'**Oratorio del Crocefisso**)

Pont du Rialto (ci-contre)

YASONYA / SHUTTERSTOCK ©

a une beauté toute intérieure. Après une lourde restauration au XIXe siècle, de superbes éléments gothiques ont été mis au jour, dont le **plafond en bois**. Elle abrite une *Cène* du Tintoret. Dans l'oratoire, admirez le théâtral *Chemin de croix* de Giandomenico Tiepolo, où l'on aperçoit des figures typiques de la Venise du XVIIIe siècle : dames élégantes et Turcs coiffés de turbans. (041 275 04 62 ; www.chorusvenezia.org ; Salizada San Polo, San Polo 2023 ; tarif plein/réduit 3/1,50 € ou Chorus Pass ; 10h30-16h30 lun-sam ; San Tomà)

Casa di Carlo Goldoni

MAISON-MUSÉE

5 PLAN P. 106, D6

La maison natale du dramaturge Carlo Goldoni (1707-1793) abrite aujourd'hui le **Museo Goldoniano**, une collection de documents et d'objets, de photos et de portraits, ainsi que la **Biblioteca di Studi Teatrali** qui conserve plus de 30 000 œuvres théâtrales. L'édifice, un palais du XVe siècle, est superbement élégant : admirez les escaliers de la cour intérieure, en parfait état de conservation. (041 275 93 25 ; carlogoldoni.visitmuve.it ; Calle del Scaleter, San Polo 2794 ; tarif plein/réduit 5/3,50 € ; 12h-17h jeu-mar ; San Tomà)

Chiesa e Scuola Grande di San Rocco

ÉGLISE, SCUOLA

6 PLAN P. 106, B5

Sans rien enlever à la splendeur de leurs façades respectives, que l'on doit à Bartolomeo Bon, à Scarpagnino et à Sante et Giulio

Gondoles face à la Chiesa di San Simeon Piccolo (p. 99)

Lombardo, l'intérêt majeur de l'église et de la Scuola di San Rocco (encore en activité dans le domaine social, voir encadré p. 82) réside dans les chefs-d'œuvre du Tintoret. L'église conserve en effet quatre toiles représentant des épisodes de la vie de saint Roch, conçues en 1528. C'est à l'intérieur de l'école, fondée en 1478, que se trouve le plus célèbre cycle de fresques de l'artiste, avec des épisodes de l'Ancien et du Nouveau Testament. (☎041 523 48 64 ; www.scuolagrandesanrocco.it ; Campo San Rocco, San Polo 3054 ; tarif plein/réduit 10/8 € ; 🕑9h30-17h30, trésor 9h30-17h15 ; San Tomà)

Museo di Palazzo Mocenigo — MUSÉE

7 👁 PLAN P. 106, E2

À sa mort (1945), le dernier descendant des Mocenigo, qui avait donné à la République plusieurs doges et commandants, légua son palais, ses archives et son mobilier à la ville pour qu'elle en fasse un musée. Malgré nombre de réaménagements et de restructurations, le musée a toujours gardé son atmosphère de demeure "habitée". Depuis 1985, il accueille le Centre d'étude de l'histoire du tissu, du costume et du parfum, dédié à la mode à Venise au XVIIIe siècle. La librairie vend par ailleurs des produits de The Merchant of Venice (p. 139). (☎041 72 17 98 ; mocenigo.visitmuve.it ; Salizada di San Stae, Santa Croce 1992 ; tarif plein/réduit 10/7,50 € ou MUVE Museum Pass ; 🕑10h30-17h mar-dim avr-oct, 10h30-16h30 mar-dim nov-mars ; San Stae)

Museo di Storia Naturale — MUSÉE

8 👁 PLAN P. 106, D1

Ayant gardé son caractère du XIXe siècle tout en évoluant avec le temps, le Muséum d'histoire

Ponte delle Tette

Des "ponts des Tétons", Venise en compte plus d'un. L'appellation n'est pas un sobriquet grivois, elle émane des autorités soucieuses de décence. En effet, un décret de la République stipula que les prostituées de certains quartiers devaient montrer poitrine nue aux fenêtres pour faire l'article et ne plus descendre dans la rue pour aguicher le client. Cela afin de mettre un terme au racolage sur la voie publique. Les prostituées se montrèrent donc aux fenêtres, et les plus visibles étaient celles qui donnaient sur les ponts. On trouve un **Ponte delle Tette** (plan p. 106, E4) dans le quartier "delle Carampane", terme qui désignait les prostituées d'un certain âge et qui, aujourd'hui, signale l'ancien quartier "chaud" de Venise, dans les ruelles les moins fréquentées du Rialto.

naturelle alterne installations interactives et vitrines à l'ancienne. Vous découvrirez des squelettes de dinosaures, des fossiles et des poissons, et explorerez de vos mains les fonds de la mer et de la lagune en plongeant virtuellement sous l'eau ; vous serez émerveillé par l'extraordinaire reconstitution d'un cabinet de curiosités du XVIe siècle et vous promènerez parmi les momies et les animaux naturalisés. Parents, gare au gorille ! Il a hanté les rêves de générations d'enfants vénitiens. (041 275 02 06 ; msn.visitmuve.it ; Salizada del Fontego dei Turchi, Santa Croce 1730 ; tarif plein/réduit 8/5,50 € ou MUVE Museum Pass ; 10h-18h mar-ven et 10h30-18h sam-dim juin-oct, 9h-17h mar-ven et 10h30-17h sam-dim nov-mai ; San Stae)

Chiesa di San Stae

ÉGLISE

9 PLAN P. 106, E2

La place San Stae est une des rares donnant directement sur le Grand Canal. Sur ses eaux se reflète la façade de cette église baroque mais d'inspiration palladienne, avec des piliers surdimensionnés et des bas-reliefs qui racontent les épisodes de la vie de saint Eustache. L'intérieur abrite plusieurs œuvres du début du XVIIIe siècle, parmi lesquelles le *Martyre de saint Barthélemy* de Giambattista Tiepolo (1722) sur le mur droit, le *Saint Jacques conduit au martyre* de Piazzetta (1717) à gauche, et les peintures du plafond, signées Sebastiano Ricci (1708). À gauche de l'église, on remarquera l'élégante façade (1711) de la Scoletta dell'Arte dei Tiraoro e Battioro. (041 275 04 62 ; www.chorusvenezia.org ; Campo San Stae, Santa Croce ; tarif plein/réduit 3/1,50 € ou Chorus Pass ; 13h45-16h30 lun-sam ; San Stae)

Ca' Pesaro

MUSÉE

10 PLAN P. 106, F2

Dans cette demeure, la **Galleria Internazionale d'Arte Moderna** offre, en 10 salles, un voyage pictural de 1800 à nos jours : Rodin, Klimt, Medardo Rosso, Wildt, Klee, Kandinsky, Picasso, Balla, Sironi, De Pisis, Moore, De Chirico, etc. Au 3e étage, le **Museo d'Arte Orientale** présente de remarquables objets japonais de l'époque d'Edo, des porcelaines et jades de Chine, ainsi que des armes, des étoffes et des figurines du théâtre d'ombres indonésien. Le tout dans un palais baroque grandiose, dont on apprécie pleinement la façade ornée de statues depuis le Grand Canal. (041 72 11 27 ; capesaro.visitmuve.it ; Fondamenta di Ca' Pesaro, Santa Croce 2070 ; tarif plein/réduit 14/11,50 € ou MUVE Museum Pass ; 10h30-18h mar-dim avr-oct, 10h30-16h30 mar-dim nov-mars ; San Stae)

Chiesa di San Giacomo dall'Orio

ÉGLISE

11 PLAN P. 106, C2

Cette église, fondée au IXe siècle, porte les marques de nombreuses restructurations. Elle conserve des objets anciens, comme une colonne en marbre vert, rapportée de Constantinople à la quatrième croisade ou vestige d'une construction préexistante. Vous pourrez aussi y admirer un plafond de bois en forme de carène renversée et plusieurs œuvres d'art majeures, dont deux retables : *Saint Laurent entre saint Julien et saint Prosper* (1573) de Veronèse, dans la Sagrestia Nuova, et une œuvre de Lorenzo Lotto, la *Vierge à l'Enfant entre saint Jacques et saint André* (1546), sur l'autel du Presbiterio. (041 275 04 62 ; www.chorusvenezia.org ; Campo San Giacomo dall'Orio, Santa Croce 1587 ; tarif plein/réduit 3/1,50 € ou Chorus Pass ; 10h30-16h30 lun-sam ; Riva de Biasio)

Scuola Grande San Giovanni Evangelista

ÉDIFICE HISTORIQUE

12 PLAN P. 106, B4

Au détour d'une ruelle, vous tomberez sur la magnifique transenne en marbre (1478-1481) de Pietro Lombardo, une barrière monumentale qui clôt l'atrium de l'école, divisant en deux la place qui l'accueille. L'édifice fut conçu par des architectes de la stature de Longhena, Codussi et Massari et décoré par des chefs-d'œuvre de Tiepolo, du Tintoret, de Palma le Jeune. (041 71 81 58 ; www.scuolasangiovanni.it ; Campiello de la Scuola, San Polo 2454 ; tarif plein/réduit 10/8 € ; variables, consulter le site ; Ferrovia, Piazzale Roma, San Tomà)

Se restaurer

Rizzardini

BAR-PÂTISSERIE €

13 PLAN P. 106 E5

Cet établissement ouvert depuis 1742 fait la fierté et les délices des Vénitiens. On a l'embarras du choix en matière de pâtisseries fraîches, ou de biscuits à glisser dans sa valise. (041 522 38 35 ; Campiello dei Meloni, San Polo 1415 ; 7h30-20h mer-lun ; San Silvestro)

Cantina Do Mori

BACARO €

14 PLAN P. 106, G3

Comme en témoignent l'affichage, la décoration, la faible luminosité et les habitués, c'est une des plus anciennes tavernes du Rialto, si chère aux Vénitiens qu'ils ne peuvent s'empêcher de s'y arrêter

Cantina Do Mori (ci-dessus)

pour boire une *ombra* (3 €) après le marché. Évidemment, son côté pittoresque en fait une étape obligée des touristes en voyages organisés, mais ils ne s'attardent guère ; s'il y a trop de monde, revenez plus tard pour déguster un *francobollo* (petit *tramezzino*, 1 €) ou un *cicheto* (bouchée vénitienne, 2 €) de polenta et morue. (041 522 54 01 ; Calle dei Do Mori, San Polo 429 ; 8h-19h30 lun-ven, 8h-17h sam ; Rialto Mercato)

All'Arco

BACARO €

15 PLAN P. 106, G4

Avec le Do Mori (p. 113), ce lieu se dispute le titre de *bacaro* officiel du Rialto. *Cicheti* inventifs, toujours délicieux, et sandwichs composés à la demande. Excellent choix de vins et ambiance chaleureuse où les Vénitiens se mêlent aux touristes, les supplantant en volume sonore. (041 520 56 66 ; Calle dei Do Mori, San Polo 436 ; cicheti à partir de 2 € ; 8h-20h mer-ven et 8h-15h sam avr-nov, 8h-15h lun-sam déc-mars ; Rialto Mercato)

Acqua & Mais

VÉNITIEN €

16 PLAN P. 106, F5

L'ancienne tradition du cornet de friture de calamars et de crevettes, classique de la cuisine de rue à Venise, a retrouvé des adeptes. La maison sert aussi de la morue, divers types de boulettes, des seiches à l'encre… (041 296 05 30 ; Campiello dei Meloni, San Polo 1411-1412 ; 9h30-20h ; Rialto-Mercato, San Silvestro)

Ai Nomboli

BACARO €

17 PLAN P. 106, D6

Les sandwichs et les *tramezzini*, inspirés de la mer ou des terres, et composés avec des ingrédients frais, sont listés sur des ardoises. Si ça ne vous suffit pas, demandez à Mirella la carte, qui propose des soupes, des salades et des plats. (041 523 09 95 ; Rio Terà dei Nomboli, San Polo 2717/C ; 7h-21h lun-ven, 7h-16h sam ; San Tomà)

Al Mercà

BACARO, SANDWICHS €

18 PLAN P. 106, H3

L'été, profitant de l'espace de la place Cesare Battisti, beaucoup de Vénitiens viennent prendre un verre et des *crostini* (1,50 €) debout devant cette minuscule adresse. (346 834 06 60 ; Campo Cesare Battisti, San Polo 213 ; 10h-14h30 et 18h-21h lun-jeu, 10h-14h30 et 18h-21h30 ven-sam ; Rialto Mercato)

Cantina Do Spade

BACARO, OSTERIA €

19 PLAN P. 106, G3

Il faut vraiment la connaître, car elle est bien cachée sous le passage couvert homonyme, bien que très proche du marché du Rialto, au cœur de la vie citadine. Commencez la soirée au bar avec un verre de vin et un *cicheto*, avant de vous asseoir dans la salle. Tous les classiques sont au rendez-vous. (041 521 05 83 ; Sotoportego de le Do Spade, San Polo 859 ; 10h-15h et 18h-22h mer-lun, 18h-22h mar ; Rialto-Mercato)

Da Lele

BACARO €

20 PLAN P. 106, A4

Un petit bistrot bondé depuis 50 ans. Employés, étudiants ou gens de passage se ruent sur les excellents sandwichs, d'une extrême fraîcheur, et sur le vin généreux. Excellent rapport qualité/prix. (347 846 97 28 ; Campo dei Tolentini, Santa Croce 183 ; 6h-20h lun-ven, 6h-14h sam ; Piazzale Roma, San Tomà)

Osteria La Zucca

OSTERIA €€

21 PLAN P. 106, D2

Cette "Citrouille" séduira les végétariens, mais que les autres ne l'ignorent pas ! Ici, les légumes ne sont juste plus relégués au rang de simple accompagnement. Ambiance intime et chaleureuse, dans un coin de Venise évoquant un décor de théâtre. Le tout à prix très abordables. Carte des vins soignée. Réservez. (041 524 15 70 ; www.lazucca.it ; Ponte del Megio, Santa Croce 1762 ; repas 25-30 € ; 12h30-14h30 et 19h-22h30 lun-sam ; ; Riva de Biasio, San Stae)

Trattoria alla Madonna

TRATTORIA €€

22 PLAN P. 106, G4

Cette institution est le restaurant de choix pour le déjeuner du dimanche, un repas entre collègues ou des retrouvailles entre amis. Cuisine classique. (041 522 38 24 ; Calle della Madonna, San Polo 594 ; repas 35-40 € ; 12h-15h et 19h-22h15 jeu-mar ; Rialto-Mercato)

Osteria La Zucca (ci-dessus)

Il Refolo

OSTERIA, PIZZERIA €€

23 PLAN P. 106, C2

Une bonne adresse sur l'adorable petite place où se dresse la Chiesa di San Giacomo dall'Orio. Les pizzas sont un peu plus chères que la moyenne, mais elles sont délicieuses ; la maison propose aussi des plats de viande et de poisson et une excellente carte des vins. (041 524 00 16 ; Campiello del Piovan, Santa Croce 1459 ; repas 45 € ; 9h-16h et 18h-23h, fermé l'hiver ; Riva de Biasio)

Muro Frari

RESTAURANT, PIZZERIA €€

24 PLAN P. 106, C5

C'est de la "cuisine en prêt-à-porter", affirme un des patrons, qui possède un autre établissement où l'on fait d'excellentes pizzas (7-15 €) à **San Stae** (041 524 16 28 ; www.murovenezia.com ; Campiello del Spezier, Santa Croce 2048 ; repas 30-35 € ; 12h-22h30 tlj avr à mi-nov, 12h-15h30 et 18h-22h30 lun-ven, 12h-22h30 sam-dim mi-nov à mars ; San Stae). Giacomo, Alberto et Enrico ont fait leurs armes dans des restaurants à succès avant de trouver une formule qui marie qualité, prix raisonnable, recherche et simplicité. Pizza, pâtes, plats et une bonne carte des vins pour un déjeuner informel ou un bon dîner. (041 524 53 10 ; Rio Terà Cazza, San Polo 2604 ; www.murovenezia.com ; repas 30-40 € ; 12h-15h30 et 18h-22h30 lun-jeu, 12h-22h30 ven-dim avr à mi-nov, 12h-15h30 et 18h-22h30 lun-ven, 12h-22h30 sam-dim mi-nov à mars ; San Tomà)

Trefanti

RESTAURANT €€

25 PLAN P. 106, B3

Dans le jeu appelé *scopa*, le valet (*fante*) vaut 8. Et ce restaurant est au n°888, donc trois *fanti*, d'où son nom. Au-delà, plus de mystère : la cuisine y est savoureuse, autour de classiques revisités avec finesse. Couteaux, saint-jacques et gambas marinées à se damner ! Carte des vins intéressante, y compris en bio. (041 520 17 89 ; Fondamenta dei Garzoti, Santa Croce 888 ; www.osteriatrefanti.it ; repas 45 € ; 12h-14h30 et 19h-22h30 mar-dim ; Riva de Biasio)

Da Fiore

RESTAURANT €€€

26 PLAN P. 106, D4

Une adresse chic qui propose des créations audacieuses sans renier la tradition. L'endroit est intimiste et silencieux, niché dans le dédale des ruelles vénitiennes. Le poisson est roi, mais on sert aussi de la viande, et les recettes de Mara Martin ont fait l'objet d'un livre. (041 72 13 08 ; www.dafiore.net ; Calle del Scaleter, San Polo 2202 ; menu déj à partir de 39 €, repas à partir de 100 € ; 12h30-14h30 et 19h-22h30 mar-sam ; San Tomà)

Antiche Carampane

TRATTORIA €€€

27 PLAN P. 106, E4

Une institution centenaire restée fidèle à sa cuisine vénitienne à base de légumes (issus des potagers de la lagune) et de produits de la pêche : spaghettis

PIERO PASINI / EDT ©

Da Lele (p. 115)

à la *cassopìpa* (sauce aux fruits de mer), baudroie en papillote et croûte de parmesan, friture de la mer et poissons ultrafrais achetés au Rialto. Pour finir, mousse aux fruits de saison ou glace au gianduja. (041 524 01 65 ; www.antichecarampane.com ; Rio Terà delle Carampane, San Polo 1911 ; repas 60 € ; 12h45-14h et 19h30-22h30 mar-sam ; San Silvestro)

Prendre un verre

Pescaria

BACARO

28 PLAN P. 106, G3

Sa gestion change régulièrement, mais ce petit bar dans un coin du Campo de le Becarie reste une institution. Le matin, les gens s'y arrêtent après les courses ou pour lire le journal ; le soir, à l'apéritif, sa clientèle déborde sur la place et dans la ruelle. (349 647 08 31, 347 344 11 56 ; Campo de le Becarie, San Polo 317 ; 6h-2h tlj mai-oct, 6h-2h mar-dim nov-avr ; Rialto Mercato)

Osteria da Filo – Alla Poppa

OSTERIA

29 PLAN P. 106, C3

Les Vénitiens y viennent surtout après dîner pour prendre un verre dans une ambiance chaleureuse et informelle. On consomme à l'intérieur, à table ou sur les canapés de récup, ou bien dehors, dans la rue... en se gardant de faire du tapage. (041 524 65 54 ; Calle de le Oche, Santa Croce 1539 ; 16h-23h lun-ven, 11h-23h sam-dim ; Riva de Biasio, San Tomà)

La Bottiglia

BAR À VINS

30 PLAN P. 106, C4

Le vin n'est pas le seul atout de "La Bouteille", nouveau bar proche de l'église des Frari. Pain, jambon San Daniele, speck artisanal, fromages et légumes, vous aurez l'embarras du choix pour composer votre sandwich. (041 476 24 26 ; Campo San Stin, San Polo 2537 ; 11h-22h30 ; San Tomà)

Caffè dei Frari – Il Mercante

BAR À COCKTAILS

31 PLAN P. 106, C5

Un lieu historique, et l'un des plus courus depuis qu'il a changé de gestion. Cocktails au-dessus de la moyenne, mais les quotas d'entrées pour cause de petite jauge sont un peu pénibles. Vous pourrez toujours admirer la façade de l'église des Frari pour patienter. Le jour, c'est un simple café. (041 476 73 05 ; www.ilmercantevenezia.com ; Fondamenta dei Frari, San Polo 2564 ; café 9h-17h tlj toute l'année, Il Mercante 18h-1h mar-jeu et dim, 18h-2h ven-sam sept-mai, 19h-2h mar-sam juin-août ; San Tomà)

Sortir

Awai

CENTRE CULTUREL

32 PLAN P. 106, A4

Théâtre, concerts, performances et cours donnés par des artistes, qui, l'été, se déroulent dans le beau jardin qu'Awai a sauvé de l'abandon. (www.facebook.com/associazioneculturaleawai ; Calle dei Amai ; Santa Croce 201/A ; 17h-23h ; Piazzale Roma)

Palazzetto Bru Zane

MUSIQUE CLASSIQUE

33 PLAN P. 106, C4

Une envie de musique française ? Installez-vous entre les stucs d'Abbondio Stazio (1663-1757), dans l'un des 99 fauteuils placés sous le plafond orné de fresques de Sebastiano Ricci. Visite guidée gratuite en français à 15h le jeudi. (Centre de musique romantique française ; 041 521 10 05 ; www.bru-zane.com/fr/ ; San Polo 2368 ; tarif plein/réduit 15/5 € ; billetterie 14h30-17h30 lun-ven ; San Tomà)

Concerts à la Scuola Grande di San Giovanni Evangelista

CONCERTS

34 PLAN P. 106, B4

De nombreux concerts au programme. (041 71 82 34 ; www.scuolasangiovanni.it ; San Polo 2454 ; Ferrovia, Piazzale Roma, San Tomà)

Casa del Cinema

CINÉMA

35 PLAN P. 106, E2

Ces archives cinématographiques projettent des films d'auteur dans la salle de 50 places au plafond à poutres apparentes. (041 524 13 20 ; www.comune.venezia.it/luoghi-eventi/la-casa-cinema ; Salizada San Stae, Santa Croce 1990 ; adhésion annuelle tarif plein/réduit 35/25 € ; séances l'après-midi lun-ven ; San Stae)

Shopping

Mascari

DROGUERIE

36 PLAN P. 106 G3

Jadis des paniers débordants d'épices aux senteurs d'Orient occupaient la ruelle, qui a fini par s'appeler Ruga dei Spezieri, "ruelle des épiciers". À présent, tout est à l'intérieur, mais la fascination et les parfums sont toujours là. Les Vénitiens viennent y faire leurs emplettes au moment des fêtes, ou réassortir leur palette d'épices pour se lancer dans des recettes sophistiquées. (041 522 97 62 ; www.imascari.com ; Ruga dei Spezieri, San Polo 381 ; 8h-13h et 16h-19h lun-sam ; Rialto Mercato)

Franco Furlanetto

RAMES ET TOLETS

37 PLAN P. 106, D6

Franco crée de magnifiques tolets (*forcole*) pour gondoles en noyer, cerisier et poirier massif. Il construit aussi des rames en hêtre. (041 520 95 44 ; www.ffurlanetto.com ; San Polo 2768/B ; 9h-19h lun, mer et ven et 9h-17h30 mar, jeu et sam ; San Tomà)

Attombri

BIJOUTERIE

38 PLAN P. 100, H4

Sous les anciennes arcades des orfèvres, le design contemporain de ces bijoux réalisés avec des perles de Murano des années 1920-1930 ne détonne en rien.

Chaussures de gondoliers

La semelle imperméable et résistante est fabriquée avec des pneus de vélo, la garniture avec la toile de jute de vieux sacs et l'empeigne avec du tissu et des chiffons (aujourd'hui, aussi en velours et soie brodée) : voilà les *papusse*, que les paysannes du Frioul commencèrent à fabriquer chez elles à la fin de la Seconde Guerre mondiale. Confortables et surtout économiques, car faites à base de matériaux recyclés (à la différence des coûteuses chaussures en cuir), elles étaient ensuite vendues au porte-à-porte. Elles rencontrèrent un grand succès à Venise, notamment auprès des gondoliers, car elles ne rayaient pas la peinture de leurs bateaux. Ainsi la mairie accorda-t-elle à un Frioulan un étal au pied du pont du Rialto. C'est précisément là que l'on achète ces chaussures aujourd'hui encore, en 12 modèles, du 18 au 47, dans la boutique **Pied à Terre** (plan p. 106, H4 ; 041 528 55 13 ; www.piedaterre-venice.com ; San Polo 60, sous les arcades du Rialto ; à partir de 49 € ; 10h-13h30 et 14h30-19h30 lun-sam, 10h30-18h30 dim ; Rialto Mercato).

Les Vénitiens sont aussi très attachés à une autre boutique, celle de Gianni "Papussa" Dittura (p. 65).

(041 521 25 24 ; www.attombri.com ; Sottoportico dei Oresi, San Polo 65 ; 10h-13h et 14h30-19h lun-sam ; Rialto Mercato)

Style Shoes

SACS

39 PLAN P. 106, G4

Monica Bravin a des doigts de fée. Ses sacs sont tous des pièces uniques, et même quand ils semblent identiques, il y a toujours un détail, dans les anses, les ornements ou les doublures, qui diffère. (041 522 88 99 ; Ruga Rialto, San Polo 409 ; 10h-12h30 et 15h-19h lun-sam ; Rialto Mercato)

Gmeiner

CHAUSSURES

40 PLAN P. 106, F4

Les chaussures fabriquées sur mesure par Gabriele, qui a affiné sa technique chez Hermès et John Lobb, sont chères, mais vous n'en verrez pas souvent d'aussi belles. (338 896 21 89 ; www.gabrielegmeiner.com ; Campiello del Sol, San Polo 951 ; 9h-13h et 14h-16h lun-ven ; Rialto Mercato)

Chaussures de gondoliers (p. 119)

PIERO PASINI / EDT ©

Laberintho

ARTISANAT, BIJOUX

41 PLAN P. 106, D4

Dans cet atelier d'orfèvres polyvalent, on peut vous créer des bijoux sur mesure. Mais peut-être mieux vaut laisser leur imagination œuvrer : auriez-vous pensé à inventer une bague en forme de nautile incrusté d'opales et de turquoises ? (041 71 00 17 ; www.laberintho.it ; Calle del Scaleter, San Polo 2236 ; 10h-13h et 15h-18h30 lun-sam ; San Stae, San Tomà)

Il Pavone di Paolo Pelosin

PAPETERIE ARTISANALE

42 PLAN. P. 106, F5

Atelier de papeterie proposant cahiers (à partir de 7 €), crayons, caléidoscopes, trousses, boîtes magiques avec tiroirs à escamotage... Le lieu idéal pour acheter un carnet de voyage. (041 522 42 96 ; Campiello dei Meloni, San Polo 1478 ; 10h45-19h jeu-mar ; San Silvestro)

La Bottega dei Mascareri

MASQUES

43 PLAN P. 106, H4

Cette petite boutique regorge de masques et de photographies de personnalités du monde du

Gilberto Penzo (ci-dessous)

spectacle qui s'y sont arrêtées pour admirer les créations de Sergio et Massimo Boldrin. Autre boutique Calle dei Saoneri, San Polo 2720. (041 522 38 57 ; www.mascarer.com ; Ponte di Rialto, San Polo 80 ; 9h-18h ; Rialto)

Gilberto Penzo ARTISANAT

44 PLAN P. 106 D5

L'homme connaît si bien les bateaux traditionnels (et pas seulement) de la lagune qu'il crée des kits permettant à chacun d'en construire un en modèle réduit et de le faire voguer. Vous pouvez aussi acheter des bateaux déjà montés, ou d'autres objets liés à la tradition marine vénitienne et adriatique, comme les ex-voto. (041 524 61 39/71 93 72 ; www.veniceboats.com ; Calle Seconda dei Saoneri, San Polo 2681 ; 9h-12h30 et 15h-18h lun-sam ; San Tomà)

Sartoria dei Dogi CHÂLES

45 PLAN P. 106, D2

Au XVIIIe siècle, les Vénitiennes usaient de leur éventail comme instrument de séduction. Au XIXe siècle, c'était leur châle qui, épousant leurs épaules, devenait un appât fatal, pour peu qu'il volète au moment propice ou qu'une frange s'accroche à un bouton de l'homme désiré, l'empêchant de partir. De là l'expression *tacar botòn* (littéralement "attacher le bouton", c'est-à-dire "tenir la jambe"). (041 71 38 38 ; www.sartoriadeidogi.it ; Calle del Tentor, Santa Croce 1840-1842 ; 10h30-19h lun-sam ; San Stae)

3398

Explorer
Cannaregio

C'est le deuxième plus grand quartier de Venise, après Castello, et le plus peuplé. Périphérique mais plein de vitalité, il a la particularité de présenter plusieurs canaux en ligne droite. Il abrite en outre le Ghetto, un ensemble unique d'édifices assez hauts où se cachent quelques synagogues. Ses églises splendides et ses recoins inattendus, riches de réminiscences orientales et de traces du cosmopolitisme historique de Venise, en font un lieu très évocateur, où l'on peut se promener à l'infini en s'arrêtant pour déguster des pâtisseries juives ou des vins de Vénétie. Il tire son nom du canal Regio, jadis emprunté par les cortèges du doge.

Depuis la gare ferroviaire, suivez à l'envers l'itinéraire décrit p. 126. Déjeunez chez Luca e Fred (p. 134) ou à la Trattoria Ca' d'Oro "Alla Vedova" (p. 135).

L'après-midi, perdez-vous dans la partie nord du sestiere à la découverte des églises médiévales et des palais orientalisants. Un dîner à l'Anice Stellato (p. 137) ou à l'Iguanna (p. 135), plus décontracté, vous mettra ensuite en condition pour profiter de la vie nocturne à la mode vénitienne sur la Fondamenta della Misericordia (p. 136).

Comment y aller

Vaporetto Cannaregio bénéficie d'une bonne desserte. Les lignes n°1, 2 et N couvrent les arrêts du Grand Canal ; les lignes n°4.1, 4.2, 5.1 et 5.2 parcourent le Canale di Cannaregio et le canal des Fondamente Nove, d'où l'on peut rejoindre Murano et Burano.

Plan p. 128

Campo dei Mori (p. 132) PIERO PASINI / EDT ©

Les incontournables

Ghetto

On fait traditionnellement remonter le nom de "ghetto" au mot vénitien "getto", qui désignait les fonderies de cuivre installées dans le quartier à l'époque médiévale. Si cette étymologie reste contestée, on sait en revanche avec certitude que le gouvernement de la Sérénissime établit ici, en 1516, le premier ghetto juif de l'histoire, où furent confinés les israélites de nationalités diverses résidant à Venise.

PLAN P. 128, C2

Pour rejoindre le Ghetto par le Grand Canal, descendez à l'arrêt San Marcuola (lignes ACTV 1 et 2). Par le Canale di Cannaregio, débarquez à Guglie (lignes 4.1, 4.2, 5.1 et 5.2).

Toujours plus haut

Ironie du sort, le paisible quartier du Ghetto doit son charme indiscutable à son sombre passé. Les ruelles et les ponts qui mènent à sa vaste place principale, le Campo del Ghetto Novo, bordé de commerces, étaient jadis fermés par des grilles et surveillés par des gardes, les juifs ayant interdiction d'entrer ou de sortir de leur périmètre assigné entre le coucher et le lever du soleil. La communauté grandissante fut ainsi contrainte de pallier le manque d'espace en construisant des bâtiments en hauteur. Voilà pourquoi les pittoresques maisons du Ghetto comptent parmi les plus élevées de Venise.

Museo Ebraico et synagogues

Les juifs vénitiens formaient une mosaïque bigarrée. En témoignent les cinq synagogues du quartier, logées en hauteur (sans rien au-dessus, pour être au plus près de Dieu) dans des édifices préexistants : la **Spagnola** (hiver), la **Levantina** (été), la **Scola Grande Tedesca** (toute l'année), la **Scola Italiana**, uniquement accessible sur **visite privée** (130 €/groupe + entrée individuelle) et la **Scola Canton** (toute l'année), qui abrita diverses communautés avant de prendre le nom de la famille qui finança sa construction ou bien celui de son emplacement (*canton* signifie "coin" en vénitien). Enfin, le **Museo Ebraico** (041 71 53 59 ; www.museoebraico.it ; Campo di Ghetto Nuovo, Cannaregio 2902/B ; tarif plein/réduit 8/6 €, avec visite guidée des synagogues 12/10 €, 10h-19h juin-sept, 10h-17h30 oct-mai, possible fermeture anticipée ven, fermé sam et fêtes juives ; Guglie, San Marcuola), fondé en 1954 à l'angle sud du Campo del Ghetto, entre la Scola Tedesca et la Scola Canton, rassemble une collection d'objets illustrant les fêtes et la liturgie hébraïque, ainsi que l'histoire des juifs vénitiens.

★ À savoir

- Réservez vos visites assez longtemps à l'avance.
- Couvre-chef apprécié pour les hommes dans les synagogues.

Une petite pause ?

Au **Panificio Volpe** (p. 134), goûtez la finesse des pâtisseries juives vénitiennes.

Promenade à pied

Balade vers la gare ferroviaire

C'est au XIXe siècle, époque à laquelle les voies d'eau furent secondées par de grandes rues reliant la ville au monde moderne, que Venise doit la forme que nous lui connaissons aujourd'hui. Son centre fut ainsi raccordé à la gare ferroviaire, l'occasion d'une promenade qui traverse la moitié de la ville.

La promenade

Départ Campo Santi Apostoli

Arrivée Piazzale Roma

Distance 2 km

Durée 25 min

❶ Strada Nova

Inaugurée en 1871, la Strada Nova ("rue Neuve", officiellement Via Vittorio Emanuele II) fait partie du très central **Campo Santi Apostoli** et éventre littéralement le *sestiere* de Cannaregio, jadis composé d'un lacis de venelles. Si la **Chiesa di Santa Sofia**, à hauteur de la place éponyme, ne possède pas de véritable façade côté rue, c'est justement parce que cette dernière a été percée après. Plus loin se dresse la façade rose de la Chiesa di San Felice et, au-delà du pont suivant, le *nizioleto* (voir encadré p. 159) indiquant à nouveau le vrai nom de l'artère. Encore quelques pas et l'on arrive au **Campo Santa Fosca** où trône la statue de Paolo Sarpi, œuvre d'Emilio Marsili (1892).

❷ Rio Terà de la Maddalena

La rue qui se dirige vers la gare suit le tracé de plusieurs canaux enfouis (*rio terà*, au singulier). Le premier a été baptisé d'après la **Chiesa della Maddalena**, fondée au XIIIe siècle mais entièrement rebâtie au XVIIIe siècle, qui s'élève immédiatement sur la gauche. Sa structure circulaire (insolite à Venise) de style néoclassique, avec une entrée flanquée de colonnes et précédée de marches, rappelle un peu le Panthéon de Rome, tandis que le symbole sur le linteau de la porte (un œil dans un cercle et un triangle) indique l'appartenance du maître d'œuvre à la franc-maçonnerie.

❸ Rio Terà San Leonardo

Après le petit Ponte dell'Anconeta, un goulet d'étranglement toujours surpeuplé auquel même les urbanistes du XIXe siècle n'ont pas su remédier, vous remarquerez à droite le **Teatro Italia**, converti en supermarché, dont le splendide intérieur mérite le coup d'œil. Le *rio* s'achève au Canale di Cannaregio, traversé par le **Ponte delle Guglie**, construit en 1823 à la place d'un modeste pont en bois du XIIIe siècle. Sur la droite, notez le beau Ponte dei Tre Archi.

❹ Rio Terà Lista de Spagna

Délimitée par une bande (*lista*) en pierre d'Istrie, cette voie abritait autrefois la résidence des ambassadeurs d'Espagne, d'où son nom. Elle débute au **Campo San Geremia**, dont l'église éponyme conserve la dépouille de sainte Lucie et sur lequel se déroulait au XVIIIe siècle la *caccia ai tori*, un genre de corrida.

❺ Ponte della Costituzione

Dernier grand édifice public réalisé à Venise, ce pont conçu par l'architecte espagnol Santiago Calatrava (2008) relie la gare ferroviaire à la gare routière et au Piazzale Roma, complétant ainsi le projet de modernisation de la voierie urbaine entrepris au XIXe siècle.

✕ Une petite pause ?

Enoteca Do Colonne (p. 134)

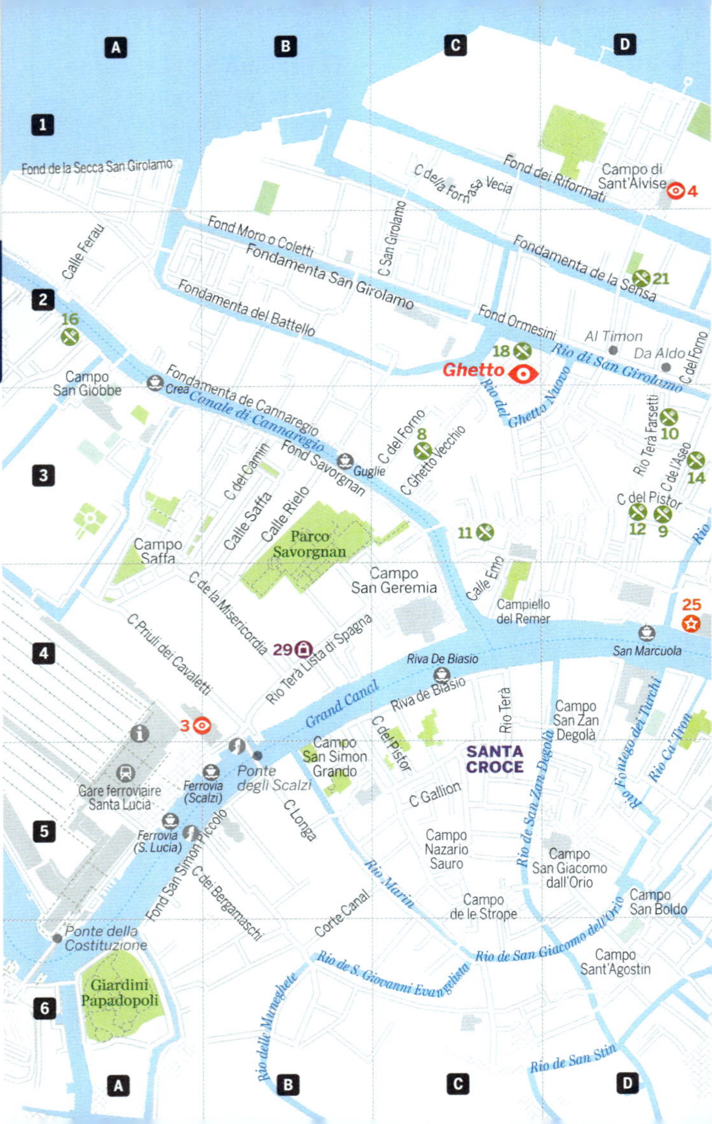
A
B
C
D
1
2
3
4
5
6
Fond de la Secca San Girolamo
C della Fornasa Vecia
Fond dei Riformati
Campo di Sant'Alvise
4
Calle Ferau
Fond Moro o Coletti
Fondamenta San Girolamo
C San Girolamo
Fondamenta de la Sensa
21
Fondamenta del Battello
Fond Ormesini
Al Timon
Da Aldo
C del Forno
16
18
Ghetto
Rio di San Girolamo
Campo San Giobbe
Crea
Fondamenta de Cannaregio
Canale di Cannaregio
Rio del Ghetto Nuovo
Rio Terà Farsetti
10
C del Forno
8
C Ghetto Vecchio
Fond Savorgnan
Guglie
C del Camin
C de l'Aseo
14
C del Pistor
12
9
Calle Saffa
Calle Rielo
Parco Savorgnan
11
Campo Saffa
Campo San Geremia
Calle Emo
Campiello del Remer
25
C de la Misericordia
C Priuli dei Cavaletti
29
Rio Terà Lista di Spagna
San Marcuola
Riva De Biasio
Riva de Biasio
Grand Canal
Rio Terà
Campo San Zan Degolà
Rio Fontego dei Turchi
Rio Ca' Tron
3
Campo San Simon Grando
C del Pistor
SANTA CROCE
Gare ferroviaire Santa Lucia
Ferrovia (Scalzi)
Ponte degli Scalzi
C Longa
C Gallion
Rio de San Zan Degolà
Ferrovia (S. Lucia)
Fond San Simon Piccolo
C dei Bergamaschi
Campo Nazario Sauro
Rio Marin
Campo San Giacomo dall'Orio
Campo San Boldo
Corte Canal
Campo de le Strope
Ponte della Costituzione
Rio de San Giacomo dell'Orio
Campo Sant'Agostin
Rio de S. Giovanni Evangelista
Giardini Papadopoli
Rio delle Muneghete
Rio de San Stin
A
B
C
D

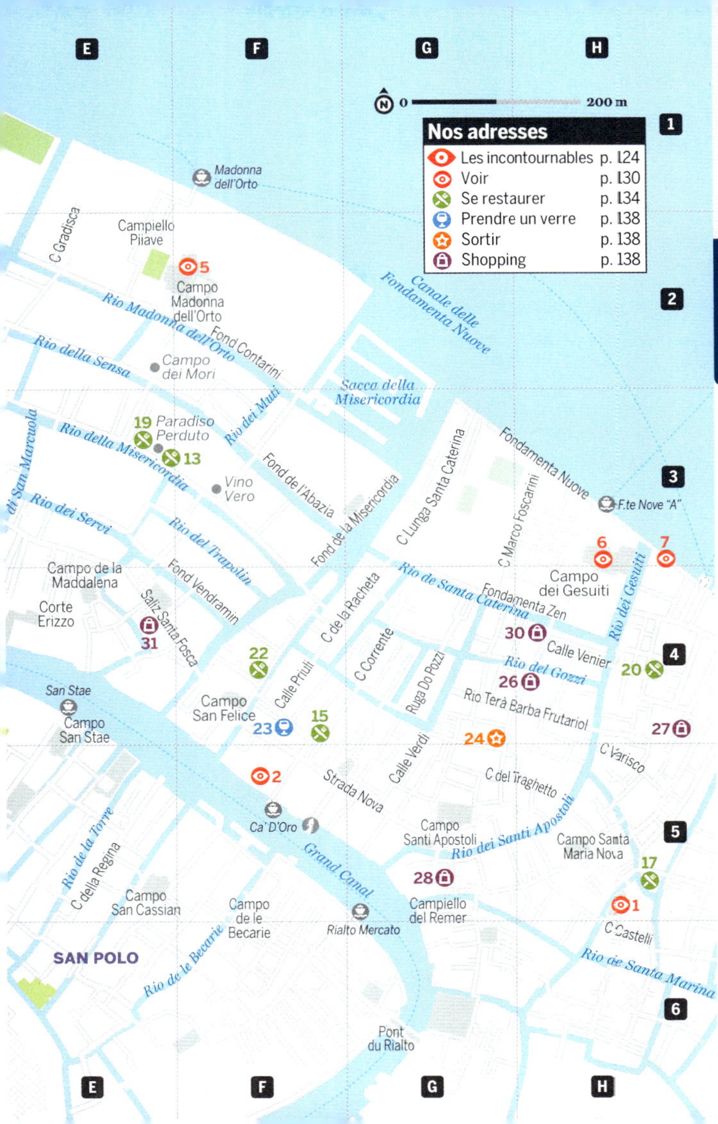
E
F
G
H
0
200 m
Nos adresses
Les incontournables p. 124
Voir p. 130
Se restaurer p. 134
Prendre un verre p. 138
Sortir p. 138
Shopping p. 138
1
2
3
4
5
6
Madonna dell'Orto
C Gradisca
Campiello Piiave
5
Campo Madonna dell'Orto
Rio Madonna dell'Orto
Fond Contarini
Rio della Sensa
Campo dei Mori
Canale delle Fondamenta Nuove
Sacca della Misericordia
Rio dei Muti
19 Paradiso Perduto
13
Rio della Misericordia
Vino Vero
Fond de l'Abazia
Rio di San Marcuola
Rio dei Servi
Rio del Trapolin
Fond de la Misericordia
C Lunga Santa Caterina
Fondamenta Nuove
C Marco Foscarini
F.te Nove "A"
6
7
Campo dei Gesuiti
Rio dei Gesuiti
Campo de la Maddalena
Corte Erizzo
Fond Vendramin
Saliz Santa Fosca
31
C de la Racheta
Rio de Santa Caterina
Fondamenta Zen
30
Calle Venier
22
Calle Priuli
C Corrente
Ruga Do Pozzi
Rio del Gozzi
26
20
San Stae
Campo San Stae
Campo San Felice
23
15
Rio Terà Barba Frutariol
27
24
C Varisco
2
Strada Nova
Calle Verdi
C del Traghetto
Ca' D'Oro
Grand Canal
Campo Santi Apostoli
Rio dei Santi Apostoli
Campo Santa Maria Nova
17
Rio de la Torre
C della Regina
Campo San Cassian
Campo de le Becarie
28
Campiello del Remer
1
Rialto Mercato
C Castelli
SAN POLO
Rio de le Becarie
Rio de Santa Marina
Pont du Rialto

Voir

Chiesa di Santa Maria dei Miracoli

ÉGLISE

1 PLAN P. 128, H5

De 1481 à 1489, Pietro Lombardo et ses fils veillèrent à l'exécution de cet écrin de marbre polychrome, chef-d'œuvre de la Renaissance évoquant un énorme tabernacle. Une nuit de la Saint-Sylvestre, on y transféra un retable jugé miraculeux – la *Vierge à l'Enfant* de Zanino di Pietro – qui ornait la maison voisine d'un marchand. L'intérieur se compose d'une nef unique au chœur surélevé. (041 275 04 62 ; www.chorusvenezia.org, Campo dei Miracoli, Cannaregio ; tarif plein/réduit 3/1,50 € ou Chorus Pass ; 10h30-16h30 lun-sam ; Ca' d'Oro)

Chiesa di Santa Maria dei Miracoli (ci-dessus)

PIERO PASINI / EDT ©

Ca' d'Oro

PALAIS

2 PLAN P. 104, F5

Souvent considérée comme le plus beau palais du Grand Canal, la Ca' d'Oro ("maison d'or") doit son nom aux feuilles d'or qui recouvraient jadis les sculptures de sa façade à arcades. La construction de cette magnifique demeure d'inspiration orientale, typique du gothique vénitien, débuta en 1412 pour ne s'achever que près de 500 ans plus tard. Au fil du temps, elle tomba en décrépitude, avant d'être sauvée par le baron Giorgio Franchetti, avec l'aide de son ami l'écrivain Gabriele D'Annunzio. Le mécène et collectionneur en fit don à l'État avec son contenu, aujourd'hui exposé à la **Galleria Giorgio Franchetti**, qui comprenait des bronzes de la Renaissance, des médailles, des tableaux (XVe-XVIIIe siècle) et des petites sculptures. Notez la *Crucifixion* attribuée à Jan Van Eyck (XVe siècle), le *Polyptyque de la Passion* d'Antonio Vivarini (XVe siècle), le saisissant *Saint Sébastien* de Mantegna, la *Vénus au miroir* de Titien, le *Portrait de Nicolò Priuli* du Tintoret et les deux *Vues de Venise* de Francesco Guardi. Les salles contiguës à la loggia abritent une collection de céramiques (XIIe-XIXe siècle). (041 520 03 45 ; www.cadoro.org ; Calle di Ca' d'Oro, Cannaregio 3932 ; tarif plein/réduit 11/7 € ; 8h15-19h mar-dim, 8h15-14h lun ; Ca' d'Oro)

Chiesa degli Scalzi ÉGLISE

3 PLAN P. 128, A4

De son nom officiel Chiesa di Santa Maria di Nazareth, cette église en marbre de Carrare fut érigée pour l'ordre des Carmes déchaux (*scalzi*). L'harmonieuse façade baroque (1672-1680) de Giuseppe Sarti, rythmée de doubles colonnes et de statues, dissimule une nef conçue par Baldassare Longhena, avec des chapelles latérales et une arche débouchant sur le chœur orné de sibylles. La profusion de marbre et d'éléments décoratifs ainsi que l'orgue monumental de la contre-façade composent un ensemble plein de faste et d'opulence. Le plafond arborait jadis une grande fresque de Giambattista Tiepolo, le *Transport de la Sainte Maison de Lorette*, qui fut détruite par une bombe autrichienne en 1915 – ses vestiges sont à la Gallerie dell'Accademia – et remplacée par une œuvre peinte en 1929-1933 par Ettore Tito. La somptueuse **Cappella Manin** en marbre polychrome renferme la tombe du dernier doge de Venise, Ludovico Manin. Attenant à l'église, le **Giardino Mistico** est un potager rappelant les jardins monastiques du Moyen Âge. Sa boutique vend des produits sous le label des Carmes déchaux. (www.giardinomistico.it ; église et jardin, Cannaregio 54 ; 7h-12h et 15h-18h50 ; entrée sur don, 5 € minimum ; visites guidées en groupe par les bénévoles des Carmelitani Scalzi sur réservation au 348 772 84 30 ou par courriel à info@giardinomistico.it ; 10h et 15h lun-sam, 15h dim, groupe 5-30 pers ; visite église ou jardin/ensemble 45-60 min/1 heure 40 ; Ferrovia)

Ca' d'Oro (p. 130)

Chiesa di Sant'Alvise ÉGLISE

4 PLAN P. 128, D1

Au cœur d'un paisible quartier populaire, cette église du XIVe siècle présente une façade dépouillée qui contraste avec son intérieur richement ornementé. Dans la lunette du portail gothique figure une statue de saint Louis (Alvise en vénitien), évêque de Toulouse, attribuée à Bartolomeo Bon. Admirez au plafond la fresque du XVIIe siècle de Piero Antonio Torri et Pietro Ricchi, qui crée un fascinant effet de perspective, ainsi que la tribune suspendue (*barco*) réservée aux religieuses du couvent. Toutefois, ce sont les trois œuvres de facture dramatique signées Giambattista Tiepolo, le *Couronnement d'épines*, la *Flagellation* et la *Montée au Calvaire*, qui retiennent l'attention – à l'époque, le peintre était sensible aux mélodrames que l'on jouait en ville, d'où les costumes et visages expressifs des personnages. (☎ 041 275 04 62 ; www.chorusvenezia.org ; Campo Sant'Alvise, Cannaregio 3282 ; tarif plein/réduit 3/1,50 € ou Chorus Pass ; ⏱ 10h30-16h30 lun-sam ; ⛴ Sant'Alvise)

Chiesa della Madonna dell'Orto

ÉGLISE

5 PLAN P. 128, F5

Né près du Campo dei Mori voisin, le Tintoret repose dans cette église du XIVe siècle, emblématique du gothique vénitien, pour laquelle il a peint plusieurs chefs-d'œuvre : la nef droite recèle la *Présentation de Marie au Temple*, le chœur, le *Jugement dernier*, l'*Adoration du Veau d'or*, *Saint Pierre et l'apparition de la Croix* et la *Décapitation de saint Paul*. Un retable de Cima da Conegliano, *Saint Jean-Baptiste avec les saints Pierre, Marc, Jérôme et*

Campo dei Mori

Les Vénitiens éprouvent un attachement tout particulier pour le **Campo dei Mori** (plan p. 128, E2), évocateur du passé cosmopolite de la cité. Depuis le Moyen Âge, quatre statues en pierre d'Istrie ornent les façades de cette "place des Maures", mal nommée car les sculptures représenteraient en réalité les Mastelli, une riche famille de marchands d'épices du XIIe siècle originaire de Morée (ancien nom du Péloponnèse, en Grèce). Celle affublée d'un nez en fer serait Amir Ben Riobà, dit Antonio Rioba ou Sior Rioba, les trois autres portant turban, ses frères et un serviteur. Sans scrupules, les Mastelli se rendirent célèbres pour leurs manigances et leur participation active au sac de Constantinople par le doge Enrico Dandolo. Ils possédaient dans le secteur plusieurs maisons ainsi que le Palazzo "del Cammello", surnommé ainsi en raison du bas-relief de camélidé sur sa façade. La légende veut que ces négociants aient été transformés en statues de pierre après qu'une pieuse Vénitienne eut appelé la Vierge Marie à les punir pour leur comportement indigne. L'effigie de Sior Rioba joua autrefois le même rôle que le Pasquino à Rome : les Vénitiens déposaient à ses pieds des billets raillant le doge et le gouvernement ou exprimant un mécontentement à leur égard. (Campo dei Mori ; ⛴ Madonna dell'Orto)

Paul (1493-1495), surmonte le premier autel de la nef droite. Ne manquez pas non plus dans le chœur l'*Annonciation* de Palma le Jeune, provenant de l'église Santa Ternita de Castello, aujourd'hui démolie, ni *Tobie et l'archange Raphaël* de Titien dans la chapelle Vendramin. Enfin, levez les yeux sur le campanile, coiffé d'un dôme en bulbe de style oriental. (366 736 83 90 ; www.madonnadellorto.org ; Campo della Madonna dell'Orto ; 3 € ; 10h-17h lun-sam, 12h-17h dim ; Madonna dell'Orto)

Chiesa dei Gesuiti ÉGLISE

6 PLAN P. 128, H3

L'imposante Santa Maria Assunta (1715), surnommée d'après les Jésuites qui l'érigèrent, s'élève sur le site d'une église du XIIe siècle de l'ordre des pères Porte-Croix. Derrière la façade monumentale, mais classique, l'intérieur surprend par sa magnificence baroque : fragments de marbres blancs et verts aux murs, stucs dorés, colonnes torses, etc. Repérez le *Martyre de saint Laurent* de Titien, dans la Cappella di San Lorenzo, l'*Assomption de la Vierge* du Tintoret dans le bras nord du transept et l'*Ange gardien et les saints transportant les âmes* de Palma le Jeune, à droite en entrant. (041 528 65 79 ; Campo dei Gesuiti, Cannaregio ; 10h30-12h30 et 15h30-17h30 ; Fondamente Nove)

Fondamente Nuove QUAI

7 PLAN P. 128, H3

Ces longs quais en pierre d'Istrie, qui courent à la lisière nord de

Chiesa della Madonna dell'Orto (p. 132)

Venise sur près de 1 km entre la Sacca della Misericordia et le Rio di Santa Giustina, furent bâtis après un long processus de comblement des lais au XVIe siècle. Exposés aux vents, bordés de vénérables entrepôts et de demeures nobiliaires du XVIIe siècle, ils offrent une vue dégagée sur les îles du Nord ; par temps clair, le regard embrasse même les montagnes du Frioul-Vénétie Julienne, voire les Dolomites. (Fondamente Nuove)

Se restaurer

Panificio Volpe

BOULANGERIE, PÂTISSERIE €

8 PLAN P. 128, C3

Postée à l'entrée du Ghetto depuis 1954, l'adresse perpétue la tradition des pâtisseries de la Pâque juive (toutes sans levure) : *impade*, *zuccherini*, gâteaux azymes ou *orecchie di Aman*. On y trouve aussi de la charcuterie casher. (041 71 51 78 ; Calle Ghetto Vecchio, Cannaregio 1143 ; 6h-19h30 lun-sam, parfois 8h30-12h dim ; Guglie)

Pasticceria Nobile

BAR, PÂTISSERIE €

9 PLAN P. 128, D3

Au menu, tartes, *pincia* (pudding vénitien), biscuits, meringues, mais aussi nougats, "saucissons au chocolat", savarins et, naturellement, des viennoiseries qu'accompagneront des jus de fruits et de légumes préparés à la centrifugeuse. (041 72 07 31 ; www.pasticcerianobile.it ; Rio Terà San Leonardo, Cannaregio 1818 ; 6h30-20h30 ; San Marcuola)

Cantina Aziende Agricole

BACARO €

10 PLAN P. 128, D3

Les jeunes qui ont repris récemment ce débit de boisson, dans l'une des rares rues non pavées de porphyre, ont fait le choix radical de tout laisser en l'état. L'endroit compte parmi les derniers vrais *bacari* de la ville, chers au cœur des Vénitiens. Atmosphère unique. (041 72 21 49 ; www.cantinaaziendeagricole.com ; Rio Terà Farsetti, Cannaregio 1847/A ; cicheti à partir de 1,50 € ; 10h-14h et 17h-22h ; San Marcuola)

Da Luca e Fred

BACARO €

11 PLAN P. 128, C3

Difficile de trouver un comptoir plus chargé de *cicheti* que celui-ci, où l'on privilégie les fritures sans faire l'impasse sur les classiques. Tables dehors face au va-et-vient de la rue. (041 71 61 70 ; Rio Terà San Leonardo, Cannaregio 1518 ; cicheti à partir de 1,50 € ; 9h-21h ; Guglie, San Marcuola)

Enoteca Do Colonne

BACARO €

12 PLAN P. 128, D3

Les cruches suspendues un peu partout, les lourdes tables et la bruyante convivialité des clients et du personnel derrière le comptoir confèrent à ce *bacaro* une ambiance des plus traditionnelles. Outre des *cicheti*, *crostini* et sandwichs, on peut y commander des portions de morue frite et d'autres variétés de poissons. (041 524 04 53 ; www.docolonne.it ; Rio Terà del Cristo, Cannaregio 1814/C ; cicheti à partir de 2 € ; 10h-21h30 ; Guglie, San Marcuola)

Sullaluna

BISTROT, LIBRAIRIE €

13 PLAN P. 128, E3

Ici tout est beau : la *fondamenta*, la déco… et surtout l'idée d'associer les livres (nombreux titres pour enfants) à la cuisine végétarienne et aux vins bio. (041 72 29 24 ; www.facebook.com/sullalunavenezia/ ; Fondamenta della Misericordia ; Cannaregio 2535 ; plats uniques à partir de 5,50 € ; 8h-22h mar-dim ; ; San Marcuola ; Ca d'Oro)

Iguanna

BAR, MEXICAIN €/€€

14 PLAN P. 128, D3

Cette véritable institution existe depuis si longtemps qu'on l'appelle simplement *"il messicano"* ("le mexicain"). Le cuisinier prépare chaque jour des tortillas de maïs ou de blé pour en faire des *nachos*, tacos, *tostadas, burritos* et *fajitas*. (041 476 37 49 ; www.iguanavenezia.com ; Calle de l'Aseo, Cannaregio 1885 ; repas 20-25 € ; 11h30-15h et 18h-0h mer-lun ; San Marcuola)

Trattoria Ca' d'Oro "Alla Vedova"

BACARO, TRATTORIA €/€€

15 PLAN P. 128, F4

Le *cicheto* qui explique la file d'attente devant cette adresse au parfum de tradition ? Les *polpette* (boulettes de bœuf), frites sur

Sullaluna (ci-dessus)

le moment et non réchauffées comme souvent ailleurs. Attention toutefois si vous n'aimez pas l'ail, il est utilisé ici sans modération. Optez alors pour les seiches grillées, les haricots aux oignons, les *polpette* de morue ou les *folpeti* (supions). (041 528 53 24 ; Ramo Ca' d'Oro, Cannaregio 3912 ; polpette à emporter 1,50 €, repas 30-35 € ; 11h30-14h30 et 18h30-22h30, fermé jeu et dim matin ; Ca' d'Oro)

Dalla Marisa TRATTORIA **€/€€**

16 PLAN P. 128, A2

Le menu fixe comprend, selon les jours, du poisson, de la viande ou du gibier, cuisinés d'après les recettes familiales des patrons, descendants d'une lignée de bouchers. La trattoria se trouve d'ailleurs à deux pas de l'ancien abattoir (qui accueille maintenant une antenne de l'université

Un verre en terrasse

L'été en particulier, la Fondamenta della Misericordia et son prolongement, la Fondamenta degli Ormesini, deviennent le point de ralliement pour boire un verre et discuter entre amis, de l'heure de l'apéritif jusqu'à tard le soir. Vous aurez l'embarras du choix, mais voici quelques adresses recommandées :

- **Vino Vero** Commandez un verre de vin naturel et un morceau de fromage, puis prenez une serviette et allez vous asseoir par terre au bord du canal. (plan p. 128, F3 ; 041 275 00 44 ; www.facebook.com/vinoverovenezia ; Fondamenta della Misericordia, Cannaregio 2497 ; *cicheti* 2,50 € ; 18h-0h lun, 11h-0h mar-jeu et dim, 11h-1h ven-sam ; Ca d'Oro, Madonna dell'Orto)

- **Paradiso Perduto** Plus que la nourriture ou le vin, c'est le décor et l'ambiance festive qui priment au "Paradis perdu". Concerts de jazz à l'occasion. (plan p. 128, E3 ; 041 72 05 81 ; Fondamenta della Misericordia, Cannaregio 2540 ; repas 45 € ; 11h30-0h jeu-lun ; Madonna dell'Orto, Ca' d'Oro)

- **Al Timon** Si toutes les tables sont prises, installez-vous sur la barque amarrée au bord du canal. (plan p. 128, D2 ; 041 524 60 66 ; Fondamenta degli Ormesini, Cannaregio 2754 ; *cicheti* 1 € ; 18h-1h en été, 17h-1h en hiver ; Guglie)

- **Da Aldo** Alias Birre da Tutto il Mondo, un nom officiel que personne ne semble jamais utiliser, "chez Aldo" est depuis des décennies le lieu de rendez-vous des étudiants de l'université. (plan p. 128, D2 ; 041 71 58 34 ; Fondamenta degli Ormesini, Cannaregio 2710 ; 11h-16h et 19h-2h lun-sam ; San Marcuola)

Ca' Foscari), reconnaissable à ses bas-reliefs représentant des crânes de bovins. (041 72 02 11 ; Fondamenta di San Giobbe, Cannaregio 652/B ; menu déj/dîner 17/35-40 € ; 12h-14h et 19h30-20h30 mar et jeu-sam ; Crea, Tre Archi)

Da Alberto BACARO, OSTERIA €€

17 PLAN P. 128, H5

Cette osteria historique, au menu en vitrine et aux petites tables massives, est aussi un *bacaro* où boire un verre et grignoter des *cicheti* tels que morue frite (*batacìn*) ou boulette de viande, assis ou debout au comptoir. (041 523 81 53 ; Calle Giacinto Gallina, Cannaregio 5401 ; repas 25-35 €, *cicheti* 1,60-3 € ; bar 10h30-15h et 18h30-22h30, cuisine 12h-14h30 et 18h30-21h30 ; Fondamente Nove, Rialto)

Ghimel Garden CACHER €€

18 PLAN P. 128, C2

Tenu par Bruno et Sylvie, l'établissement propose une cuisine cacher aux accents vénitiens (plats de poisson et mets végétariens, options végétaliennes et sans gluten) et organise des événements en lien avec les fêtes juives. L'été, les repas sont servis dans le jardin de la **Kosher House Giardino dei Melograni**. (041 243 07 11, 392 248 39 93/346 473 50 61 ; ghimelgarden.com ; Campo del Ghetto Nuovo, Cannaregio 2873/C ; repas 40-50 €, repas de shabbat sur réservation ; 10h-21h45 dim-jeu, 10h-12h ven, 19h-21h45 sam ; ; Guglie, San Marcuola)

Ostaria da Rioba OSTERIA €€

19 PLAN P. 128, E3

Les langoustines *in saor* à la pomme verte, le risotto à l'encre de seiche parfumé aux agrumes et la queue de lotte en croûte de fruits secs de cette *osteria* font voyager les papilles au pays gastronomique des mille et une saveurs. Au dessert, commandez une *rosada*, la *panna cotta* des Vénitiens. (041 524 43 79 ; Fondamenta della Misericordia, Cannaregio 2553 ; repas 45-65 € ; 12h-14h30 et 19h-22h30 mar-sam)

Alla Frasca OSTERIA €€€

20 PLAN P. 128, H4

Ce mouchoir de poche en activité depuis 1903 vient de retrouver son meilleur niveau. Il propose un petit nombre de plats soigneusement exécutés et de bons vins, le tout avec passion. Les nouveaux propriétaires ont su ne pas dénaturer les lieux, qui donnent sur une placette d'une absolue tranquillité. (041 241 25 85 ; Corte della Carità ; Cannaregio 5176 ; repas 50 € ; 12h-14h et 19h-21h30 jeu-dim et mar ; Fondamente Nove)

Anice Stellato RESTAURANT €€€

21 PLAN P. 128, D2

Excellentes fritures de poisson et de légumes, saumon agrémenté d'épices, raie aux noix et aux amandes ou côtelettes d'agneau en croûte de pistache, la carte de l'"Anis étoilé" sort résolument du lot. Cadre feutré et éclairage tamisé, dans un coin enchanteur de la ville. (041 72 07 44 ; www.osterianicestellato.com ; Fondamenta della Sensa, Cannaregio 3272 ; repas 55-60 € ; 12h15-14h et 19h15-22h mar-sam, 12h-14h lun ; Sant'Alvise, San Marcuola, Madonna dell'Orto)

Vini da Gigio

TRATTORIA €€€

22 PLAN P. 128, F4

Une trattoria à l'ambiance presque intime, dont les serveurs précis et attentifs discutent avec le client et sont de bon conseil. Large choix de vins, bières et spiritueux. Sur la *fondamenta* où débute *Fable de Venise*, l'un des plus célèbres albums de Corto Maltese. (041 528 51 40 ; www.vinidagigio.com ; Fondamenta San Felice, Cannaregio 3628/A ; repas 50 € ; 12h-14h30 et 19h-22h30 mer-dim ; Ca' d'Oro)

Prendre un verre

The Irish Pub

PUB

23 PLAN P. 128, F4

Un pub irlandais à la sauce vénitienne, sur une petite place très agréable et fréquentée l'été, où la bière côtoie le spritz et les *tramezzini*. Des écrans diffusent tous les matchs du football européen. (041 099 01 96 ; www.theirishpubvenezia.com ; Corte dei Pali già Testori, Cannaregio 3847 ; 10h-2h)

Sortir

Cinema Giorgione Movie d'Essai

CINÉMA

24 PLAN P. 128, G4

Animation, art et essai ou grands classiques. (041 522 62 98 ; Rio Terà di Franceschi, Cannaregio 4612 ; tarif plein/réduit/étudiant 7,50/7/6 € ; mer-lun ; Ca' d'Oro)

Casinò di Venezia

CASINO

25 PLAN P. 128, D4

Notez les fenêtres géminées à arc semi-circulaire et les médaillons en marbre, typiques du style de Codussi. L'ancienne résidence de Wagner (il y mourut en 1883) abrite aujourd'hui le casino. Accès réservé aux plus de 18 ans. (041 529 71 11 ; www.casinovenezia.it ; Palazzo Vendramin Calergi, Calle Vendramin, Cannaregio 2040 ; entrée 10 € avec jetons à utiliser aux tables de jeu ou jetons pour les machines à sous ; machines à sous 11h-2h45 dim-ven, 11h-3h15 sam, tables 15h30-2h45 dim-ven, 15h30-3h15 sam sept-14 juin, 16h-2h45 dim-ven, 16h-3h15 sam, 15 juin-août ; San Marcuola)

Shopping

La Stanza di Alice

DÉCO

26 PLAN P. 128, H4

Dans le vieux fournil familial transformé en atelier, Massimiliano crée des objets et du mobilier pour chambres d'enfants. (348 398 10

47 ; www.lastanzadialice.net ; Calle dello Spezier, Cannaregio 4799 ; 10h-19h30 lun-sam ; Fondamente Nove)

Gianni Basso

IMPRIMERIE

27 PLAN P. 128, H4

Dans cette boutique ouverte en 1984, père et fils pratiquent le noble art de l'imprimerie. Ils y impriment des cartes de visite uniques, dans un style byzantin, gothique ou vénitien, et réalisent ex-libris et ensembles d'écriture. Service d'expédition. (041 523 46 81 ; Calle del Fumo, Cannaregio 5306 ; 9h-13h et 14h-18h lun-ven, 9h-13h sam ; Fondamenta Nuove)

Elitre

CONCEPT STORE

28 PLAN P. 128, G5

Honneur à une "mode non conventionnelle" : des vêtements extravagants, des chaussures anti-coup de blues, des ouragans de couleurs, une pincée d'ironie et une bonne dose de joie de vivre. (041 877 82 29 ; www.elitre.it ; Fondamenta Trapolin, Cannaregio 5665-6 ; 10h30-13h30 et 15h-19h30 lun-sam ; Rialto, Ca' d'Oro)

Gibigiana

BIJOUX

29 PLAN P. 128, B4

La *gibigiana*, c'est cet effet créé par les rayons de soleil lorsqu'ils rebondissent sur l'eau des canaux pour aller se faufiler entre les volets et dessiner des bandelettes lumineuses sur le plafond des maisons. Les bijoux en argent et en verre de Murano de cette échoppe produisent le même effet. (041 524 28 97 ; Lista di Spagna 159, Cannaregio ; 10h-19h, 10h-20h l'été ; Ferrovia)

FallaniVenezia

CENTRE ARTISTIQUE

30 PLAN P. 128, H4

On commence par admirer un cahier noir orné de décors vénitiens, une reproduction du Grand Canal sur papier doré (5 €) ou une sérigraphie colorée sur papier imprimé (5-15 €). Après avoir visité les archives, on finit par s'inscrire à un atelier pour percer les secrets de la sérigraphie. (041 523 57 72 ; www.fallanivenezia.com ; Cannaregio 4875 ; atelier 40-100 € ; 9h30-12h30 et 15h-19h lun-sam ; Ca' d'Oro, Fondamente Nove)

The Merchant of Venice

PARFUMS

31 PLAN P. 128, E4

Par ses relations avec l'Orient, Venise vit autrefois débarquer des matières premières exotiques et des compétences nouvelles. Mis à profit par d'habiles artisans, les *saoneri* et les *muschieri*, ces apports permirent l'élaboration de parfums convoités par toutes les cours d'Europe. Cet héritage a été recueilli par la famille Vidal pour produire des fragrances uniques, vendues à la **Spezieria all'Ercole d'Oro**. (041 72 06 00 ; www.themerchantofvenice.com ; Strada Nova, Cannaregio 2233 ; 9h-12h30 et 15h-19h30 lun-ven, 9h-12h30 sam ; souvent aussi sam après-midi et dim ; Ca' d'Oro, San Marcuola)

AMPIELLO
DELLA
COLOMBA

Explorer
Castello

Baptisé ainsi à cause du fort médiéval qui s'élevait jadis sur l'îlot de San Pietro, Castello est le quartier le plus proche de la mer. Et tout ici renvoie à l'élément marin : l'Arsenal, le musée d'Histoire navale, les statues et monuments des Giardini di Castello, les tombes des capitaines à l'intérieur des églises, la toponymie… et surtout l'atmosphère plus lumineuse, plus aérée et plus chargée d'embruns que partout ailleurs à Venise. Castello accueille par ailleurs la fameuse Biennale d'art et d'architecture, ainsi que certaines des meilleures tables de la ville.

Dans ce sestiere, le plus étendu et le plus éloigné de la terre ferme, vous devrez marcher et accepter de vous perdre un peu pour découvrir l'animation de la Via Garibaldi (p. 157) et de ses nombreux bars (p. 162), la splendeur de la grandiose basilique Santi Giovanni e Paolo (p. 142) et celle, plus modeste, de l'église San Giovanni in Bragora (p. 156). Sans oublier les propositions culinaires et œnologiques de jeunes talents de la restauration, comme ceux à la tête de Local (p. 161) ou de CoVino (p. 161).

Comment y aller

Vaporetto La ligne n°1 dessert tous les arrêts de la Riva degli Schiavoni, de San Zaccaria au Lido. La ligne n°2 remonte le Grand Canal dans une direction et rallie la Giudecca dans l'autre (depuis l'arrêt "Monumento") ; elle ne continue vers le Lido que l'été. Les lignes n°4.1, 4.2, 5.1 et 5.2 effectuent un parcours circulaire dans le quartier du Castello.

Motonave Les lignes n°12 et 14 relient San Zaccaria aux localités balnéaires des environs.

Plan p. 152

Un coin de Castello ANDYPARKER72 / SHUTTERSTOCK ©

Les incontournables

Campo Santi Giovanni e Paolo

Un peu à l'écart, à hauteur de Cannaregio, la place principale de Castello est aussi l'une des plus importantes de Venise. Au centre de cet espace monumental bordant un rio lumineux trône la statue équestre de Bartolomeo Colleoni. Sur ses flancs se dressent deux édifices majeurs : la Scuola Grande di San Marco, un très vieil hôpital, et la Basilica dei Santi Giovanni e Paolo, panthéon de la Sérénissime.

PLAN P. 152, B1

Le Campo Santi Giovanni e Paolo (ou Zanipolo) se trouve un peu en retrait des parcours touristiques habituels. Les arrêts de *vaporetto* les plus proches sont Fondamente Nove et Ospedale.

La place

Jadis théâtre des cérémonies civiles et religieuses, le Campo Santi Giovanni e Paolo (contracté en Zanipolo en dialecte vénitien) demeure un lieu plaisant très fréquenté par les Vénitiens : les grands viennent y prendre le café en terrasse et les petits y jouer au ballon. Elle se caractérise par un mélange de monuments vénérables et de constructions plus simples, ces dernières sur son côté sud. Derrière la statue équestre de Colleoni, vous remarquerez une *vera da pozzo* (margelle de puits) du XVIe siècle en pierre d'Istrie finement sculptée. Provenant d'une habitation privée et placée là en 1824, elle serait l'œuvre de Jacopo Sansovino. Aux abords de l'abside latérale sud de la basilique subsiste le pavage en terre cuite d'origine, sans doute au XIIIe siècle. Le côté ouest du *campo* est longé par le Rio dei Mendicanti, qui marque la limite entre le *sestiere* de Castello et celui de Cannaregio.

Statue équestre de Colleoni

Le condottiere Bartolomeo Colleoni (1400-1475) légua à la ville 100 000 sequins d'or et exigea qu'une partie de la somme soit utilisée pour élever une statue en son honneur devant la basilique Saint-Marc. Dans une autre ville, personne n'aurait sourcillé, mais à Venise, le culte de la personnalité était interdit. De surcroît, Colleoni était suspecté de trahison. Aussi sa splendide effigie en bronze (1481-1488), réalisée par Verrocchio, fut-elle installée sur l'ordre du Sénat devant la Scuola Grande di San Marco, également dédiée à saint Marc mais beaucoup moins prestigieuse. Et quand l'oreille du cheval se détacha pendant le transport, les Vénitiens prirent même un malin plaisir à la recoller à l'envers. (Ospedale)

★ À savoir

- Les derniers héros italiens enterrés dans la basilique sont les frères Bandiera, deux patriotes du Risorgimento, dont la tombe se situe à droite de l'entrée.
- Au sud-est du *campo* débute la longue Barbaria de le Tole, rue jadis jalonnée de menuiseries où l'on rabotait les planches de bois (*tole*) pour en éliminer les barbes (*barbaria*). Elle vous mènera au cœur de Castello.
- N'hésitez pas à pénétrer dans l'hôpital public pour admirer le beau hall d'entrée.

Une petite pause ?

Da Alberto (p. 137), deux ponts après le Rio dei Mendicanti, à Cannaregio.

Basilica dei Santi Giovanni e Paolo

Construite à partir de 1234 sur un terrain donné aux Dominicains par le doge Jacopo Tiepolo, cette basilique conventuelle en forme de croix latine constitue un brillant exemple de gothique vénitien. Sa façade élancée, harmonieuse bien qu'inachevée, présente à sa base des sarcophages paléochrétiens et gothiques dans des niches. Le portail en marbre de Bartolomeo Bon (après 1459), orné de sculptures délicates et flanqué de doubles colonnes provenant d'une église de Torcello, illustre le passage du gothique au style Renaissance. L'intérieur solennel renferme les sépultures de 25 doges, inhumés entre 1249 et 1778, ainsi que les monuments funéraires des Mocenigo (contre-façade) et du gouverneur de Chypre Marcantonio Bragadin, écorché vif par les Turcs. L'édifice compte également des œuvres picturales remarquables : un *Polyptyque de saint Vincent Ferrier* de Bellini, des fresques de Véronèse au plafond de la Cappella del Rosario, une grande toile de Piazzetta, l'*Apothéose de saint Dominique,* au centre de la voûte et un retable de **Lorenzo Lotto**, l'*Aumône de saint Antonin*, dans le bras sud du transept. (☎ 041 523 59 13 ; www.basilicasantigiovanniepaolo.it ; tarif plein/réduit 3,50/1,50 € ; 🕘 9h-18h lun-sam et 12h-18h dim ; ⛴ Ospedale, Rialto)

Scuola Grande di San Marco

On doit à Pietro Lombardo, Giovanni Buora, Mauro Codussi et Jacopo Sansovino la conception de cet édifice construit entre 1487 et 1534, magnifique condensé du style Renaissance vénitien, qui fut le siège d'une des plus puissantes confraternités de la ville. La façade asymétrique en marbre, d'une grande élégance, présente au niveau inférieur des niches en trompe l'œil, plus haut des épisodes de la vie de saint Marc et le lion emblématique du patron de la cité. L'édifice abrite aujourd'hui l'hôpital public (Ospedale Civile) de Venise, qui occupe également le couvent dominicain et des pavillons modernes. À droite en entrant, l'escalier de l'architecte baroque Baldassare Longhena conduit à la **Biblioteca Storia Medicina**, dotée d'un superbe plafond sculpté et doré. (☎ 041 529 43 23 ; www.scuolagrandesanmarco.it/fr ; Campo Santi Giovanni e Paolo, Cannaregio 6777 ; tarif plein/réduit 5/3 € ; 🕘 musée 9h30-17h30 mar-sam, pharmacie et musée anatomique 10h30-17h30 lun, mer et ven, bibliothèque 10h-12h et 14h-16h mar-ven, église 9h30-17h lun-sam ; ⛴ Ospedale)

Peintres et architectes actifs à Venise

- **Mauro Codussi** (1440-1504). Il imprima un caractère spécifique à l'architecture Renaissance de Venise, où il conçut de nombreuses églises et des palais. Les cercles et incrustations en marbre polychrome sur les façades constituent sa marque de fabrique.

- **Vittore Carpaccio** (1465-1525). Novateur sur le plan formel et chromatique, ce peintre excella aussi dans le rendu de la perspective. Ses œuvres témoignent de l'histoire de la ville et de ses habitants.

- **Palma le Vieux** (1480-1528). Cet admirateur de Giorgione et de Titien a laissé à Venise quantité d'œuvres, mais n'en a signé qu'une seule.

- **Jacopo Sansovino** (1486-1570). Architecte sans rival à Venise entre 1530 et 1550, il réaménagea la place Saint-Marc, réalisant notamment la Biblioteca Marciana et la *loggetta* du campanile.

- **Titien** (1488-1576). Il offrit à la peinture une approche poétique sans précédent. Son *Assomption* (visible aux Frari) lui valut la reconnaissance.

- **Andrea Palladio** (1508-1580). Successeur de Sansovino, il s'est illustré par des constructions inspirées de Vitruve et de l'Antiquité romaine.

- **Le Tintoret** (1518-1594). Maître des effets de lumière, en particulier du clair-obscur, ce peintre maniériste se distingue par ses mises en scène dramatiques sur fond d'éléments architecturaux.

- **Véronèse** (1528-1588). Autre peintre maniériste, auteur de toiles majestueuses aux vives couleurs et empreintes de sérénité. La Chiesa di San Sebastiano, où il est aussi enterré, est couverte de ses œuvres.

- **Palma le Jeune** (1548-1628). Le petit-neveu de Palma le Vieux débuta en copiant des œuvres de Raphaël et de Titien, dont il acheva même une *Pietà* (Gallerie dell'Accademia).

- **Baldassare Longhena** (1598-1682). Partant des enseignements de Sansovino et de Palladio, cet architecte baroque marqua la Venise du XVIIIe siècle, qui lui doit en particulier la basilique Santa Maria della Salute.

- **Giambattista Tiepolo** (1696-1770). Ce peintre rococo est surtout connu pour ses fresques monumentales.

- **Canaletto** (1697-1768). Figure de proue du védutisme, célèbre pour ses vues détaillées de Venise, presque "photographiques".

- **Giandomenico Tiepolo** (1727-1804). Fils et collaborateur de Giambattista, il a su se faire un prénom en se dirigeant vers la caricature et le grotesque.

Les incontournables

Quais de Castello

De la place Saint-Marc, on peut rejoindre les zones les plus excentrées de Castello en parcourant la longue promenade des rive *(quais), qui suit tout le côté sud du* sestiere. *En chemin, vous serez ébloui par les jeux de la lumière sur l'eau et pourrez contempler par temps ensoleillé, même en hiver, les confins méridionaux de la lagune, constellée d'îles d'où pointent des campaniles et des monastères.*

PLAN P. 152, B4

Les *rive* peuvent être parcourues à pied tout du long. Les lignes de *vaporetto* n°1, 2, 4.1, 4.2, 5.1, 5.2 et 6 desservent l'intégralité de la zone. La n°1 marque tous les arrêts : San Zaccaria, Arsenale, Giardini et Sant'Elena.

Riva degli Schiavoni

Le "quai des Esclavons" porte le nom des marchands de Slavonie (en actuelle Croatie) qui y accostaient jadis à bord de leurs navires. Il s'agit du principal tronçon de la promenade, qui commence au Ponte della Paglia, point de vue sur le pont des Soupirs, et s'achève au Ponte della Ca' di Dio. Les quatre canaux qui l'entrecoupent sont autant de détours possibles vers l'intérieur du quartier de Castello. La *riva* constitue l'endroit privilégié pour admirer la partie sud de la lagune, et aussi l'île de San Giorgio Maggiore, à la pointe de la Giudecca, et les silhouettes de Saint-Marc et de la basilique Santa Maria della Salute à l'horizon. Vous découvrirez au passage le Palazzo delle Prigioni, le célèbre hôtel Danieli, le monument à Victor-Emmanuel II (1887) et la Caserma Cornoldi, reconnaissable à sa façade ocre rouge. Base de l'armée italienne, cette dernière occupe un ancien monastère transformé en caserne par Napoléon en 1806. (San Zaccaria)

Chiesa della Pietà

Construite entre 1745 et 1760, cette église conçue par Giorgio Massari ne vit sa façade achevée qu'en 1906. Trois fresques de Giambattista Tiepolo ornent l'intérieur. On raconte que Vivaldi y enseignait, mais ce n'est pas vrai, d'autant que sa forme ovale ne bénéficie pas franchement à l'acoustique ; au sommet des piliers, des crochets servaient d'ailleurs au XVIIIe siècle à hisser des tentures pour améliorer celle-ci. Le compositeur vénitien donnait en réalité ses leçons à l'Istituto per l'Infanzia della Pietà, qui existe toujours et occupait alors certaines pièces de l'actuel Hotel Metropole. (041 522 21 71 ; www.pietavenezia.org ; Riva degli Schiavoni ; église/visite guidée tribunes et musée sur rdv 3/7 € ; 10h-12h et 15h-17h jeu-ven, 10h-17h sam-dim ; San Zaccaria)

★ À savoir

- Il y a relativement peu de monde avant 9h30.
- Par beau temps, le soleil de midi inonde le secteur.
- Une fois arrivé au bout des *rive*, aux Giardini di Castello ou à Sant'Elena, vous pourrez regagner votre point de départ en *vaporetto*.

Une petite pause ?

Accordez-vous un verre ou un café à la **Serra dei Giardini** (p. 162) pendant que les enfants jouent sur la pelouse.

Museo Storico Navale

À la Riva degli Schiavoni succède la Riva della Ca' di Dio, puis la Riva San Biagio, où deux grandes ancres marquent l'entrée du Museo Storico Navale. Dans les anciens greniers de la Sérénissime, les 42 salles du musée illustrent l'histoire maritime de l'Empire et la passion de la Sérénissime pour le domaine naval. On y trouve aussi des armes impressionnantes et des dioramas du XVIIe siècle représentant les ports et les forteresses de la République autour de la Méditerranée. Le 2e étage est consacré à l'histoire de la Marine militaire italienne, et le 3e aux gondoles, dont celle de Peggy Guggenheim. Au **Padiglione delle Navi** (pavillon des Navires), installé dans les trois bâtiments de l'atelier des rames de l'Arsenal donnant sur les Fondamenta della Madonna, on peut voir de superbes vaisseaux historiques, dont le *Scalé Reale*, réservé aux cérémonies. Les passionnés de bateaux et les enfants seront aux anges. (041 244 13 99 ; www.visitmuve.it ; Castello 2148 ; tarif plein/réduit 10/7,50 € ; 10h-17h ; Arsenale)

Riva dei Sette Martiri

Le Ponte della Veneta Marina débouche à gauche sur la Via Garibaldi et en face sur la Riva dei Sette Martiri, l'ex-Riva dell'Impero bâtie dans les années 1930 et rebaptisée en hommage à sept résistants tués par le régime fasciste. Celle-ci regroupait autrefois les chantiers navals, où l'eau entrait jusque dans les ateliers. Les grands porches des habitations témoignent de cette époque. On arrive ensuite au Giardino della Marinaressa, dont le cadre paisible invite à faire une pause. Au bout de la *riva*, la Palazzina Canonica, curieux édifice néo-Renaissance appartenant au Conseil national de la recherche, jouit d'un emplacement de choix. (Arsenale)

Largo Marinai d'Italia

Cette belle esplanade lumineuse, où flottent déjà des effluves marins, s'inscrit au carrefour du Viale Garibaldi, des Giardini di Castello et du front de mer. À l'entrée des jardins, notez la **Colonna Rostrata**, qui célèbre les victoires navales italiennes. (Giardini)

Viale Garibaldi

Avenue datant de 1807, insolite parce que Venise n'a pas d'autres artères de ce type et qu'elle n'a pas l'habitude de dédier ses rues à de grandes personnalités. Ce boulevard à la vénitienne part de la lagune et s'achève devant la statue du héros de l'Unité italienne, Giuseppe Garibaldi. (Viale Garibaldi ; Giardini)

Giardini di Castello e della Biennale

Ce fut le premier jardin public de la péninsule, conçu par Giannantonio Selva entre 1808 et 1812 et voulu par Napoléon, pour qui Venise devait être pourvue d'un lieu de promenade public. Il fallut assainir les terrains marécageux et abattre

La Biennale et Scarpa

L'idée de cette manifestation a germé dans le cerveau d'un maire progressiste, le dramaturge et poète Riccardo Selvatico (1849-1901), qui souhaitait que Venise, haut lieu des arts byzantin, gothique et Renaissance, devienne aussi un écrin de la création contemporaine. En 1895 fut inaugurée l'Esposizione Internazionale d'Arte, fruit du travail de la Fondazione Biennale di Venezia, dont les premières éditions se déroulèrent dans le Palazzo ProArte, actuel Pavillon central. Depuis, 29 pavillons de pays étrangers, en plus du Pavillon italien, ont été construits dans les Giardini della Biennale, soit 30 espaces d'exposition modernistes, réalisés par de grands architectes européens (mais supervisés par Carlo Scarpa). On passe ainsi du Pavillon hongrois de style Sécession (1909) à la structure jaune et carrée conçue par Philip Cox en 1988 pour l'Australie. Entre 1948 et 1952, Carlo Scarpa est intervenu en ajoutant une mezzanine au salon du Pavillon central et en créant le jardin de sculptures.

S'imposant comme l'un des grands architectes et designers italiens du XXe siècle, Carlo Scarpa (1906-1978) a aussi signé à Venise d'autres réalisations majeures. Citons par exemple l'entrée de l'Istituto Universitario di Architettura di Venezia (IUAV ; Tolentini, Santa Croce 191), le portail du siège de la Facoltà di Lettere e Filosofia dell'Università Ca' Foscari (San Sebastian, Dorsoduro 1686) et le jardin du Palazzo Querini Stampalia (p. 154).

plusieurs édifices religieux, mais le résultat fut si beau que l'on parla d'un paradis de verdure avec platanes, tilleuls, catalpas, palmiers, acacias et arbres fruitiers. Vers la fin du siècle, le parc fut divisé en deux : 42 000 m² furent cédés à la **Biennale** (voir ci-dessus). Des sculptures et des monuments commémoratifs parsèment le parc. Parmi eux, ne manquez pas le **Monumento alla Partigiana Veneta** (dédié aux résistantes vénitiennes) d'Augusto Murer, un bronze de 1200 kg, monté sur plusieurs plates-formes en pierre d'Istrie au ras de l'eau (quand la marée ne les submerge pas), signées Carlo Scarpa. (Giardini)

Sant'Elena

En poursuivant vers l'extrémité est de la ville, via d'autres monuments, vous atteindrez le verdoyant quartier résidentiel de Sant'Elena. Celui-ci a vu le jour à l'époque fasciste grâce au comblement du vaste bras d'eau qui séparait l'île de Santa Lena (Sant'Elena) de la ville. (Sant'Elena)

Promenade à pied

Autour de l'Arsenal

Avec ses 30 hectares, l'Arsenal couvre environ 15% de la superficie totale de la ville. Si Venise revêt la forme d'un poisson, l'Arsenal en est la queue. Presque partout à Castello, le visiteur se trouve confronté à ses imposants murs d'enceinte. En faire le tour permet de découvrir des lieux cachés, pour certains inaccessibles, et d'appréhender ses dimensions gigantesques.

La promenade

Départ Campo San Pietro di Castello

Arrivée Passerella dei Bacini

Distance 1,5 km

Durée 20 min

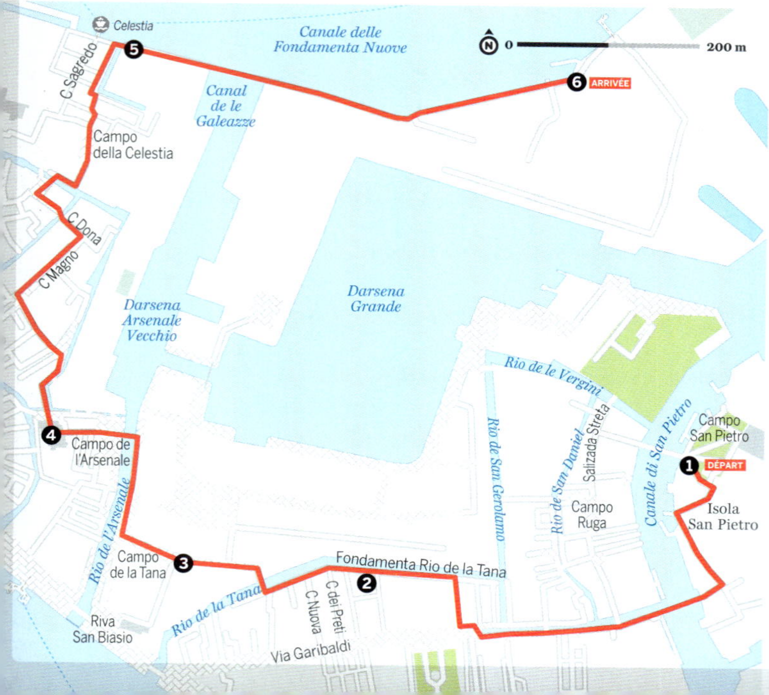

❶ Campo San Pietro di Castello

Sur cette place herbeuse se dresse la basilique éponyme, cathédrale de Venise jusqu'en 1807. Outre plusieurs peintures majeures, l'édifice renferme l'insolite trône de saint Pierre (Cattedra di San Pietro) en marbre, réalisé à partir d'une ancienne stèle funéraire islamique. Après avoir contemplé la vue sur le mur est de l'Arsenal et les tours d'accès à la Darsena Grande, empruntez le pont en fer et en bois qui conduit à la Via Garibaldi, puis la première à droite, la Calle Frizier, pour rejoindre la Fondamenta de la Tana.

❷ Fondamenta de la Tana

Parallèle à la Via Garibaldi, ce petit quai est une zone tranquille de maisons et de bateaux. Le *rio* du même nom longe le mur sud de l'Arsenal, tandis que le Rio di San Daniele, à l'extrémité orientale de la *fondamenta*, borde l'un des murs est, se faufilant au milieu de maisons qui semblent flotter sur l'eau.

❸ Corderie

Avant le bout de la Fondamenta de la Tana, un pont de fer sur la droite mène au Campo de la Tana. Suivez le très long bâtiment à droite, qui servait à la fabrication des cordages de navires. En tournant à droite au bout, vous apercevrez, au-delà de la passerelle en bois, la monumentale porte terrestre (p. 157) de l'Arsenal.

❹ Chiesa di San Martino et Campo delle Gorne

En laissant l'entrée de l'Arsenal sur votre droite, longez l'étroit *rio* jusqu'à la grande Chiesa di San Martino sur plan carré, œuvre de Sansovino. Traversez ensuite le pont en fer devant l'église pour gagner la Fondamenta dei Penini et le Campo delle Gorne. Ce dernier fait face à une longue section d'enceinte de l'Arsenal et conserve la reproduction d'un lion de saint Marc, symbole de Venise avant l'annexion de la ville par Napoléon en 1797. De là prenez à gauche la Calle del Bastion.

❺ La passerelle

Ralliez le Campo do Pozzi, puis, par la Calle Magno, le Campo Santa Ternita, franchissez le pont et suivez la Fondamenta del Cristo jusqu'au Campo della Celestia. La Calle Sagredo mène à l'arrêt du *vaporetto*, où vous prendrez le pont sur votre droite. De là, une passerelle en fer au-dessus de l'eau court le long du mur nord de l'Arsenal, offrant une perspective splendide sur Murano, Burano et les montagnes.

❻ En cale sèche

Au bout de la passerelle, outre les maisonnettes basses des militaires en garnison à l'Arsenal, se trouve l'entrée de la zone des bassins de radoub, désormais utilisée par la Biennale et en accès libre durant la manifestation.

A
B
C
D
1
2
3
4
5
6
Campo Santi Giovanni e Paolo
Libreria Miracoli
C Larga Gallina
Rio de Santa Marina
Campo Santa Marina
Barbaria de le Tole
C Cavalli
C S Francesco
Rio de San Giovanni Laterano
Rio de la Tetta
Libreria Acqua Alta
Campo San Lio
Saliz San Lio
Campo Santa Maria Formosa
C Larga S Lorenzo
Campo San Lorenzo
Rio di San Francesco
Saliz San Francesco
Corte Nova
C de l'Ogio
Rio di San Antonin
Fond San Severo
Ruga Giuffa
Rio di San Lorenzo
Rio de San Zulian
Campo della Guerra
Rio de San Zanirovo
C Lion
C dei Furlani
Rio dei Scudi
C degli Scudi
SAN MARCO
Spadaria
Campo SS Filippo e Giacomo
C de l'Arco
Salizada del Pignater
Campo di San Zaccaria
Rio del Vin
Rio dei Greci
C de la Pietà
C Gritti
Place Saint-Marc
Pont des Soupirs
C dei Albanesi
Campiello del Piovan
Quais de Castello
Riva degli Schiavoni
Rio Ca' di Dio
Riva Ca' di Dio
San Zaccaria (Danieli)
San Zaccaria (Jolanda)
San Zaccaria (Monumento V. Emanuele)
San Zaccaria (Pietà)
Arsenale
San Marco (Giardinetti)
Canale di San Marco
Canale della Giudecca
Campo San Giorgio
Darsena San Giorgio
Isola di San Giorgio Maggiore
1
2
3
4
5
6
9
10
11
12
13
15
16
17
18
19
20
21
23
24
25
26
28
29
30
31
32
33
34
35
36
37

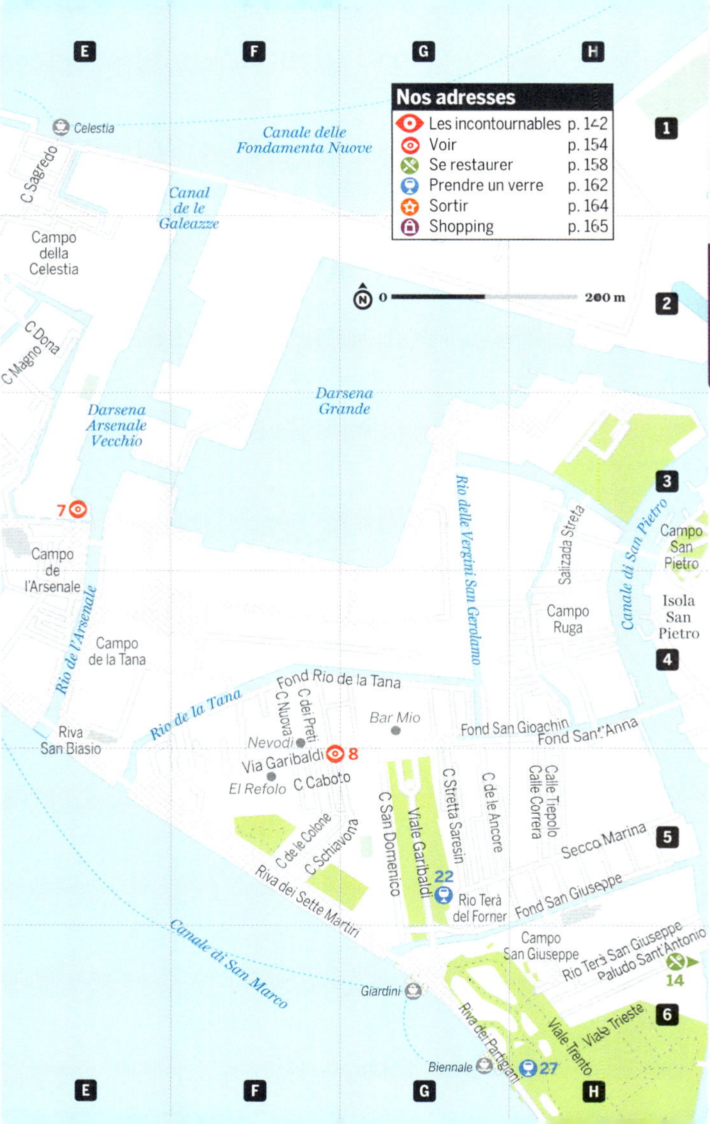
E
F
G
H
Nos adresses
Les incontournables p. 142
Voir p. 154
Se restaurer p. 158
Prendre un verre p. 162
Sortir p. 164
Shopping p. 165
0 200 m
1
2
3
4
5
6
Celestia
Canale delle Fondamenta Nuove
C Sagredo
Canal de le Galeazze
Campo della Celestia
C Dona
C Magno
Darsena Grande
Darsena Arsenale Vecchio
7
Rio delle Vergini San Gerolamo
Salizada Streta
Canale di San Pietro
Campo San Pietro
Isola San Pietro
Campo de l'Arsenale
Campo Ruga
Rio de l'Arsenale
Campo de la Tana
Fond Rio de la Tana
Rio de la Tana
C Nuova
C dei Preti
Bar Mio
Fond San Gioachin
Fond Sant'Anna
Riva San Biasio
Nevodi
Via Garibaldi
8
El Refolo
C Caboto
C Stretta Saresin
C de le Ancore
Calle Correra
Calle Tiepolo
C San Domenico
Viale Garibaldi
Secco Marina
C de le Colone
C Schiavona
Riva dei Sette Martiri
22
Rio Terà del Forner
Fond San Giuseppe
Canale di San Marco
Campo San Giuseppe
Rio Terà San Giuseppe
Paludo Sant'Antonio
14
Giardini
Riva dei Partigiani
Viale Trento
Viale Trieste
Biennale
27

Voir

Chiesa di Santa Maria Formosa

ÉGLISE

1 PLAN P. 152, A2

Témoin d'une apparition de la Vierge très *formosa* ("belle" en latin), un évêque fit bâtir cette église en 639, reconstruite en 1492 par Mauro Codussi (auquel on doit aussi l'harmonieux Palazzo Malipiero au sud-est de la place), qui en modifia le plan en croix grecque. La famille Cappello finança plus tard ses deux façades, classique (1542) sur la *riva* et baroque (1604) sur la place.
À l'intérieur, notez le polyptyque de Palma le Vieux – impressionnante sainte Barbara –, le *Triptyque de la Vierge de la Miséricorde* de Vivarini et une icône de la Vierge qui se trouvait à bord du navire-amiral de la flotte victorieuse à la bataille de Lépante (1571). Le campanile baroque présente un sommet chargé et un mascaron au-dessus de la porte (voir encadré p. 162). (www.santamariaformosa.it ; Campo Santa Maria Formosa, Castello 5267 ; tarif plein/réduit 3/1,50 € ou Chorus Pass ; 10h30-16h30 lun-sam ; Rialto, San Zaccaria)

Le campanile de San Giorgio dei Greci (p. 155)

PIERO PASINI / EDT ©

Palazzo Querini Stampalia

PALAIS

2 PLAN P. 152, A2

C'est l'une des rares demeures de la noblesse vénitienne dont le patrimoine a été presque entièrement préservé, et elle abrite en outre une bibliothèque et une salle d'archives. Au 1er étage, le **Museo della Fondazione Querini Stampalia** reflète la passion du comte pour l'esthétique XVIIIe siècle : moulures au plafond, mobilier et tapisseries somptueux, porcelaines de Meissen et de Sèvres, bustes en marbre et une pinacothèque de près de 400 œuvres. Au rez-de-chaussée s'ouvre un petit bijou de jardin à la vénitienne métissé d'influences arabes et japonaises, signé Carlo Scarpa. C'est lui aussi qui, au début des années 1960, repensa le rez-de-chaussée et ajouta l'élégant pont de fer donnant accès au bâtiment. Enfin, Mario Botta est intervenu à partir de 1994 pour créer un escalier intérieur et réaménager la boutique Q-shop (objets design et ouvrages intéressants). (041 271 14 11 ; www.querinistampalia.it ; Campiello Querini Stampalia 5252 ; musée, espace Scarpa et expos tarif plein/réduit 14/10 € ; 10h-18h mar-dim ; Rialto, San Zaccaria)

Chiesa di San Zaccaria

ÉGLISE

3 PLAN P. 152, B3

Cet édifice recèle des œuvres remarquables offertes en signe de gratitude par les parents des jeunes filles du couvent attenant. Datant du XVe siècle, la façade en marbre polychrome de Mauro Codussi est orné de bas-reliefs représentant les apôtres. La **crypte** romane de l'église primitive (Xe siècle), souvent envahie par la marée, vaut le détour. (041 522 12 57 ; Campo San Zaccaria, Castello 4693 ; 10h-12h et 16h-18h lun-sam, 16h-18h dim ; San Zaccaria)

San Giorgio dei Greci

ENSEMBLE MONUMENTAL

4 PLAN P. 152, C3

Les Grecs qui, en 1453, avaient fui Constantinople après la conquête ottomane pour trouver refuge à Venise obtinrent du Sénat le droit de fonder leur propre église orthodoxe (1539-1561). La **Cattedrale di San Giorgio dei Greci** (041 523 95 69 ; Campo dei Greci 3412 ; 9h-13h et 14h30-17h mar-sam, 9h-13h dim ; San Marco-San Zaccaria, Pietà) se distingue par son iconostase dorée riche de 46 icônes. À côté, le **Museo delle Icone – Istituto Ellenico di Studi Bizantini e Postbizantini** (041 522 65 81 ; www.istitutoellenico.org ; Campo dei Greci 3412 ; tarif plein/réduit 4/2 € ; 10h-18h sam-lun temporairement ; San Zaccaria) occupe l'ancien collège conçu par Longhena pour accueillir les étudiants grecs, lui-même érigé sur le site d'une école de grec et de latin active jusqu'en 1593. Le collège ferma une première fois en 1797, sous l'ordre de Napoléon, puis définitivement en 1905. Son bâtiment sert aujourd'hui d'écrin à une collection d'icônes grecques et vénitiennes réalisées entre le XIVe et le XVIIe siècle.

Scuola di San Giorgio degli Schiavoni

SCUOLA

5 PLAN P. 152, C2

Souvent ignorée des touristes, cette *scuola* (p. 82) est pourtant un site phare de Castello. Bâtie au début du XVIe siècle par les Dalmates résidant à Venise, elle recèle dans son oratoire un cycle de toiles de Carpaccio (1465-1525) illustrant les vies des saints Georges, Tryphon et Jérôme, patrons de la confrérie, ainsi que la *Vision de saint Augustin* – notez la partition figurant sur cette dernière et les détails macabres de *Saint Georges et le dragon* (première peinture à gauche en entrant). D'autres œuvres retiennent aussi l'attention à l'étage. (041 522 88 28 ; www.scuoladalmatavenezia.com ; Calle dei Furlani, Castello 3259/A ; tarif plein/

Ouvriers à l'Arsenal

La cloche du campanile de Saint-Marc porte le nom de Marangona, car elle rythmait les horaires des *marangoni* (charpentiers) de l'Arsenal. Ces 1500 à 2000 *arsenalotti*, comme on les appelait aussi, formaient une corporation de militaires-ouvriers instituée par la République. Gardiens des secrets du chantier naval, ils vivaient dans des maisons arborant sur la porte la fonction du chef de famille. On en voit sur la Fondamenta dei Penini, le long du canal qui entoure l'enceinte ouest de l'Arsenal (voir point 4 de la promenade p. 151).

L'*arsenalotto* était un ouvrier privilégié : son poste, qu'il héritait de son père, était garanti en cas de crise économique ou de catastrophe naturelle (peste, par exemple), il pouvait récupérer les rebuts de la production, et avait droit à une certaine quantité de vin par jour. Il se constituait une pension de retraite, qui, en cas de décès, était versée à sa femme. En cas de suppression de poste, il n'était pas licencié, mais réorienté sur d'autres missions : briser la glace des canaux en hiver, éteindre les incendies ou construire les charpentes des églises ou d'autres édifices – comme celle de la salle du Grand Conseil du palais des Doges, faite avec un système d'encastrements, sans clous.

Sur le plan politique, il était fondamental d'avoir les *arsenalotti* de son côté afin de disposer d'hommes forts et combatifs. Daniele Manin le savait bien : lors de la révolution de 1848, il se plaça immédiatement à leur tête pour chasser les Autrichiens de la ville.

groupe de plus de 15 pers 6/4 € ; 9h30-17h30 mar-sam, 13h30-17h30 lun, 9h30-13h30 dim et jours fériés ; San Zaccaria, Arsenale)

Campo Bandiera e Moro (della Bragora) — PLACE

6 PLAN P. 152, D3

Sur la place dédiée aux frères Bandiera et à leur ami Domenico Moro se dresse la **Chiesa di San Giovanni in Bragora** (041 520 59 06 ; www.sgbattistainbragora.it ; Campo Bandiera e Moro, Castello 3790 ; 10h-11h et 15h-17h, horaires variables). Cet édifice gothique tardif, à la sobre façade de briques, fut reconstruit entre le XVe et le XVIe siècle. L'intérieur vaut le détour pour l'harmonieuse fusion des styles gothique et Renaissance et plusieurs œuvres remarquables, comme le *Lavement des pieds* (1591-1592) de Palma le Jeune. C'est là qu'Antonio Vivaldi fut baptisé. (Campo Bandiera e Moro ; Arsenale)

Arsenal — ENSEMBLE MONUMENTAL

7 PLAN P. 152, E3

D'après la tradition, l'immense chantier naval où furent fabriqués pendant des siècles les vaisseaux de guerre de la République de Venise aurait été fondé en 1104. Si l'on parle depuis longtemps de le reconvertir, il s'agit aujourd'hui encore d'une zone militaire. À moins que votre visite ne coïncide avec l'une des journées d'ouverture exceptionnelle au public (voir www.comune.venezia.it/it/content/visitare-larsenale), vous ne verrez que sa magnifique **porte terrestre**, hommage monumental aux victoires navales remportées par Francesco Morosini (dit le Péloponnésien), capitaine général de mer et 108e doge de Venise, qui reconquit la Morée (Péloponnèse) au XVIIe siècle. Deux lions provenant du butin de guerre de Morosini en Grèce se dressent de part et d'autre – le plus grand présente des inscriptions runiques, sans doute gravées par des mercenaires scandinaves au service de l'empereur byzantin. Un autre lion, attribué à Bartolomeo Bon, surmonte l'entrée. À côté, la porte maritime s'ouvre entre deux tours reconstruites en 1686 lors de travaux d'agrandissement. Du haut du pont en bois qui la précède, vous pourrez apercevoir la Darsena Vecchia, bordée de *tese* (hangars en pierre). (Arsenale)

Via Garibaldi RUE

8 PLAN P. 152, F5

De la Riva dei Sette Martiri, cette rue vivante et authentique s'enfonce au cœur de ce *sestiere* populaire pour rejoindre San Pietro di Castello. Construite durant l'occupation napoléonienne

L'entrée terrestre de l'Arsenal (ci-contre)

sous le nom de Via Eugenia, en hommage au fils adoptif de Bonaparte, Eugène de Beauharnais, elle résulte du comblement partiel du Rio di Sant'Anna. Le canal, qui resurgit au bout de l'artère, accueille l'un des derniers marchands de fruits et légumes flottants. (Via Garibaldi ; Giardin, San Pietro)

Se restaurer

Alla Bragora PÂTISSERIE €

9 PLAN P. 152, D3

Brioches succulentes, *kranz* (tresses aux raisins secs) ou *kiefer* (croissants aux amandes), vous aurez l'embarras du choix au petit-déjeuner. Le jour de la Saint-Martin (11 novembre), la boutique vend les traditionnels biscuits en forme de cheval, ainsi que des *cotognate* (pâtes de coing), friandises devenues rares. (041 522 75 79 ; Salizada Sant'Antonin, Castello 3604 ; 7h-20h ; San Zaccaria)

Didovich PÂTISSERIE €

10 PLAN P. 152, A1

La maison a fait l'histoire de la pâtisserie vénitienne en intégrant l'héritage gourmand de l'occupant autrichien. Cela n'empêche pas Giovanna, qui dirige l'affaire familiale, de mettre aussi en vitrine des *sfogliatelle* napolitaines, des *tramezzini* (sandwichs au pain de mie), des quiches appétissantes et d'autres plats à emporter ou à consommer sur place. (041 523 00 17 ; Campo Santa Marina, Castello 5909 ; 7h-19h30 lun-sam)

La Mela Verde GLACIER €

11 PLAN P. 152, C3

Fabriquée exclusivement avec des fruits frais, la glace à la pomme verte qui lui donne son nom est le parfum emblématique de l'établissement ; mais les autres mettent tout autant l'eau à la bouche. Cela vaut la peine de braver la file d'attente pour un cornet au chocolat ou au citron-basilic. (348 242 09 64, 349 195 79 24 ; Fondamenta de l'Osmarin, Castello 4977/A ; boule 2 € ; 10h-23h avr-oct, 11h-19h nov et fév-mars)

Al Portego BACARO €

12 PLAN P. 152, A1

Une adresse prisée par la jeunesse, mais seulement... On peut manger à table dans la partie trattoria ou grignoter quelque chose debout près d'un tonneau. (041 522 90 38 ; www.osteriaalportego.org ; Calle della Malvasia, Castello San Lio 6014 ; *cicheti* 1-3 € ; 11h-15h et 17h30-22h ; Rialto)

Al Vecio Canton TRATTORIA, PIZZERIA €€

13 PLAN P. 152, B3

Dans un cadre intimiste, doté d'une galerie à l'étage, les convives dégustent selon la saison et l'inspiration du cuisinier de généreuses assiettes de pâtes au poisson, à l'encre de seiche

Toponymie vénitienne

La nomenclature des rues de Venise est assez unique en Italie. Les appellations *calle*, *calletta* et *callesella*, parfois accompagnées de l'adjectif *lunga* (longue) ou *larga* (large), se réfèrent clairement à leur taille. La *salizada* est initialement une voie pavée, donc plus importante. La *merceria* a pour sa part une vocation commerciale, tandis que la *ruga* (du français "*rue*"), variante de la *calle lunga*, remonte aux premiers temps de Venise. En matière de places, le *campo* (place) comporte une église, contrairement au *campiello*. Quant à la *corte*, il s'agit d'un *campiello* où l'on entre et sort par le même passage. Compromis entre la place et la rue, le *borgoloco* peut s'entendre comme une sorte de vaste cour allongée.

Quant aux dénominations de ces artères inscrites sur les *nizioleti* (littéralement "petits draps"), ces plaques de rue sous forme de grands rectangles blancs, elles racontent l'histoire de Venise. Les *nizioleti* renvoient souvent à des noms de paroisses (Campo San Polo, par exemple), des activités (Campo della Pescaria, "place de la Pêche", ou Calle dei Fabbri, "rue des Forgerons"), des communautés d'habitants (Calle degli Albanesi, "rue des Albanais", ou Fondamenta delle Convertite, "voie des Converties") ou des faits divers (Fondamenta del Malcanton, "voie du Mauvais Coin", et Calle Pugnalin, "rue du Poignard"). D'autres enfin désignent des fonctions urbaines spécifiques, à l'image du Ponte delle Tette (p. 111) et du Ponte dei Pugni (p. 83). Dans certains cas, leur origine demeure incertaine. On ignore par exemple si la Fondamenta Ca' Balà, à Dorsoduro, s'appelle ainsi à cause du palais d'une certaine famille Balà ou d'un quelconque rapport avec la kabbale.

Si vous lisez l'italien, *Curiosità veneziane* (1863), de Giuseppe Tassini, traite en détail des toponymes vénitiens. Vous trouverez cet ouvrage à la **Libreria Editrice Filippi** (p. 165). Et vous découvrirez l'histoire de Venise par le nom de ses rues dans une bande dessinée en trois volumes, *I nizioleti raccontano*, réimprimée périodiquement par des éditeurs locaux. Avec un peu de chance, vous en dénicherez un exemplaire dans une librairie comme **Acqua Alta** (plan p. 152, B2 ; ☎ 041 296 08 41 ; Calle Lunga Santa Maria Formosa, Castello 5176/B ; 🕒 9h-19h45 tlj), **Libreria Miracoli** (plan p. 152, A1 ; ☎ 041 523 40 60 ; Campo Santa Maria Nova, Cannaregio 6062 ; 🕒 9h-19h tlj) ou l'historique **Libreria Bertoni** (plan p. 50, D4 ; ☎ 041 522 95 83 ; www.bertonilibri.it ; Rio Terà dei Assassini, San Marco 3637/B ; 🕒 9h-19h30 lun-ven, 9h-13h et 15h-19h30 sam).

Rue de l'apéro

Parce qu'elle se distingue par une vie de quartier bien enracinée et commence à faire partie des itinéraires touristiques, la vivante Via Garibaldi s'anime encore davantage à l'heure de l'apéritif. Été comme hiver, quel que soit le temps, ce sympathique rituel se prolonge à grand renfort de *cicheti*. Les "garibaldiens" de souche se rendent au **Bar Mio** (plan p. 152, G4 ; Via Garibaldi, Castello 1820 ; 7h-22h lun-sam), qui prépare des *tramezzini* à la vénitienne richement garnis. Vers le milieu de la rue, **El Rèfolo** (plan p. 152, F5 ; www.elrefolo.it ; Via Garibaldi, Castello 1580 ; paninetti 2,40-3,50 € ; 12h-0h mar-dim) et **I Nevodi** (plan p. 152, F4 ; 041 241 11 36 ; Via Garibaldi, Castello 1788 ; cicheti 1,50-2 € ; 12h-0h) se tiennent l'un en face de l'autre. Dans le premier, on va surtout pour prendre un verre, assis sur de hauts tabourets, en grignotant seulement des petits sandwichs. En revanche, le second vaut aussi pour ses savoureux plats de la mer ou terriens, à déguster dans une joyeuse ambiance. Comme vous le constaterez vous-même, la rue regorge de bars et de restaurants, tous très fréquentés et parmi les plus authentiques de la ville.

ou autres recettes. Au printemps, les *castraùre* (première floraison des artichauts violets de l'île de Sant'Erasmo) figurent toujours sur la carte. Bonnes pizzas également. (041 528 71 43 ; Rugagiuffa, Castello 4738/A ; www.veciocanton.it ; repas 35 € ; 12h-15h et 18h30-22h mer-lun)

Osteria da Pampo

OSTERIA €€

14 PLAN P. 152, H6

La cuisine ligurienne rencontre celle de Venise dans cette *osteria* sans façons qui a fait de la courtoisie sa carte de visite. L'été, régalez-vous de pâtes aux coques sur une table dehors. (041 520 84 19 ; Calle Chinotto, Sant'Elena, Castello 24 ; repas 25 € ; 12h-14h30 et 19h-21h30 jeu-lun, 19h-21h30 mer)

Trattoria da Remigio

TRATTORIA €€€

15 PLAN P. 152, C3

L'endroit où les Vénitiens viennent fêter les grandes occasions. Anchois à la grecque, soupes de poisson ou *gnocchetti alla granseola* (à l'araignée de mer). Réservez. (041 523 00 89 ; Salizada dei Greci, Castello 3416 ; repas 50-60 € ; 12h30-14h15 et 19h30-21h45 mer-dim, 12h30-14h15 lun ; San Zaccaria, Arsenale)

Al Mascaron

RESTAURANT €€€

16 PLAN P. 152, B2

Des verres sans pied, les *ombre*, les grandes spécialités vénitiennes et, en prime, le style gentiment bourru qui caractérise certains habitants. La cuisine se défend bien, notamment les antipasti et les seiches. (041 522 59 95 ; www.osteriamascaron.it ; Calle Longa Santa Maria Formosa, Castello 5225 ; repas 40 € ; 12h-15h et 19h-23h lun-sam ; San Zaccaria, Rialto)

CoVino

RESTAURANT **€€€**

17 PLAN P. 152, D3

Un vrai petit *covo* ("repaire"), dont le V majuscule souligne la passion d'Andrea Lorenzon pour le vin. Clients, chefs et serveurs sont au coude à coude dans une salle qui accueille aussi la cuisine. Combinaisons de saveurs et présentations créatives. Réservez. (041 241 27 05 ; www.covinovenezia.com ; Castello 3829 ; déj 38 €, dîner 40 €, plat + dessert 27 € ; 12h45-14h30 et 19h-22h30 jeu-lun ; Arsenale, San Zaccaria)

Local

RESTAURANT **€€€**

18 PLAN P. 152, C3

Matteo Tagliapietra marie la cuisine internationale aux saveurs de la lagune. En résulte un voyage gustatif exceptionnel, orchestré avec soin par Benedetta et Luca Fullin. L'espace est lumineux et accueillant, le pain est fait maison, les spaghettis aux *garusoli* (murex) ont le goût de la mer, et le *bisato* (anguille) vous transporte dans une cabane de pêche. En bonus, un gin tonic préparé dans les règles de l'art. (041 241 11 28 ; www.ristorantelocal.com ; Salizada dei Greci, Castello 3303 ; menu dégustation 85-110 €, repas 75 € ; 12h-14h et 19h-22h jeu-lun, 19h-22h mer ; Arsenale, San Zaccaria)

Al Covo

RESTAURANT **€€€**

19 PLAN P. 152, D4

Antipasti, pâtes, viandes et poisson : ici, tout "se conçoit au marché". Les pensées matinales de Cesare ont un prix, mais cela en vaut la peine. (041 522 38 12 ; www.ristorantealcovo.com ; Campiello della Pescaria, Castello 3968 ; menu déj 46 €, menu dégustation dîner 78 €/pers pour toute la tablée, repas 55-65 € ; 12h45-14h et 19h30-22h ven-mar ; Arsenale)

Corte Sconta

RESTAURANT **€€€**

20 PLAN P. 152, D3

La "Cour cachée" a ouvert en 1900 comme débit de boisson. Une vigne centenaire en treille couvre sa cour intérieure où l'on déguste des plats contemporains : tartare de limon mariné avec crudités et mayonnaise de soja, sauté de palourdes au gingembre, araignée de mer vapeur. Délicieux menu dégustation d'antipasti (27 €). (041 522 70 24 ; www.cortescontavenezia.it ; Calle del Pestrin, Venezia 3886 ; repas 55-60 € ; 12h30-14h30 et 19h-21h30 mar-sam ; Arsenale)

Alle Testiere

RESTAURANT **€€€**

21 PLAN P. 152, A2

Le marché détermine le poisson du jour, préparé avec des aromates et des herbes sélectionnées par Bruno, le chef. En salle, Luca,

Visages de pierre

De grands mascarons, ces masques de pierre aux formes étranges, effrayantes ou caricaturales, décorent de nombreux porches, portes, arcs de fenêtres, ponts et corniches de Venise. La Ca' Pesaro (p. 112) en offre un riche échantillon. De même, l'entrée du campanile de la Chiesa di Santa Maria Formosa (p. 154) arbore un exemplaire particulièrement célèbre représentant un visage masculin déformé. Outre leur fonction décorative, ces sculptures jouaient un rôle bien précis, apparu au Moyen Âge mais surtout développé à l'époque baroque. En ces temps obscurs, l'influence du diable et son immixtion dans la vie des hommes sous les formes les plus sournoises et les plus malignes étaient rappelées aux fidèles à travers les bas-reliefs et les tableaux des églises. Plus tard, on chercha plutôt à s'en prémunir au moyen de ces sortes d'"épouvantails", qui stimulèrent la créativité des artistes et des tailleurs de pierre appelés à concevoir des faces effrayantes ou moqueuses propres à éloigner le démon. Les mascarons du pont des Soupirs (p. 53) sont une exception : ils symbolisaient par leur laideur l'abjection des criminels qui le traversaient pour rejoindre la prison.

œnologue de métier, énumère les délices de la carte : gnocchis aux crevettes et fenouil sauvage ou filet de saint-pierre parfumé aux aromates nappé d'une sauce aux agrumes. (041 522 72 20 ; www.osterialletestiere.it ; Calle del Mondo Novo, Castello 5801 ; repas 65-70 € ; 12h30-13h et 19h-21h30 mar-sam ; San Zaccaria, Rialto)

Prendre un verre

Serra dei Giardini BAR, RESTAURANT

22 PLAN P. 152, G5

Cette serre restaurée accueille un fleuriste et un bar avec jardin, où il fait bon prendre un café pendant que les enfants jouent sur la pelouse. (041 296 03 60 ; www.serradeigiardini.org ; Viale Garibaldi, Castello 1254 ; 10h-20h ; Giardini)

Aciugheta RESTAURANT, PIZZERIA

23 PLAN P. 152, B3

Accompagnant un verre au comptoir, la *pizzetta* à l'anchois est le *cicheto* phare de cette adresse historique, doublée d'une bonne pizzeria. (041 522 42 92 ; www.aciugheta.com ; Campo Santi Filippo e Giacomo, Castello 4357 ; repas 45 € ; 11h-23h ; San Zaccaria)

Inishark PUB

24 PLAN P. 152, A2

Un vrai pub irlandais qui garde pourtant l'atmosphère d'un bar de quartier. Il diffuse des rencontres sportives, en particulier tous les matchs de foot et de rugby européens, ce qui lui vaut une clientèle de locaux et d'étrangers, la plupart anglo-saxons. (041 523 53 00 ; www.inisharkpub.com ; Calle del Mondo Novo, Castello 5787 ; bières 5-6,50 € ; cocktail 7 € ; 18h-1h30)

Ossi di Seppia

BAR À VINS

25 PLAN P. 152, B1

Natif de Ligurie, Marco a travaillé dans divers bars avant d'ouvrir son *bacaro* à Venise. Outre d'excellents vins et des *cicheti* (5-15 €) originaux, on peut y commander de la *focaccia di Recco "pizzata"* (à la tomate, 5 €) et, parfois, des pâtes au pesto maison. Agréable terrasse en été. (331 275 0934 ; Fondamenta Felzi, Castello 6316, 11h-15h et 18h-0h jeu-mar)

Enoiteca Mascareta

BAR À VINS

26 PLAN P. 152, B2

Des vins soigneusement sélectionnés par Mauro Lorenzon, l'excentrique patron du lieu, à boire jusque tard le soir, pourquoi pas dehors sur des fauteuils de cinéma de récup. Cuisine savoureuse. (041 523 07 44 ; www.ostemaurolorenzon.it ; Calle Lunga Santa Maria Formosa, Castello 5183 ; 19h-2h ; repas 50 € ; San Zaccaria)

In Paradiso

BAR, BUFFET

27 PLAN P. 152, H6

L'été, sur la terrasse, quand la brise marine vous effleure et que le regard embrasse le sud de la lagune, le "Paradis" porte bien son nom. (041 241 39 72 ; www.inparadiso.net ; Giardini della Biennale, Castello 1260 ; repas 30-45 € ; cuisine 12h-21h mar-dim ; Giardini)

Londrabar

BAR

28 PLAN P. 152, B4

À défaut de passer une nuit inoubliable au dispendieux Londra Palace, on peut se contenter de prendre un café (4 €), option la plus économique, ou un cocktail (15-23 €) dans son bar sélect – un tel emplacement n'a pas de prix. (041 520 05 33 ; www.londrapalace.com/londrabar ; Riva degli Schiavoni, San Marco 4171 ; 10h30-0h30 ; San Zaccaria)

Campanile de Santa Maria Formosa (p. 154)

Paolo Brandolisio dans son atelier (ci-contre)

Oriental Bar

BAR

29 PLAN P. 152, C4

Le bar de l'Hotel Metropole, dont la directrice adore la déco de style ethnique, vous transporte tout droit en Orient. Barman très pro et service attentif. Gare toutefois à la dépense ! (041 520 50 44 ; www.hotelmetropole.com ; Riva degli Schiavoni, Castello 4149 ; 11h-1h ; San Zaccaria)

Sortir

Laboratorio Occupato Morion

ESPACE AUTOGÉRÉ

30 PLAN P. 152, D2

Dans la Venise de carte postale que nous connaissons tous, cet îlot de militantisme, de socialité et de partage résiste vaillamment depuis 1990, et c'est tant mieux. Au programme : soirées musicales et artistiques, mais aussi pizzas 100% locales, vin bio et bières de qualité. (www.facebook.com/laboratorioccupatomorion ; Salizada San Francesco della Vigna ; variables, mais presque toujours 19h-2h ven ; Celestia, San Marco-San Zaccaria)

Chiesa della Pietà

CONCERTS

31 PLAN P. 152, C4

À deux pas de l'endroit où enseignait Vivaldi, les Virtuosi Italiani (www.ivirtuosiitaliani.eu) jouent *Les Quatre Saisons* et d'autres morceaux de musique classique. (366 403 97 53 ; www.chiesavivaldi.it ; Chiesa della Pietà ; tarif plein/réduit 25/20 € ; billetterie de l'église 10h-18h mar-dim, jusqu'à 20h30 les soirs de concert ; San Zaccaria)

Shopping

Kalimala

CHAUSSURES

32 PLAN P. 152, A2

Sandales, mocassins, bottines, chaussures de bateau de toutes les couleurs et à prix accessibles (100-160 €), fabriquées à la main à Venise dans des cuirs italiens de haute qualité. (041 528 35 96 ; www.kalimalavenezia.it ; Salizada San Lio, Castello 5387 ; 9h30-19h30 lun-sam + 10h30-19h30 dim avr-déc ; Rialto)

Girani

TORRÉFACTEUR

33 PLAN P. 152, C3

"Le café des Vénitiens", tel est le slogan de ce torréfacteur installé ici depuis 1928, qui propose à présent une gamme de produits plus diversifiée. (041 72 15 00 ; www.caffegirani.it ; Campo Bragora, Castello 3727 ; 8h-12h lun-sam ; San Zaccaria, Arsenale)

Papier Mâché

ARTISANAT

34 PLAN P. 152, B2

On y vient pour rencontrer Eliana, Manuela et Stefano, des esprits éclectiques dont un des talents est de réaliser des masques en papier mâché (façonnés sur un moule négatif en plâtre, tradition oblige) décorés à la main avec des pigments naturels. (041 522 99 95 ; www.papiermache.it ; Calle Lunga Santa Maria Formosa, Castello 5174/B ; 9h-19h30 ; Rialto)

Giovanna Zanella

CHAUSSURES

35 PLAN P. 152, A2

C'est un plaisir de faire la connaissance de Giovanna et d'admirer cette joyeuse cocagne de cuirs colorés, de franges, de fleurs, de boutons et autres motifs. (041 523 55 00 ; giovannazanella.com ; Calle Carminati, Castello, San Lio 5641 ; 13h30-20h lun-sam ; Rialto)

Paolo Brandolisio

TOLETS ET RAMES

36 PLAN P. 152, B3

À 16 ans déjà, Paolo était convaincu qu'il suivrait la même voie que son maître, Giuseppe Carli. Toujours aussi motivé, il continue à tailler des *forcole* (tolets) et à raboter des rames dans le même atelier, près du Ponte dei Carmini, perpétuant un savoir-faire séculaire qui confine à l'art. (041 522 41 55 ; Castello 4725 ; 9h30-13h et 15h30-19h lun-ven ; San Zaccaria)

Libreria Editrice Filippi

LIBRAIRIE

37 PLAN P. 152, A2

Cette librairie de la Calle del Paradiso est une vraie mine d'or pour dénicher des livres d'art, d'histoire et d'autres curiosités sur Venise. (041 523 5635 ; Castello 5763 ; 9h30-12h et 15h30-19h lun-sam ; Rialto)

GALLIANO FERRO
Museo

Explorer
Îles du Nord

Lorsqu'on s'éloigne de la ville vers le nord, le paysage de la lagune est peu à peu marqué par les vastes étendues des lais, ces îlots marécageux couverts de touffes d'herbe. Ils cachent de magnifiques villages insulaires, souvenirs de l'époque où, de Grado à Comacchio, la côte adriatique était un pivot entre l'Occident et l'Orient chrétien et, plus tard, entre la Mitteleuropa et la Méditerranée.

Sur ces îles, certains témoignages historiques et artistiques n'ont rien à envier à ceux de Venise. À Murano, vous pourrez visiter le Museo del Vetro (p. 170) ou admirer les fines colonnes de la Basilica dei Santi Maria e Donato (p. 170) sur la Fondamenta dei Vetrai, où l'eau fait miroiter les jeux de lumière comme du verre.

Après un petit sandwich à l'Ai Cacciatori (p. 171) ou un déjeuner à base de spécialités vénitiennes au Duomo (p. 171), prenez le vaporetto pour Burano, son Museo del Merletto et ses maisons de toutes les couleurs, puis pour Torcello et sa très ancienne basilique (p. 175). Dînez à la Locanda Cipriani (p. 176).

Vous disposez d'un jour de plus ? Faites une excursion dans la lagune orientale (p. 178).

Comment y aller

Voir l'encadré p. 170

Plan p. 168

Murano PIERO PASINI / EDT ©

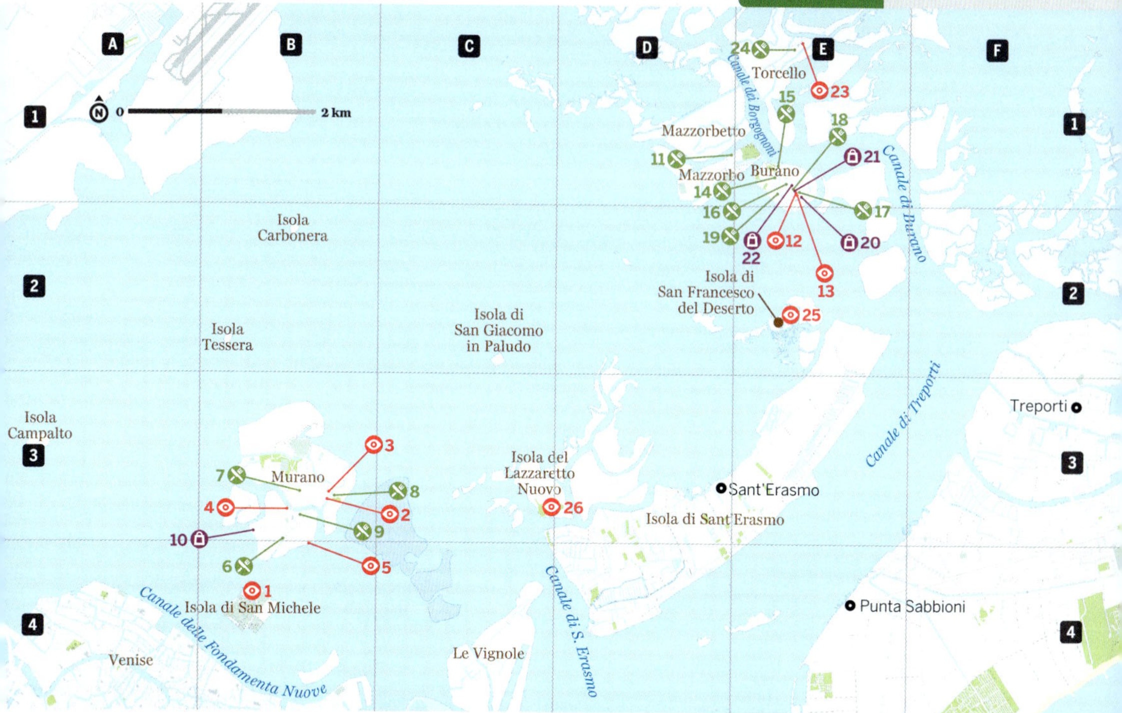
A
B
C
D
E
F
1
2
3
4
0
2 km
Torcello
Mazzorbetto
Mazzorbo
Burano
Canale dei Borgognoni
Canale di Burano
Isola Carbonera
Isola Tessera
Isola di San Giacomo in Paludo
Isola di San Francesco del Deserto
Canale di Treporti
Treporti
Isola Campalto
Murano
Isola del Lazzaretto Nuovo
Sant'Erasmo
Isola di Sant'Erasmo
Isola di San Michele
Canale delle Fondamenta Nuove
Canale di S. Erasmo
Punta Sabbioni
Le Vignole
Venise
1
2
3
4
5
6
7
8
9
10
11
12
13
14
15
16
17
18
19
20
21
22
23
24
25
26

San Michele

Voir

Chiesa di San Michele in Isola et Cimitero di San Michele ÉGLISE, CIMETIÈRE

1 PLAN P. 168, B4

Cette île à mi-chemin de Murano est fréquentée depuis le Xe siècle : on y érigea une petite église dédiée à l'archange saint Michel. Agrandi et reconsacré à plusieurs reprises, l'ensemble devint un monastère vers la moitié du XIIe siècle, puis une florissante abbaye. On termina le cloître, on rehaussa le clocher (1456), puis l'on commença à façonner l'église telle qu'elle existe aujourd'hui. En 1479, à la fin des travaux dirigés par Mauro Codussi, elle comptait parmi les plus belles constructions de Venise. Sa façade massive, sobre et immaculée, se compose de claveaux en pierre calcaire d'Istrie. L'intérieur est tout aussi harmonieux, mais comporte un élément original : l'entrée est surmontée d'un **barco** (tribune) sur toute sa largeur. Notez au centre du plafond à caissons une rosace gravée et dorée.

Au XIXe siècle, l'île fut choisie pour accueillir le cimetière de la ville. Elle fut profondément modifiée au cours du siècle et réunie à une autre île toute proche, San Cristoforo. L'église de Codussi et le monastère sont aujourd'hui intégrés au cimetière, réalisation de l'architecte Annibale Forcellini. Il mérite une longue et paisible promenade, et vous pourrez saluer certains pensionnaires célèbres, comme Ezra Pound,

Basilica dei Santi Maria e Donato (p. 170)

Serge Diaghilev, Igor Stravinski, Helenio Herrera, Luigi Nono ou Joseph Brodsky. Le carré (*recinto*) protestant est imposant. (041 729 28 41 ; 7h30-16h30 hiver, 7h30-18h été ; Cimitero)

Murano

Voir

Museo del Vetro MUSÉE

2 PLAN P. 168, B3

Dans le majestueux Palazzo Giustinian, autrefois siège de l'évêché de Torcello, le musée du Verre abrite des vestiges d'époque romaine et des chefs-d'œuvre d'art verrier, du XIVe siècle à nos jours. Dans la boutique, livres et bijoux de verre. (041 243 49 14 ; museovetro.visitmuve.it ; Fondamenta Giustinian 8 ; tarif plein/réduit 10/7,50 € ou MUVE Museum Pass ; 10h-16h30 tlj nov-mars, 10h30-18h tlj avr-oct ; Museo)

Basilica dei Santi Maria e Donato BASILIQUE

3 PLAN P. 168, B3

Cette église, probablement fondée au VIIe siècle, présente un superbe chevet doté de deux niveaux d'arcades à doubles colonnes. À l'intérieur, l'abside arbore une

Comment rejoindre les îles du Nord

- **Murano et San Michele** Les liaisons les plus régulières sont assurées par la ligne DM (Diretto Murano), au départ du Piazzale Roma, et les lignes n°4.1 et 4.2, au départ de Fondamente Nove. L'île est aussi accessible depuis l'aéroport Marco Polo (ligne bleue du *vaporetto* Alilaguna). Pour aller à Burano (et Torcello) de Murano, prenez la n°12 à Faro. Les n°4.1 et 4.2 s'arrêtent aussi à San Michele.

- **Sant'Erasmo et Le Vignole** De Fondamente Nove, le *vaporetto* n°13 conduit à l'île-potager via Murano (arrêt Faro). Il s'arrête aussi au **Lazzaretto Nuovo** à certains créneaux horaires et sur demande.

- **Burano et Mazzorbo** De Fondamenta Nuove, la traversée en *vaporetto* jusqu'à Burano dure 50 minutes, via la ligne LN (Laguna Nord) et la n°12. Toutes deux font halte à Mazzorbo, via Murano Faro.

- **Torcello** La ligne n°9 (de Burano) est la seule desservant Torcello.

- **San Francesco del Deserto** De Burano, **Laguna Fla** (347 992 29 59 ; www.lagunaflaline.it ; Via San Mauro 298, Burano ; tarif plein/–10 ans 10/5 € aller-retour ; départ 14h30, retour 15h50 mar-dim ; liaisons saisonnières, avec réservation obligatoire et un minimum de 4 passagers) vous invite à voyager à bord d'une embarcation traditionnelle restaurée. La compagnie assure aussi la liaison Altinum-Torcello-Burano.

imposante mosaïque consacrée à la Vierge. Au sol, le dallage en mosaïque (1140) déploie un rare bestiaire d'inspiration orientale : paons, aigles, griffons, dragons, coqs, renards. Derrière l'autel, notez les os légendaires d'un féroce dragon tué par San Donato (des os de baleine, en réalité). (Duomo di Murano ; 041 73 90 56 ; Campo San Donato, Murano ; 9h-18h lun-sam, 12h30-18h dim ; Museo)

Palazzo da Mula

BÂTIMENT HISTORIQUE

4 PLAN P. 168, B3

Ce spectaculaire palais gothique vénitien affiche toutes les étapes de son histoire. Les briquettes de ses façades, par exemple, sont du XIIe siècle et proviennent du bâtiment d'origine. Les blasons appartiennent quant à eux aux familles qui en furent propriétaires : au Moyen Âge, nombre de nobles optèrent pour une résidence à Murano, convaincus que la présence des fours des verreries rendait l'air plus salubre. (Da Mula)

Faro di Murano

PHARE

5 PLAN P. 168, B4

Visible de très loin, ce phare existe depuis le Moyen Âge ; alors en bois, il réfléchissait la lumière d'un feu allumé à son sommet grâce à un savant jeu de miroirs. Il est aujourd'hui en pierre d'Istrie et guide toujours les bateaux pour entrer dans la lagune. (Faro)

Se restaurer

Ai Cacciatori

BAR €

6 PLAN P. 168, B3

De belles tables en bois, des sandwichs et des **tramezzini** (1,70 €) dans une salle à l'ancienne fréquenté par les maîtres-verriers qui travaillent alentour. (339 200 68 34 ; Fondamenta dei Vetrai 69 ; 6h-21h lun-sam, 6h-15h dim ; Colonna)

La Perla (Ai Bisatei)

TRATTORIA €€

7 PLAN P. 168, B3

Hors des circuits touristiques, cette petite *osteria* jouit d'une atmosphère vraiment authentique. Les menus de viande et de poisson sont simples, savoureux, élaborés pour des travailleurs. (041 73 95 28 ; Campo San Bernardo 1 ; repas 30 € ; 10h-15h30 jeu-mar ; Venier)

Al Duomo

TRATTORIA €€

8 PLAN P. 168, B3

Après avoir visité la Basilica dei Santi Maria e Donato (ou Duomo), vous pourrez vous asseoir dans le grand jardin intérieur de cette trattoria, ou dans la salle, et savourer des spécialités vénitiennes (en saison, essayez les *moeche* frites, des crabes en mue, sans carapace). Pizza également. Très fréquenté mais agréable. (041 527 43 03 ; Fondamenta Antonio Maschio 20 ; repas 30-35 € ; 11h-22h ; Museo)

Burano (p. 173)

Busa alla Torre TRATTORIA €€/€€€

9 PLAN P. 168, B3

Cette trattoria exhibe unecollection de macarons de guides gastronomiques, mais n'en a pas perdu pour autant son atmosphère populaire d'origine. Bonne raison pour découvrir les suggestions de Lele sur l'ardoise extérieure. (041 73 96 62 ; Campo Santo Stefano 3 ; repas 30-40 € ; 11h30-15h30 ; Faro, Colonna)

Shopping

VMA VERRERIE

10 PLAN P. 168, B3

Ici, vous pourrez observer les artisans verriers au travail. Afin de vous faire une idée de leur style, gagnez le showroom ou participez à une **visite guidée** (adulte/– 11 ans 3 €/gratuit). Le prix de cette dernière sera déduit de vos achats. (Vetreria Murano Arte ; 041 73 66 66 ; www.vma-murano.it ; Calle San Cipriano 48/1 ; 9h-16h ; Colonna)

Mazzorbo

Reliée à Burano par le Ponte Longo, l'île de **Mazzorbo** (plan p. 168, D1) est une oasis de paix où l'on peut retrouver les traces de la vie d'autrefois dans la lagune. Elle comptait auparavant de nombreux lieux de culte, dont il ne reste que le splendide **Complesso di Santa Caterina** (www.parrocchiadimazzorbo.weebly.com ; 8h30-18h30 ; Mazzorbo). Sa forme actuelle date du XVIIe siècle, mais il existe depuis le XIIe siècle (voire le VIIIe siècle pour certains historiens). Son campanile décoré mérite une longue observation. L'intérieur, dépouillé, laisse place au recueillement, porté par le calme feutré de la lagune.

Se restaurer

Alla Maddalena TRATTORIA €€

11 PLAN P. 168, D1

Le menu de cette trattoria moderne et lumineuse garde la mémoire du temps où les chasseurs y apportaient leur gibier à cuisiner : la sauce au canard des tagliatelles, par exemple. (041 73 01 51 ; www.trattoriamaddalena.com ; Fondamenta Santa Caterina 7/B ; repas 40 € ; 12h-15h et 18h30-21h ven-mer ; Mazzorbo)

Burano

Avec ses maisons colorées, Burano respire la gaieté. L'idée de les peindre ainsi vient des pêcheurs, qui avaient besoin de repérer leur domicile dans le brouillard, souvent épais par ici.

Voir

Museo del Merletto

MUSÉE

12 PLAN P. 168, E1

Si la verrerie a fait la réputation de Murano, Burano doit la sienne à la dentelle (*merletto*). Ce musée en retrace l'histoire à travers une centaine de pièces du XVIe siècle au XXe siècle, collection de la Scuola dei Merletti de Burano, fondée en 1872 pour relancer cet artisanat d'art, autrefois très lucratif. Peut-être verrez-vous même dans la dernière salle une ou plusieurs dentelières au travail. (041 73 00 34 ; museomerletto.visitmuve.it ; Piazza Galuppi 187 ; tarif plein/réduit 5/3,50 € ; 10h-17h mar-dim nov-mars, 10h30-17h mar-dim avr-oct ; Burano)

Via et Piazza Baldassare Galuppi

RUE ET PLACE

13 PLAN P. 168, E1

Dédiées au compositeur Baldassare Galuppi (1706-1785), dit le Buranello, cette rue et cette place sont le cœur de la vie de Burano. Touristes et habitants s'y mêlent dans un flot continu, entre les restaurants et les boutiques de dentelle. La place est bordée par la **Chiesa di San Martino** (041 73 00 96 ; Piazza Galuppi ; 8h-12h et 15h-19h ; Burano), un édifice du XVIe siècle qui abrite une *Crucifixion* (1725-1727) de Tiepolo et la *Fuite d'Égypte* (fin du XVIe siècle) de Giovanni Mansueti. La *Vierge de Kazan* (XIXe siècle), icône russe près de l'autel, est un chef-d'œuvre d'émaux. (Burano)

Se restaurer

Garbo

BOULANGERIE, PÂTISSERIE €

14 PLAN P. 168, E1

Dans cette adresse à l'ancienne, faites votre choix parmi les *spumiglie* (meringues), les *bussolà buranelli* (biscuits en forme de S ou d'anneau), les *zaleti* (à la farine de maïs), les feuilletés à la confiture ou les *dolci del pescatore* (gâteaux du pêcheur). (041 73 02 58 ; Via San Mauro, Burano ; 8h-17h hiver, 8h-19h été ; Burano)

Fritto Misto

FRITURE €

15 PLAN P. 168, E1

Ici, on fait frire du bon poisson en continu (10 € avec des pommes de terre) et l'on finit en mangeant son assiette, en pâte à pain ! Il y a aussi des pâtes. À mi-chemin du fast-food et du *fritolìn* (échoppe où l'on faisait frire du poisson à la demande, à emporter dans un cornet), idéal pour attendre le bateau qui ramène à Venise ou celui qui conduit à Torcello. (041 73 51 98 ; Via San Mauro 312 ; repas 15-20 € ; 9h-19h nov-mars, 9h-21h30 avr-oct ; Burano)

Al Raspo de Ua RESTAURANT €/€€

16 PLAN P. 168, E1

Tableaux aux murs, enseigne d'époque et bel emplacement : l'atmosphère est son point fort. Menus de viande et de poisson, sans originalité, mais bien cuisinés. (041 73 00 95 ; www.alraspodeua.it ; Via San Martino Destro 560 ; menu viande/poisson 18,50/19,50 €, repas 25-30 € ; 11h30-15h et 16h-22h jan-oct ; Burano)

Ai Pescatori TRATTORIA €€

17 PLAN P. 168, E1

La salle climatisée comme les tables extérieures invitent à s'attarder. Soupe de poissons, spaghettis aux *bevarasse* (petites praires), poisson frit ou grillé. Service cordial, qui peut être ralenti par le coup de feu. (041 73 06 50 ; Via Baldassare Galuppi 371 ; 9h-16h oct-mars, 9h-21h30 avr-sept)

Trattoria da Romano RESTAURANT €€

18 PLAN P. 168, E1

À Burano, au début du XXe siècle. Romano Barbaro fit de sa trattoria un refuge pour les peintres. Ces derniers le gratifièrent de tableaux pour le remercier de sa bonne cuisine de la mer, laquelle a remarquablement traversé les âges dans ce restaurant-musée. (041 73 00 30 ; www.daromano.it ; Via San Martino Destro 221 ; repas à partir de 40 € ; 12h-15h mer-lun oct-avr, 12h-15h et 18h30-20h30 mer-lun mai-sept ; Burano)

Barque traditionnelle dans la lagune nord

Al Gatto Nero RESTAURANT €€€

19 PLAN P. 168, E1

Si vous ne savez que choisir au menu de ce restaurant, optez pour le risotto *alla buranella*, fait avec des *ghiozzi* (gobies-lotes) ou des *paganéi*, deux petits poissons très savoureux. Avec son service attentif et son bel emplacement, le Gatto Nero est une bonne adresse depuis longtemps. Ne passez pas à côté des biscuits maison. (041 73 01 20 ; www.gattonero.com ; Via Giudecca 88 ; repas 40-60 € ; 12h30-15h et 19h30-21h mer-sam, 12h30-15h dim ; Burano)

Shopping

Dalla Olga DENTELLE

20 PLAN P. 168, E1

Laissez-vous guider dans le monde de la dentelle par les femmes de ce magasin. Couvre-lit, napperons, nappes : chaque pièce a son histoire. (041 73 02 83 ; Via Baldassare Galuppi 105 ; 10h-18h mars-oct, 10h-17h nov-fév ; Burano)

Dalla Lidia Merletti d'Arte DENTELLE

21 PLAN P. 168, E1

C'est une boutique, mais aussi un musée. Contemplez les cols des XVIe-XVIIe siècles, les chemins de table, les éventails, la robe de mariée de 1850 ou le mouchoir de Napoléon. (041 73 00 52 ; www.dallalidia.com ; Via Baldassare Galuppi 215 ; 9h30-17h30 oct-mars, 9h30-18h30 avr-sept ; Burano)

Carmelina Palmisano BISCUITS

22 PLAN P. 168, E1

Les authentiques biscuits de l'île, les *essi buranei* (en forme de S), sont surtout faits à la maison, et chacun a sa recette secrète. Mais si vous voulez les goûter, venez ici. Une ligne Palmisano est également vendue en supermarché, mais ceux de la pâtisserie sont bien meilleurs, surtout les grands. (041 73 00 10 ; Via Baldassarre Galuppi 335 ; 8h-20h ; Burano)

Torcello

Voir

Basilica di Santa Maria Assunta ÉGLISE

23 PLAN P. 168, E1

La structure massive de cette église est visible de plusieurs endroits de la lagune. Sa sobre façade cache de somptueuses mosaïques réalisées jusqu'au XIIIe siècle à la feuille d'or, devant lesquelles on peut passer des heures. Admirez la *Vierge Odigitria* dans l'abside, le *Christ Pantocrator* dans la chapelle de droite et le *Jugement dernier* sur la contre-façade, et cherchez les inscriptions en latin et grec mêlés de vénitien.

Sur la place de l'église, on trouve le trône d'Attila, sur lequel le Hun se serait assis après s'être installé dans la lagune. En réalité, il s'agit plutôt d'une chaire ecclésiastique, effectivement très ancienne.

Découvrez l'histoire de l'île au **Museo di Torcello** (041 73 07 61 ; www.museoditorcello.provincia.venezia.it ; Piazza Torcello ; tarif plein/réduit pour groupe d'au moins 10 pers 3/1,50 €, billet cumulé avec la basilique 8/6 €, avec basilique et campanile 10/8 € ; 10h30-17h30 mar-dim avr-oct, 10h30-17h mar-dim nov-mars ; Torcello). Il est installé dans le Palazzo dell'Archivio (XIIe siècle) et dans celui du Consiglio (XIIIe siècle) : le premier abrite la section archéologique, le second les sections médiévale et moderne. (basilique 041 73 01 19 ; tarif plein/réduit 5/4 €, billet cumulé avec le musée 8/6 € ; 10h30-17h30 mars-oct, 10h-16h30 nov-fév ; visites guidées toutes les 45 min avr-oct)

Se restaurer

Locanda Cipriani RESTAURANT €€€

24 PLAN P. 168, E1

Cet excellent restaurant garde le souvenir d'Hemingway, qui venait dans la lagune nord pour chasser le canard et boire de grandes quantités d'Amarone della Valpolicella, vin rouge qu'il chérissait. (041 73 01 50 ; www.locandacipriani.com ; Piazza Santa Fosca 29 ; menu viande/poisson 55/65 €, repas 75 € ; 12h-15h mer-lun, 12h-15h et 19h-21h ven-sam, fév-déc ; Torcello)

San Francesco del Deserto

Voir

Convento di San Francesco del Deserto COUVENT

25 PLAN P. 168, E2

Dès que l'on pose le pied sur l'île, proche de Burano et reconnaissable à ses cyprès, on est gagné par un sentiment de calme. Il y a, du reste, un couvent aux deux cloîtres splendides, une église qui garde les traces d'une plus ancienne église byzantine, et un oratoire

Croisières et voile

- **Eolo** (349 743 15 52 ; www.cruisingvenice.com). Petites croisières à bord d'un *bragozzo*, l'*Eolo*, embarcation à voile sillonnant jadis la lagune. Possibilité de croisières gourmandes avec *cicheti* (tapas vénitiennes) ou dîner à bord en option. Adressez-vous à Mauro Stoppa.

- **Vento di Venezia** (041 520 85 88 ; www.ventodivenezia.it ; Isola della Certosa ; Certosa) est une marina de 320 anneaux, avec site de réparation et de remisage. On y trouve une école de voile et un loueur de kayaks et de vélos, ainsi que des sentiers de promenade dans la nature, des vignobles, un hôtel de 18 chambres et un bar-restaurant.

où saint François lui-même s'arrêtait pour prier. Il y passa en effet au retour de la cinquième croisade et fut hébergé par le noble vénitien Jacopo Michiel, qui avait une maison sur l'île. Celui-ci légua toute sa fortune aux Franciscains, qui résident toujours sur l'île, ou plutôt qui y sont retournés en 1856, après l'avoir abandonnée 50 ans en raison des désacralisations napoléoniennes – c'est ainsi que l'île gagna son surnom : "du Désert". Le week-end, les frères accueillent toute personne désirant faire une retraite ici. (☎ 041 528 68 63 ; www.sanfrancescodeldeserto.it ; don libre ; 🕐 9h-11h et 15h-17h mar-dim)

Sant'Erasmo

L'île de **Sant'Erasmo** (plan p. 168, D3), parmi les plus grandes de la lagune, a toujours eu une vocation agricole : on la surnomme le "potager de Venise". On apprécie particulièrement les *castraùre*, bourgeons de première floraison des artichauts cultivés ici, mais également tous les autres légumes, le raisin et le produit de sa fermentation (fête du Moût le 1er dimanche d'octobre) et autres délices, comme le miel de fleur d'artichaut. Par une journée ensoleillée, se promener sur l'île est une belle expérience : on est à la fois à la campagne et à la mer. Le côté sud-est de l'île donne sur les quais du port du Lido (p. 186) et sur une longue plage fouettée par la brise marine. (⛴ Chiesa)

Lazzaretto Nuovo

Voir

Tezon Grande

ÉDIFICE

26 ◉ PLAN P. 168, C3

Datant du XVIe siècle, cet entrepôt long de 100 m se trouve sur une île d'un grand intérêt historique et anthropologique. C'est là que faisaient étape les navires dont la cargaison était soupçonnée de véhiculer la peste. Ils étaient alors désinfectés par fumigation et mis en quarantaine. Aux murs, des inscriptions d'origine (faites à l'oxyde de fer mélangé à du blanc d'œuf) rappellent des événements de l'époque, de l'élection des doges à l'examen des scellés. Pour éviter d'égarer les marchandises au long des 40 jours, les *bastazi* (magasiniers) laissaient leur poinçon sur le mur afin de pouvoir identifier précisément l'endroit où ils les avaient entreposées. Cette île est de nos jours une zone de recherche fondamentale pour l'histoire de la lagune, livrant depuis des décennies des témoignages et des objets archéologiques de grand intérêt : céramiques, monnaies, amphores et ossements. (Isola del Lazzaretto Nuovo ; Ekos Club e Archeoclub d'Italia Onlus ; ☎ 041 244 40 11 ; www.lazzarettonuovo.com, www.archeove.com ; don bienvenu ; 🕐 visite guidée sans réservation à 9h45 et 16h30 sam-dim avr-oct ; ⛴ Lazzaretto Nuovo)

Les incontournables

Lagune orientale

Loin de la ville, voici un environnement naturel préservé, avec son maillage de canaux, de lacs, de marais lagunaires, de fermes, de maisons de pêcheurs et d'espaces de valliculture riches en élevages d'anguilles, de bars, de dorades et de loups de mer. Partez à pied ou à vélo à la découverte de ces paysages et goûtez cette sensation d'être seul au monde, à l'exception des aigrettes ou des mulets qui font quelques bonds hors de l'eau.

Comment y aller

Punta Sabbioni est reliée à Venise (ligne n°14, 40 min, toutes les 30 min), Burano (ligne n°12, 30 min, 1/heure), Murano (ligne n°12, 60 min, 1/heure) et Torcello (ligne n°12, 35 min, 11/jour).

Cavallino-Treporti

La péninsule de Cavallino-Treporti s'avance dans l'Adriatique avec son cortège de canaux et de lais. Treporti est le village le plus intéressant de la commune, avec son église du XVIIe siècle. Son nom ("trois ports") vient de ce qu'il a été bâti sur trois îles, scandées par autant de canaux communiquant avec la lagune.

Lio Piccolo

Ce bourg rural, situé sur une île où l'eau et la terre semblent se confondre, possède une petite église du XVIIe siècle et un beau campanile qui semble surgir des lais comme par enchantement. C'est un plaisir de s'y rendre à vélo, mais gare aux moustiques !

Punta Sabbioni

Son nom rappelle que l'action conjuguée des vents et des marées a créé de nombreuses dunes, comme aux Alberoni (p. 183). Point d'arrivée du ferry en provenance de Venise, vous y trouverez un bar, des billetteries, des parkings et un service de location de vélos. Entre Cavallino et Punta Sabbioni s'étendent 15 km de sable doré, avec une mer adaptée aux plus petits, des dunes et des pinèdes.

Témoignages historiques

Près de l'embarcadère ACTV de Treporti, où accostent les ferries en provenance de Burano, se dresse l'ancienne **Ricettoria**, un bâtiment administratif dédié au recouvrement des droits de douane à l'époque autrichienne. En regardant vers le littoral interne de la lagune, vous remarquerez des tours télémétriques qui, avec les forts, moins visibles, faisaient partie des infrastructures militaires installées après 1917 et la défaite de Caporetto, quand l'offensive autrichienne fut arrêtée sur le Piave, à quelque kilomètres de là.

★ À savoir

- Les **Delizie del Parco** (www.gliaromi.com), savoureuses conserves, confitures et sauces artisanales, sont vendues dans les boutiques locales et sur Internet.
- On peut également rejoindre la péninsule de Cavallino-Treporti depuis Burano avec la ligne n°12.

Une petite pause ?

Sous sa tonnelle, le restaurant **Le Manciane** (041 65 89 77, 339 817 31 31 ; mancianeinlaguna.com ; Via Lio Piccolo 29, Cavallino-Treporti ; repas 30-40 € ; 12h-14h et 19h15-21h30 mer-lun, l'hiver sur réservation) sert de l'anguille, du poisson frit, d'exquises sardines *in saor* (à l'aigre-douce) et de délicieux plats de pâtes. Excellents plats de poisson et de viande grillée au **Tiepolo** (041 530 08 23 ; Via Ca' Tiepolo 37, Cavallino-Treporti ; repas 25 € ; 9h-15h et 9h-22h mar-dim, mars-oct), agritourisme typique.

Explorer
Îles du Sud

La lagune méridionale s'étend à l'est et au sud de la Giudecca. Sur d'amples miroirs d'eau semblent flotter de petites îles, riches en art et en histoire, jadis occupées par des monastères, des hôpitaux, des fortifications. Certaines continuent à abriter des institutions religieuses, culturelles ou hôtelières, d'autres sont en proie à l'abandon. Le Lido et Pellestrina, quant à elles, font office de barrière contre les assauts de la mer. La seconde île semble un fil fragile jeté dans l'eau. La première est la station balnéaire de Venise, et elle vous enchantera par ses villages de pêcheurs et son architecture Liberty qui a servi de décor au film Mort à Venise *de Visconti.*

Pour les visiter, vous aurez le plaisir d'alterner les moyens de transport. De Venise, des vaporetti vous conduiront à San Giorgio Maggiore pour voir la basilique et la Fondazione Cini (p. 186) ou aux îles de San Servolo (p. 186) et de San Lazzaro (p. 191). Au Lido, du Piazzale Santa Maria Elisabetta, vous pourrez enfourcher un vélo ou prendre un bus pour vous rendre sur les plages ou vous promener sur la côte (p. 182).

Au Lido, l'offre de restauration dépasse largement la sélection que nous proposons. Si vous êtes sur les autres îles, il vous faudra revenir à Venise pour vous sustenter.

Comment y aller

La ligne de **vaporetto** n°2 va à San Giorgio ; la n°20, à San Servolo et à San Lazzaro ; les n°1 et 2 et le **ferry** n°12 vont au Lido. De là, l'**autobus** de la ligne n°11 vous conduit à Pellestrina (et même à Chioggia).

Plan p. 184

Sur une plage du Lido PIERO PASINI / EDT ©

Promenade à vélo

Du Lido à Pellestrina

Au Lido, louez un vélo sur le Piazzale Santa Maria Elisabetta (p. 190), où vous débarqueront les vaporetti en provenance de la ville, et découvrez l'univers balnéaire de Venise, fait de dunes de sable, de longs remblais en pierre d'Istrie, de pinèdes ombragées et de tamarins. Même si les établissements privés sont légion, les possibilités d'accès libre à la mer restent nombreuses.

À savoir

Départ Oasi di San Nicolò

Arrivée Oasi di Ca' Roman

Distance 30 km

Durée 1 journée

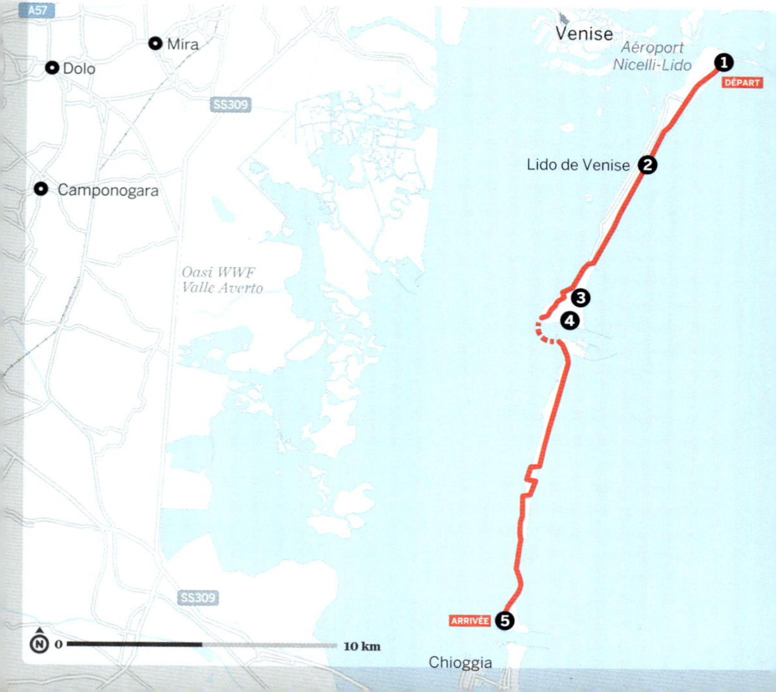

❶ Oasi di San Nicolò

La pointe nord du Lido est occupée par cette réserve naturelle. Elle est située à l'est de la zone urbanisée, et vous la rejoindrez en prenant la Via Klinger après le Piazzale Ravà. Le long de la route défilent des établissements balnéaires historiques dédiés aux forces de l'ordre et aux militaires, ainsi que des structures privées. Au-delà de la route commence la réserve : une plage libre d'accès dans une nature que nous vous invitons à respecter. (A ; Piazzale Ravà)

❷ Les *murazzi*

Le long des îles du Lido et de Pellestrina, des portions de littoral (praticables à vélo) sont caractérisées par un remblai en pierre d'Istrie. Outre une longue plage de sable, cette côte présente de nombreuses digues qui s'avancent dans la mer sur 30 ou 40 m ; elles arborent depuis longtemps de curieuses paillotes, construites avec des matériaux de récupération apportés par la marée. (V ; Marconi Coralli)

❸ Les Bagni Alberoni

Cet établissement balnéaire est l'un des plus anciens du Lido. Avec une petite cinquantaine de parasols et leur plage privée, ces *bagni* sont peu coûteux et bien équipés. Le **bar** (041 526 56 88) sert d'excellents spritz. (041 73 10 29 ; www.bagnialberoni.com ; juin-sept ; località Alberoni, Lido ; A, 11 ; Alberoni Ca' Rossa)

❹ Oasi WWF delle Dune degli Alberoni

Avant le XIXe siècle, ce secteur n'existait pas. Le Forte Veneziano degli Alberoni, érigé au XVIIe siècle pour défendre l'entrée du port (et aujourd'hui au cœur d'un parcours de golf, à 800 m de la plage), était encore léché par la mer. En 1872, la construction d'un môle sur le côté nord de la Bocca di Malamocco favorisa l'accumulation de sable, que le vent – surtout la bora, soufflant du nord-est – ne tarda pas à transformer en dunes de 8 à 10 m (sable blanc sur les plages, gris dans les terres). Pour finir, Dame nature recouvrit les dunes d'une végétation de milieu aride et flanqua l'ensemble de zones humides rétro-dunaires, vite peuplées d'une faune et d'une flore trop heureuses de s'offrir un habitat dans cette région vierge. (348 268 64 72 ; www.dunealberoni.it ; località Alberoni, Lido ; A, 11 ; Alberoni Ca' Rossa)

❺ Oasi di Ca' Roman

Sur l'île de Pellestrina, cette oasis comportant des plages et une pinède offre un écosystème unique fort intéressant. Vers 1700, la plage fut consolidée par la Sérénissime, avec la construction du Forte Barbarigo. Après avoir longtemps logé des colonies de vacances, les bâtiments du fort accueillent désormais des associations s'occupant de personnes handicapées. (Pellestrina ; 11 ; Pellestrina Cimitero)

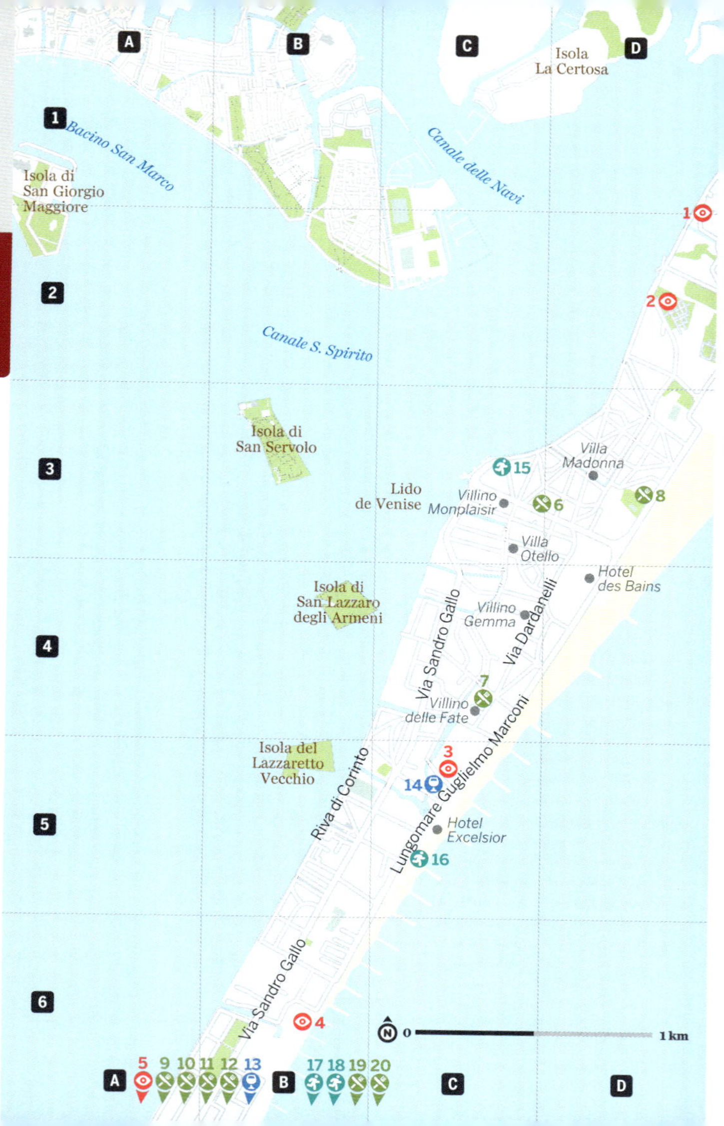
A
B
C
D
1
2
3
4
5
6
Isola La Certosa
Bacino San Marco
Isola di San Giorgio Maggiore
Canale delle Navi
Canale S. Spirito
Isola di San Servolo
Lido de Venise
Villa Madonna
Villino Monplaisir
Villa Otello
Hotel des Bains
Isola di San Lazzaro degli Armeni
Villino Gemma
Via Sandro Gallo
Via Dardanelli
Villino delle Fate
Isola del Lazzaretto Vecchio
Riva di Corinto
Lungomare Guglielmo Marconi
Hotel Excelsior
1
2
3
4
5
6
7
8
9
10
11
12
13
14
15
16
17
18
19
20
0
1 km

San Giorgio Maggiore

Rattachée à San Marco (à 400 m de là), cette **île** (plan p. 184, A1) est ainsi nommée pour la distinguer de San Giorgio in Alga, située de l'autre côté de la Giudecca. Au Xe siècle, la République en fit don aux Bénédictins, qui y bâtirent les premiers édifices, que le tremblement de terre de 1223 détruisit. La lente renaissance de l'île débuta avec la consécration d'une nouvelle église en 1419. Le XVIe siècle est sa période la plus florissante, marquée par la construction de la **Basilica di San Giorgio Maggiore** (041 522 78 27 ; www.abbaziasangiorgio.it ; Isola di San Giorgio Maggiore ; 9h-19h avr-oct, 8h30-18h nov-mars ; campanile tarif plein/réduit 6/4 € ; San Giorgio), commencée en 1566 par Palladio et achevée par Longhena en 1611. Sa superbe façade est typique des créations néoclassiques palladiennes. L'intérieur, ample et majestueux, conserve des peintures de Carpaccio – dont un magnifique *Saint Georges tuant le dragon* de 1516 –, Palma le Jeune, Sebastiano Ricci ou Bassano. Ne manquez pas les œuvres du Tintoret : la *Récolte de la manne*, la *Lapidation de saint Étienne* et *La Cène*, réalisées de 1592 à 1594. La **Cappella dei Morti** abrite sa dernière œuvre, la *Déposition*. Le sommet du **campanile** de Benedetto Buratti, rebâti en 1791 après l'écroulement de l'édifice en 1467, ménage le meilleur point de vue sur Venise et sa lagune.

San Giorgio Maggiore (ci-dessus)

S.BORISOV / SHUTTERSTOCK ©

À droite de la basilique se trouve l'entrée du couvent, aujourd'hui siège de la **Fondazione Giorgio Cini** (041 271 02 09, 041 271 02 37 ; www.cini.it ; Isola di San Giorgio Maggiore ; tarif plein/réduit 16/14 € ; visite guidée à chaque heure pleine 10h-15h mi-déc à mars et 10h-18h avr à mi-déc ; San Giorgio Maggiore). Fondé au Xe siècle, le couvent doit sa configuration actuelle à de longues et complexes campagnes de travaux réalisées entre 1494 et 1680. C'est Vittorio Cini – un ministre de Mussolini qui démissionna pour divergence avec le Duce – qui créa cette fondation pour honorer la mémoire de son fils Giorgio, mort dans un accident d'avion. L'institution ouvrit ses portes en 1951, permettant au public d'admirer les **cloîtres** du couvent, l'**escalier monumental** de Baldassare Longhena et le réfectoire palladien, qui abrite la reproduction numérique des *Noces de Cana* de Véronèse, réalisée en 2007 par l'artiste Adam Lowe, un expert en fac-similés. Cette projection vient rappeler que ce chef-d'œuvre trônait ici avant que Napoléon ne l'emporte au Louvre. Admirez également la **Biblioteca Vecchia** et la **Biblioteca Nuova della Manica Lunga**. Le parc, très intéressant, abrite le **Teatro Verde**, un projet de Carlo Scarpa de 1952.

En 1799, après la chute de la Sérénissime, mais avant sa fermeture par Napoléon en 1806, San Giorgio accueillit le conclave qui élut le pape Pie VII.

San Servolo

Situé entre San Giorgio et le Lido, l'îlot fait miroiter sur la lagune son église baroque, la **Chiesa di San Servolo** (plan p. 184, B3), ses deux campaniles et les longs murs de son monastère. Celui-ci, à partir de 1725, abrita un asile (*manicomio*), où Franco Basaglia – psychiatre vénitien qui fit fermer les asiles d'Italie en 1978 – mena ses recherches. À la descente du *vaporetto* venant de San Zaccaria (Monumento), vous pourrez vous promener parmi des jardins luxuriants et des monuments du XVIIIe siècle, des cloîtres et des réfectoires devenus les locaux de la Venice International University. L'îlot accueille aussi des fêtes et des concerts. Le passionnant **Museo del Manicomio** (041 862 71 67, 9h-16h ; museomanicomio.servizimetropolitani.ve.it ; sanservolo@coopculture.it ; tarif plein/réduit 6/4,50 € ; 14h45-17h15 ven, 11h30-17h15 sam-dim ; visite 10h45 et 14h lun-jeu sur réservation) est dédié à la grande figure de l'antipsychiatrie qu'était Basaglia. (San Servolo)

Lido

À voir

Chiesa di San Nicolò

CENTRE HISTORIQUE

1 PLAN P. 184, D1

San Nicoletto, comme l'appellent les Vénitiens, est le protecteur des gens de mer. L'église qui lui est dédiée, située dans le quartier historique le plus septentrional de l'île du Lido, fut fondée au XIe siècle et rebâtie en 1626 ; elle conserverait les reliques de saint Nicolas (le conflit avec Bari, censée les conserver aussi, est sans fin), qui auraient été rapportées d'Asie Mineure. Sur les eaux en face du centre, on célèbre depuis mille ans les Épousailles avec la mer, la Festa de la Sensa, en dialecte : autrefois, le doge jetait dans la mer un anneau d'or pour symboliser l'alliance entre la ville et le royaume de Poséidon, garantie de richesse et de splendeur pour la ville (c'est désormais le maire de Venise qui s'en charge). Promenez-vous entre les maisons, entrez dans l'église du XVIIIe siècle, longez, au calme, la lagune vers le nord et observez, sur la rive opposée, le Forte Sant'Andrea, partie du système de fortifications qui a toujours protégé la ville. (Lido ; en été, aussi San Nicolò et A, San Nicolò Chiesa)

Un ghetto pour "protéger"

Selon les législateurs vénitiens, le système de ségrégation du ghetto était voué à garantir à la communauté juive un lieu de résidence "protégé". Sur le même principe, pour remédier aux insultes, aux lancers d'objets et aux crachats sur les bateaux qui transportaient les défunts du ghetto jusqu'au cimetière juif du Lido, les autorités mirent en place un parcours alternatif passant en dehors de la ville, bien plus long, qui aujourd'hui encore se nomme le Canale dei Marrani. Le terme "marranes", autrefois péjoratif, désigne les juifs séfarades issus de la péninsule Ibérique qui, au Moyen Âge, avaient été contraints de se convertir au christianisme, mais continuaient de pratiquer le judaïsme en secret.

Antico Cimitero Ebraico

CIMETIÈRE

2 PLAN P. 184, D2

On raconte que lord Byron, avant de regagner à la nage depuis le Lido sa demeure sur le Grand Canal, se promenait à cheval et allait se recueillir sur les tombes de ce cimetière juif, dont l'état d'abandon lui paraissait follement romantique. En effet, l'Antico Cimitero Ebraico, un des premiers d'Europe après celui de Prague, avait été abandonné à la chute de la Sérénissime, qui depuis la fin du XIVe siècle en avait garanti l'existence. La sépulture la plus ancienne, celle d'un certain Samuel, remonte à 1389, année où débuta la construction du cimetière. La fascination qu'exerce ce lieu, visitable uniquement sur réservation auprès du Museo Ebraico (p. 125), et géré aujourd'hui encore par la communauté juive vénitienne, est due à l'effet poétique produit par l'enchevêtrement des tombes (l'usage veut que les corps ne soient jamais exhumés) et par sa splendide position sur la lagune, parmi des arbres séculaires. (Riviera San Nicolò ; 041 71 53 59 ; www.museoebraico.it ; visite guidée 90 € + billet individuel tarif plein/réduit 12/10 € ; tlj sur réservation ; Lido ; en été aussi San Nicolò et A, San Nicolò Cipro)

Palazzo del Cinema ÉDIFICE

3 PLAN P. 184, C5

Le style rationaliste de cet édifice aux lignes sévères reflète la modernité de son époque, qui vit Giuseppe Volpi, comte de Misurata, bâtisseur de l'édifice et ministre du gouvernement fasciste, promouvoir la Mostra, le festival du film de Venise, et ainsi lancer le développement du tourisme de luxe au Lido. (Lido)

Murazzi DIGUE

4 PLAN P. 184, B6

Dès le temps des *palade* (palissades de pieux et de pierres), les habitants de Pellestrina (p. 192) ont lutté sans relâche contre la fureur de la mer. Après l'édification de la colossale digue des *murazzi*, en 1744, les îliens ont enfin pu se détendre. Au cours du temps, l'ouvrage fut étendu à la côte du Lido ; tout en gardant sa fonction première de barrière contre les eaux, la digue est devenue un magnifique lieu de promenade avec vue sur la mer. Elle mesure (avec quelques interruptions) près de 18 km de long, débute à la pointe sud du Lungomare Marconi et rejoint Ca' Roman, à l'extrémité sud de l'île de Pellestrina. (Lido et V, Marconi Coralli)

Malamocco CENTRE HISTORIQUE

5 PLAN P. 184, A6

Metamaucum avait été construite au Ve siècle près de la mer, à 2 km de sa position actuelle, et fut probablement détruite par un raz-de-marée au XIIe siècle. On rebâtit alors Malamocco en un lieu moins exposé. Le site est une île dans l'île, car cerné par un canal. Entrez par le **Ponte di Borgo**, un de ses accès historiques, terminé par une arcade monumentale. Parcourez le Rio Terà, puis visitez la **Chiesa di Santa Maria Assunta** (041 77 07 15 ; Campo della Chiesa 1 ; 8h30-18h). Face à l'église se dresse le **Palazzo del Podestà**, édifice gothique du XVe siècle (aujourd'hui la mairie) qui arbore un haut-relief avec un cerf, symbole de la ville. (Lido et A, Malamocco Centro)

Se restaurer

Magiche Voglie GLACIER €

6 PLAN P. 184, C3

Les meilleures glaces du Lido vous attendent sur le Gran Viale. L'été, Luca se met en quatre pour surprendre ses clients, notamment avec des glaces façon *granita*. (347 794 39 92 ; Gran Viale Santa Maria Elisabetta 47/G ; 12h-22h mar-ven,

11h30-22h sam et 11h-22h dim juin-sept, variables mars-mai et oct-nov ; Lido)

Maggion
PÂTISSERIE €

7 PLAN P. 184, C4

Sergio et Matteo, père et fils, sont deux figures du coin, qui préparent avec le sourire gâteaux et tourtes, petits-fours sucrés et salés, petites pizzas et millefeuilles. (041 093 59 05 ; Via Dardanelli 48, Lido ; 9h-13h et 16h-20h mer-dim ; Lido)

El Pecador
SANDWICHS €

8 PLAN P. 184, D3

Pendant la saison balnéaire, à l'entrée de la plage Zona A, un vieux bus britannique à impériale prépare depuis des décennies des sandwichs réputés. Les vieux habitués demandent un Te Spiego ou un Senegal, mais la clientèle est plutôt jeune, voire très jeune. Sert jusqu'à tard dans la nuit. (324 837 37 15 ; Lungomare D'Annunzio ; sandwichs 3,50-5,50 € ; 10h-2h ; Lido)

El Cason
TRATTORIA €/€€

9 PLAN P. 184, A6

Tout près des *murazzi*, de bonnes pizzas, avec espace pour enfants et soirées musicales dans une ambiance chaleureuse et alternative. Après dîner, on ouvre le Tiki Lounge, le bar du jardin intérieur. (041 526 08 37 ; www.ristoranteelcason.it ; Via Giovanni Pividor 15 ; repas 25 € ; 17h-0h mer-lun ; Lido et A, Gallo Giolito)

Da Scarso
TRATTORIA €€

10 PLAN P. 184, A6

La trattoria de Gino Scarso est une institution à Malamocco ; elle apparaît même dans *L'Ange à la fenêtre d'Orient*, une aventure de Corto Maltese, profondément liée à l'île. Le marin d'Hugo Pratt (l'auteur avait une maison dans le coin) y mangeait du *sfogio* (un type de sole), et la trattoria en sert toujours. Chiara, la nièce de Gino, a pris le relais sans rien changer au lieu, avec sa cuisine de poisson sans fioritures, ses tableaux représentant la lagune, ses modèles de bateaux en bois et son jardin couvert de vigne vierge et ponctué d'outils marins. (041 77 08 34 ; Piazzale Malamocco 5 ; repas 25-35 € ; 10h30-15h et 18h-21h30 mer-dim, 10h30-15h lun avr-oct, 10h30-15h mer-lun fév-mars et nov ; Lido et A, 11, Malamocco Centro)

Al Ponte di Borgo
OSTERIA €

11 PLAN P. 184, A6

Rien de plus marin que ce petit restaurant, bondé le week-end mais calme les autres jours ; vous y dégusterez les pâtes *alla malamocchina* (crabe et fruits de mer), des fritures et des grillades au calme dans le jardin, des *cicheti* dans la salle ou installé à une table dans la rue, mais toujours devant un verre de *prosecco*. (041 77 00 90 ; Calle Mercerie 27 ; repas 35 €, assortiment cicheti 10-15 € ; 9h-23h mar-sam, 9h-18h dim ; Lido et A, Malamocco Centro)

Ai Murazzi

RESTAURANT €€€

12 PLAN P. 184, A6

Le décor de cette maison donnant sur les *murazzi* évoque la cambuse d'un navire. C'est l'endroit l'idéal pour boire une bière après une journée de vélo ou de plage, avant d'enchaîner sur le dîner. (388 799 32 30 ; Via dei Kirchmayer 16 ; repas 45 € ; 10h30-23h45 tlj été, 10h30-23h45 ven-dim hiver ; Lido et A, Gallo dei Kirchmayer)

Prendre un verre

Energy Darshan

BAR, ESPACE CULTUREL

13 PLAN P. 184, B6

Ses gestionnaires ont choisi de faire de ce lieu une ode au silence, tout en invitant régulièrement un DJ dans le bar lounge. Comme le précise Osho, le silence n'a de valeur que si un bruit vient le souligner. C'est pourquoi le calme règne parmi les maisonnettes du jardin, où l'on pratique yoga et méditation, tandis que le bar accueille un concert de bières, de ping-pong et de cuisine indienne en version buffet. Parasols et petits matelas sur la plage. (339 119 93 17 ; www.oshoyatrilandvenezia.com ; Via Alberoni 41/A, Lido ; 9h-0h ven-dim mi-mai à mi-sept ; Lido et A, Alberoni Murazzi)

Stèle à San Lazzaro degli Armeni (p. 191)

PIERO PASINI / EDT ©

Lion's Bar

BAR

14 PLAN P. 184, C5

Né dans les années 1920 de l'imagination un peu baroque et Art nouveau de Giovanni Sicher, le Lion's est incomparable. Hélas, le bar le plus prestigieux du Lido n'ouvre que pendant la Mostra – le gotha du cinéma vient alors y siroter un café à toute heure du jour et de la nuit. (Lungomare Marconi 31, Lido ; pendant la Mostra ; Lido et V, 11, Palazzo del Cinema)

Activités

Cicli Gardin

LOCATION VÉLOS

15 PLAN P. 184, C3

Louez un **vélo** (8 €/jour) pour explorer tranquillement le Lido et Pellestrina. (041 276 0005 ; www.biciclettegardin.com ; Piazzale Santa Maria Elisabetta ; 9h-19h tlj mars-oct ; Lido)

L'éclectisme architectural du Lido

Le style apparu sur cette île au début du XXe siècle ne manquait pas de variété, influences néoromanes, néogothiques et néobyzantines se fondant avec l'Art déco et l'Art nouveau. Pour vous en faire une idée, passez devant les édifices suivants : le **Villino Monplaisir** (1906 ; plan p. 184, C3 ; Gran Viale, restaurant Al Canton del Gallo), la **Villa Otello** (plan p. 184, C3 ; Via Lepanto 12) et son portail aux paons signé Umberto Bellotto, les proches **Villino Gemma** (1905-1906 ; plan p. 184, C4 ; Via Dardanelli 22) et **Villino delle Fate** (1914 ; plan p. 184, C4 ; Via Dardanelli 50), ou encore la **Villa Madonna** (plan p. 184, D3 ; à l'angle de Via Aquileia et Via Zeno). Autre bel exemple, l'**Hotel Des Bains** (1900 ; plan p. 184, D4 ; Lungomare Marconi 17), malheureusement fermé, où furent tournées des scènes de *Mort à Venise*. Et vous serez émerveillé devant les coupoles et les fenêtres géminées de l'**Hotel Excelsior** (1908 ; plan p. 184, C5 ; Lungomare Marconi 41), qui, depuis toujours, fait partie du décor de la Mostra de Venise.

Freetime Diving — PLONGÉE

16 PLAN P. 184, C5

Formations variées et plongées en eaux peu profondes et sur épaves. (335 675 07 11 Andrea, 339 484 04 91 Alessandra ; www.freetimediving.it ; Lungomare Marconi 52, près de la plage de l'Excelsior ; 9h30-18h30 juin à mi-sept ; Lido et V, 11, Marconi Loredan)

Arcieri del Leon — TIR À L'ARC

17 PLAN P. 184, B6

L'occasion de décocher une flèche au bord de la lagune fait saliver tous les passionnés, tout en attisant la curiosité des néophytes : ce centre contentera les uns comme les autres. (041 276 02 23 ; www.arcierileon.it ; Via Malamocco 141/B ; 8h-22h ; Lido et A, Malamocco Stagnino)

Circolo del Golf Venezia — GOLF

18 PLAN P. 184, B6

Un green de 100 ha protégés par le WWF, avec 18 trous et un bar ayant vu passer des célébrités plus ou moins fréquentables, du duc de Windsor à Adolf Hitler. (041 73 13 33 ; www.circologolfvenezia.it ; Via Strada Vecchia 1, Alberoni, Lido ; semaine/week-end 80/95 € ; 8h30-18h30 mar-dim hiver, 8h-20h mar-dim été ; Lido et A, 11, Alberoni Golf)

San Lazzaro degli Armeni

La momie égyptienne la mieux conservée d'Europe, un plâtre de Canova, un autographe de Pierre le Grand, une sphère en ivoire tibétaine dont les ciselures ont requis vingt-cinq années de travail : quel rapport avec la lagune ? Ces pièces font partie, avec des centaines d'objets du monde entier, 4 500 manuscrits en langue arménienne (la plus grande collection au monde) et 170 000 ouvrages, du trésor immense de l'îlot de **San Lazzaro** (plan p. 184, B4), siège de la congrégation mékhitariste arménienne de Venise.

Le lien entre les Arméniens et Venise existe depuis longtemps. Mais quand, au début du XVIIIe siècle, la Sérénissime décida d'accueillir l'abbé Mékhitar fuyant les persécutions des Turcs et de lui donner l'île jadis siège d'un lazaret (p. 73), le lien se transforma en histoire d'amour. Et la congrégation est encore aujourd'hui une référence chère au cœur des Arméniens dans le monde entier. L'île est une oasis de paix, de culture, d'histoire et d'art. Jusqu'en 1995, elle accueillait une imprimerie réputée, compte de nombreux édifices du XVIIIe siècle, une église avec un campanile à bulbe, des potagers, des vignes et des jardins. Les moines, toujours souriants, sont autosuffisants et accueillent les visiteurs une fois par jour pour leur montrer les beautés de leur musée et de leur bibliothèque. (☎ 041 526 01 04 ; Isola di San Lazzaro degli Armeni ; visite guidée tarif plein/– 15 ans 6/3 € ; prendre le *vaporetto* n°20 qui part à 15h10 de San Zaccaria ; San Lazzaro degli Armeni)

Pellestrina

De toutes les îles qui séparent Venise de la mer Adriatique, Pellestrina est la plus mince et semble la plus fragile. Mais enserrée entre deux grandes étendues d'eau, c'est elle qui a gardé les aspects les plus authentiques et les plus strictement maritimes. Sur la partie qui précède l'**Oasi di Ca' Roman** (p. 183), l'île est constituée exclusivement de la digue en pierre d'Istrie des **murazzi** (p. 183 et p. 188).

Jusqu'à très récemment, Pellestrina était uniquement une île de pêcheurs ; aujourd'hui, bien que toujours liée aux rythmes des saisons et du travail en mer et en lagune, c'est aussi un lieu de visites et de promenades. Elle est divisée en quatre zones : **Santa Maria del Mare** et **Ca' Roman** aux extrémités nord et sud, et, au milieu, deux bourgs, **San Piero in Volta** et **Pellestrina**. La possibilité de se baigner dans une eau plus limpide qu'ailleurs (plages en accès libre), ses vues splendides sur la lagune sud, ses hameaux – avec quelques églises modestes mais gracieuses – et sa bonne cuisine font qu'elle mérite vraiment le détour. Le vélo est idéal pour la visiter, mais il existe aussi un bus qui part de l'île du Lido. Quel que soit le moyen de transport choisi, Pellestrina n'est accessible qu'en ferry, dont l'embarcadère se trouve à l'extrême sud de l'île du Lido. Si vous avez déjà pris le bus, vous pourrez utiliser le même billet ; sinon, vous devrez l'acheter à bord, auprès du marin. (11)

Se restaurer

Da Celeste RESTAURANT €€/€€€

19 PLAN P. 184, B6

Au crépuscule, cap sur la terrasse de ce restaurant pour admirer les reflets rosés du ciel sur la lagune, avant de déguster la cuisine de Rossano : *polentina* aux crevettes et pot-au-feu de la mer avec cigales, araignée, poulpe et bigorneaux. Réservation conseillée. (041 96 73 55 ; www.daceleste.it ; Via Vianelli 625/B, Pellestrina ; repas 40-50 € ; 12h-14h30 et 19h-21h15 jeu-mar mars-oct ; 11, Madonna dell'Apparizione)

Da Nane RESTAURANT €€€

20 PLAN P. 184, B6

Le week-end, les employés à l'amarrage des barques viennent de Venise et de la lagune pour déguster une des meilleures cuisines traditionnelles de la lagune. Depuis les tables de la terrasse à l'étage, le panorama est magnifique ; les plats sont frais et préparés à l'ancienne. Le service n'est pas toujours impeccable et les prix pas vraiment populaires, mais cela reste une bonne adresse. (041 527 91 00 ; San Piero in Volta 282 ; repas 50 € ; 12h-14h30 et 19h-21h30 mar-dim ; 11, San Pietro Belvedere)

Une plage du Lido (p. 186)

4KCLIPS / SHUTTERSTOCK ©

Vaut le détour

Chioggia

Le charme de Venise mêlée à la franchise du marin. La vocation première de Chioggia est certes la pêche, comme en témoignent les embarcations qui pénètrent jusqu'en son centre. Mais la ville vit aussi au rythme de la terre ferme depuis la construction du pont qui la relie au continent (1921), et au rythme saisonnier de ses plages et activités balnéaires. Bâtie à l'extrême sud de la lagune, "la fausse jumelle" de Venise vous séduira par sa grâce et sa simplicité.

Comment y aller

Depuis Venise, il faut d'abord se rendre au Lido avec les lignes de *vaporetto* n°1, 4.1, 5.1, 6 et 12 ou encore, mais en été seulement, la n°2 ; puis prendre l'autobus de la ligne 11 jusqu'à Pellestrina et prendre le ferry à l'extrême sud de l'île.

À voir

La ville est formée de quatre îles séparées par des canaux parallèles et d'un îlot au nord-est. Le cœur de la vie citadine est le Corso, toujours fréquenté. Il débute à la Piazzetta Vigo, où accoste le ferry qui vient de Pellestrina, et passe sous la **Torre di Sant'Andrea** (389 898 69 72 ; Rione Sant'Andrea ; 10h30-11h30 et 16h30-17h30 tlj), haute de 30 m et dotée depuis 1389 de l'une des horloges les plus anciennes au monde (en état de marche). Le cours se fond ensuite dans le tohu-bohu de la **Pescheria** (Corso del Popolo ; 8h-13h mar-dim), un des marchés au poisson les plus importants de l'Adriatique, avant de s'achever près de la **Cattedrale di Santa Maria Assunta** (041 40 04 96 ; www.cattedralechioggia.it ; Rione Duomo 77 ; 8h30-12h et 15h-18h30), réalisée par Baldassare Longhena. Quelques pas de plus et vous voilà devant le **Museo Civico della Laguna Sud** (041 550 09 11 ; museo.chioggia.org ; Campo Marconi 1 ; tarif plein/réduit 4/2 €, billet combiné avec le Museo di Zoologia Adriatica Giuseppe Olivi 5 € ; 9h-13h mar-ven, 9h-13h et 15h-18h sam-dim sept-juin, 9h-13h mar-mer, 9h-13h et 21h-23h jeu-dim juin-sept), qui comporte des sections anthropologie, histoire et ethnographie. Le **Museo di Zoologia Adriatica Giuseppe Olivi** (041 40 17 74 ; www.museoolivi.it ; Riva Canal Vena 1281 ; tarif plein/réduit 4/2 €, combiné avec le Museo Civico della Laguna Sud 5 € ; 9h-13h mar-ven et dim, 9h-13h et 15h-18h sam sept-juin, 18h-23h mar-dim juin-août) se situe sur le quai qui longe le canal principal de la ville ; c'est un musée intéressant sur la biodiversité et les écosystèmes marins et lagunaires. Faites aussi un tour dans la plus petite île pour visiter la **Chiesa di San Domenico** (340 3932324 ; 8h30-12h et 15h-18h30 ; Piazza San Domenico), qui conserve un crucifix auquel les *Chioggiotti* vouent une immense dévotion, un *Saint Paul* (1520) de Carpaccio et divers ex-voto, peintures naïves réalisées sur des planches récupérées sur des épaves, offerts par les pêcheurs rescapés de naufrages.

Une petite pause ?

Il **Baruffino** (345 357 42 22 ; 7h-2h, mer-lun mars-oct), sur la Piazzetta Vigo, est un bar lounge idéal pour siroter un spritz ou un cocktail plus élaboré. Pour manger du poisson, cap sur l'**Osteria Penzo** (041 40 09 92, 347 252 82 92 ; www.osteriapenzo.it ; Calle Larga del Bersaglio 525 ; repas 40 € ; 12h15-14h30 et 19h15-22h mer-dim), pour découvrir ses gnocchis aux palourdes ou ses calamars farcis. La **Taverna di Nadia e Felice** (041 40 18 06 ; www.tavernachioggia.com ; Via Felice Cavallotti 348 ; repas 45 € ; 9h-14h20 et 19h-22h lun-mer et ven-sam, 9h-15h dim) sert du crabe, des fritures et des raviolis de poisson dans un décor élégant.

Carnet pratique

Libreria Acqua Alta (p. 159) IHOR SERDYUKOV / SHUTTERSTOCK ©

Avant de partir

Hébergement

- À Venise, la plupart des hôtels occupent des résidences d'époque, souvent du XVIIIe siècle. Ils sont assez souvent luxueux et coûteux, et c'est également le cas des hôtels de charme qui proposent en général peu de chambres, mais très soignées, disposées autour d'une cour. De plus, l'afflux de touristes, surtout le week-end, fait vite grimper les prix du vendredi au dimanche. L'ensemble de la ville étant d'un charme incroyable, même loin de la place Saint-Marc, il suffit de chercher un peu pour trouver un bon rapport qualité/prix. Pour les séjours d'une durée moyenne à longue, l'appartement est la meilleure option : Venise en est pleine, et de tout type. Enfin, certains hébergements sont plus abordables : pensez aux auberges de jeunesse (de qualité), aux résidences universitaires qui ouvrent leurs portes aux touristes en été, mais aussi au tout petit camping situé au Lido.
- À Venise, la basse saison commence avec les premières marées hautes (*acqua alta*) de novembre et s'achève avant le Carnaval. À cette période, vous pourrez obtenir des réductions sans avoir à réserver très à l'avance.

Venise

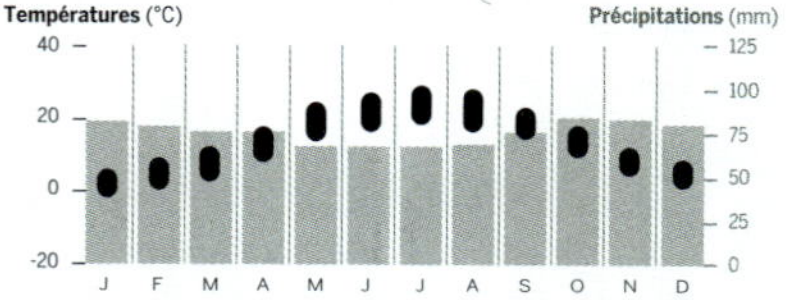

Quand partir

- **Printemps** Un climat idéal : en avril-mai, la lumière est incomparable.
- **Été** Chaleur et foule. Toutefois, le climat est variable et après une journée ensoleillée, il n'est pas rare qu'une averse tombe en soirée.
- **Automne** Hormis le mois de septembre, durant lequel la ville est d'une beauté saisissante, c'est la saison de la montée des eaux, souvent liée à des vents forts.
- **Hiver** L'humidité aidant, l'hiver est froid, mais il neige rarement.

Sites Internet

Lonely Planet (www.lonelyplanet.fr). Réservations hôtelières et renseignements pratiques.

Regione Veneto (www.veneto.eu ; en français). Site officiel de la région. En bas de page, dans la rubrique "Planifiez votre voyage", cliquez sur "Où se loger".

Petits budgets

Antico Capon (www.anticocapon.com). Le sympathique Elia vous accueillera dans ce petit hôtel.

Locanda Sant'Anna (www.locandasantanna.com). Un décor de carte postale d'antan dans un recoin de Castello.

Generator Hostel (staygenerator.com/destinations/venice). Superbe auberge de jeunesse historique de la Giudecca (p. 93).

Catégorie moyenne

Campiello Zen (www.campiellozen.com). Ce B&B va vous faire penser à la maison de vos rêves.

Kosher House Giardino dei Melograni (www.pardesrimonim.net). Pour s'imprégner de l'atmosphère du Ghetto, dans l'ancienne Casa di Riposo Israelitica.

Hotel Ca' Formenta (www.hotelcaformenta.it). Petit palais du XVe siècle à Castello.

Catégorie supérieure

Hotel Flora (www.hotelflora.it). Charmant hôtel doté d'un jardin verdoyant.

La Calcina (www.lacalcina.com). Hôtel d'époque le long des grands quais.

Hotel Giorgione (www.hotelgiorgione.com). Hôtel resplendissant, orné de miroirs et de verres colorés.

Arriver à Venise

Avion

- Situé à 12 km de Venise, à l'est de Mestre, l'**aéroport Marco Polo di Venezia Tessera** (VCE ; ☎ 041 260 61 11 ; www.veniceairport.it ; Viale Galileo Galilei 30/1, Tessera) est l'aéroport principal pour les vols européens comme pour les vols internationaux. Les compagnies low-cost atterrissent à l'aéroport Antonio Canova de Trévise (TSF ; ☎ 0422 31 51 11 ; www.trevisoairport.it ; Via Noalese 63), situé à 36 km de Venise. Pour les trajets aéroports-Venise, voir p. 33.

Depuis la France

- **Air France** (www.airfrance.fr) propose des vols directs réguliers Paris-Venise, à partir de 80/130 € l'aller-retour en tarif light/économique. **Hop** (www.hop.fr) assure des vols directs depuis Lyon ou d'autres villes françaises, avec escale. **Ryanair** (www.ryanair.com/fr) commercialise des vols quotidiens entre Paris-Beauvais et l'aéroport de Trévise, à partir de 35 € l'aller-retour sans bagage en soute et 3 vols par semaine au départ de Bordeaux à partir de 120 € dans les mêmes conditions. **Easyjet** (www.easyjet.com/fr) dessert aussi Venise depuis Paris-Orly ainsi que Lyon, Marseille, Toulouse, Bordeaux et Nice. Quant à **Transavia** (www.transavia.com), elle propose quelques vols au départ de Nantes.

Depuis la Belgique

- **Brussels Airlines** (www.brusselsairlines.com/fr-be/) assure des vols directs pour Venise à partir de 75 € aller-retour sans bagage en soute. **Ryanair** (www.ryanair.com/be/fr) dessert Trévise au départ de Bruxelles-Charleroi à partir de 40 € aller-retour, sans bagage en soute.

Depuis la Suisse

- **Easyjet** (www.easyjet.com/ch-fr) propose des vols depuis Bâle, Genève ou Zurich. Les tarifs les plus intéressants débutent à 50 CHF sans bagage en soute. **Swiss** (www.swiss.com) relie Zurich à Venise à partir de 65 CHF l'aller-retour avec un bagage à main.

En bus

Les principaux bus longue distance ont leur terminus sur l'Isola Nuova del Tronchetto et sur le Piazzale Roma.

- **FlixBus** (www.flixbus.fr ou www.flixbus.ch) et **Eurolines** (www.eurolines.fr et www.eurolines.ch) proposent des départs pour Venise de plusieurs villes italiennes et européennes. Comptez un trajet miminal de 16 heures 30 pour un direct Paris-Venise.
- **Azienda del Consorzio Trasporti Veneziano** (☎ 041 24 24 ; www.actv.it). En charge des transports publics de la commune de Venise (bus desservant diverses localités en dehors de la ville et les *vaporetti*).
- **Azienda Trasporti Veneto Orientale** (☎ 0421 59 44 ; www.atvo.it). Dessert la Vénétie orientale et relie les aéroports de Venise et de Trévise. Pour les horaires et les tarifs, consultez le site web.

Voiture et moto

Un réseau routier d'autoroutes, de nationales et de routes régionales permet d'accéder facilement à Venise. Les autoroutes de référence sont : l'**A4 Torino-Trieste** (la Serenissima), souvent embouteillée, qui passe par Mestre (sortie Venezia) ; la **A22 Brennero-Modena** (sortie Verona, puis A4) ; l'**A13 Bologne-Padoue** (sortie Padova) ; et l'**A27 Belluno-Venise**. Les routes nationales qui mènent à Venise sont la SS13 Pontebbana, la SS14 della Venezia Giulia et la SS309 Romea. Signalons également la route régionale SR11 Padoue-Venise. Une fois arrivé sur le Ponte della Libertà, à Mestre, vous devrez obligatoirement laisser votre voiture dans un des parkings du Piazzale Roma ou sur l'Isola del Tronchetto. Le ferry n°17 pour le transport des véhicules fait la navette de l'île du Tronchetto au Lido (13 € par véhicule jusqu'à 4 m, passager sans/avec City Pass Venezia Unica 7,50/1,50 €).

Parkings

Les parkings de Venise se situent sur le Piazzale Roma ou sur l'Isola del Tronchetto. Aux heures de pointe, les places se font rares : certains parkings proposent un service de réservation en ligne.

Il revient moins cher de se garer à Mestre puis de prendre le bus (1,50 €) ou le train (1,35 €) pour rejoindre Venise.

- **Autorimessa Comunale** (☎ 041 272 7301 ; avm.avmspa.it/it/content/autorimessa-comunale-0 ; Piazzale Roma ; 26-29 €/jour, réduction en ligne ; 24h/24). Le plus grand parking (2 182 places pour voitures et 300 pour deux-roues) du Piazzale Roma. Réservation en ligne possible ; 12 heures gratuites pour les personnes handicapées (14 places disponibles).

- **Garage Europa Mestre** (041 95 92 02 ; www.garageeuropamestre.com ; Corso del Popolo 55, Mestre ; 15 €/24 heures, divers tarifs horaires ; 8h-22h). Pour rejoindre Venise, les bus n°4 et 4L de la compagnie ACTV ont un arrêt devant ce parking couvert qui se trouve à 10 minutes à pied de la gare de Mestre.
- **Interparking** (Parking Tronchetto ; 041 520 75 55 ; www.veniceparking.it ; Isola del Tronchetto ; 6/21 € pour 2/24 heures ; 24h/24). Plus grand (3 957 places) et plus économique pour 24 heures que le parking du Piazzale Roma. Après le Ponte della Libertà, suivez les indications pour Tronchetto. Du parking, un *vaporetto* conduit à la place Saint-Marc. Le monorail People Mover dessert le Piazzale Roma avec un arrêt près de la gare maritime.

Train

Si vous ne venez pas de trop loin, c'est très agréable et très pratique de se rendre à Venise en train.

La **gare Venezia Santa Lucia** (Fondamenta Santa Lucia) donne sur l'extrémité ouest du Grand Canal. Il s'agit de la plus grande gare ferroviaire de la région, qui dessert les principales villes italiennes et certaines destinations internationales. Elle est aussi desservie par les trains à grande vitesse de Trenitalia (www.trenitalia.com) et d'Italo (www.italotreno.it) en provenance de l'Italie centre-sud et de Suisse (www.ffs.ch). Attention, la **gare Venezia Mestre** (Viale Stazione) se situe sur la terre ferme, à 10 minutes en train de la gare de Venezia-Santa Lucia par le Ponte della Libertà.

Depuis la France

- **Thello** (www.thello.com) propose chaque jour, et dans les deux sens, une liaison de nuit entre Paris-Gare de Lyon et Venezia Santa Lucia, via Dijon, Milan et Vérone. Il existe plusieurs niveaux de confort ; à partir de 29 € l'aller dans un compartiment de 6 couchettes et 85 € en cabine 2 lits.

Depuis la Belgique

- Il n'existe pas de train direct entre la Belgique et Venise. Pour voyager de nuit, ralliez Paris d'où part le train de nuit **Thello** (ci-dessus).

Depuis la Suisse

- La **CFF** (www.sbb.ch/fr/) propose chaque jour un train direct de Genève à Venezia Santa Lucia (à partir de 86 CHF l'aller). De Zurich et Bâle, le plus court consiste à passer par Milan.

Depuis/vers les aéroports de Venise

- Les **bus** de la compagnie **ATVO** (☎0421 59 46 72 ; www.atvo.it) assurent la liaison entre l'aéroport Marco Polo et le Piazzale Roma (8/15 € aller/aller-retour, 20 min). Le bus n°5 d'**ACTV** (☎041 24 24 ; www.actv.it) effectue le même trajet (8 €, environ 30 min).
- **Barzi Bus Service** (www.barziservice.com) propose une navette directe de l'aéroport de Trévise jusqu'au parking du Tronchetto (12 €, 40 min, 8h-20h50 vers Venise et 6h-19h30 vers Trévise, 1 ou 2 bus/heure), d'où prendre le monorail pour le Piazzale Roma. Celle d'**ATVO** (www.atvo.it) passe par Mestre et mène au Piazzale Roma (12 €, 1 heure 10, 8h-21h55 vers Venise, 5h30-19h vers Trévise, 1 ou 2 bus/heure).
- **Bateau-taxi** Le **Consorzio Motoscafi** (☎041 522 23 03 ⏲9h-18h lun-ven, 041 522 23 03 ⏲18h-21h lun-ven et 24h/24 sam-dim ; motoscafivenezia.it) propose un service de bateaux-taxis depuis/vers la ville. Le tarif de l'aéroport à la gare de Venezia-Santa Lucia est de 110 € jusqu'à 4 personnes ; de 5 à 10 personnes (au maximum), comptez un supplément de 10 €/pers.
- **Vaporetto Alilaguna** (☎041 240 17 01 ; www.alilaguna.it). Trois lignes relient l'embarcadère de l'aéroport (à 8 min à pied du terminal) et plusieurs quartiers de Venise (15/27 € aller/aller-retour, de 45 à 90 min selon la destination). Le prix comprend un bagage et un sac à main. Les billets Alilaguna s'achètent en ligne (prix légèrement inférieur) ou dans les kiosques à journaux et bureaux de tabac agréés.

Linea Blu (ligne bleue). Dessert le terminal des paquebots, le Lido, San Marco et les grands quais (Zattere).

Linea Rossa (ligne rouge). Dessert San Marco, Murano et le Lido.

Linea Arancio (ligne orange). Dessert Santa Maria del Giglio et Guglie (gare ferroviaire), le Rialto et la Ca' Rezzonico.

Depuis/vers la Stazione Marittima

Les passagers qui débarquent des navires de croisière à la **Stazione Marittima** (Venezia Terminal Passeggeri ; www.vtp.it) peuvent emprunter la Linea Blu Alilaguna, qui relie le terminal aux arrêts Giudecca Stucky, Zattere, San Marco, San Zaccaria, Arsenal (aller simple 8 € ; la Rossa effectue un parcours identique), et à celui du monorail People Mover, qui en 3 minutes conduit du terminal au Piazzale Roma, d'où partent les *vaporetti* (p. 203).

Entre l'Isola del Tronchetto et le Piazzale Roma

L'Isola del Tronchetto et le Piazzale Roma sont reliés par le monorail **People Mover** (avm.avmspa.it ; 1,50 € ; ⏲7h-23h lun-sam et 8h-22h dim avr-oct,

7h-23h lun-sam et 8h30-21h dim nov-mars), avec un arrêt intermédiaire près de la Stazione Marittima.

Comment circuler

À pied

- Pour marcher à Venise, mettez des chaussures confortables avec de bonnes semelles pour ne pas glisser sur les ponts et les rives des canaux.

Gondole de traghetto

Depuis les divers embarcadères (*stazi*) de la ville, tous indiqués par le panneau Traghetto, les passagers peuvent traverser le Grand Canal à bord d'une gondole spéciale (barque de *traghetto*, de traversée, 2 €). Ce service, pratique là où il n'y a pas de ponts, a des horaires variables selon les arrêts (horaires sur www.veneziaunica.it/it/content/informazioni-pratiche).

Vaporetto

ACTV (www.actv.it) gère les *vaporetti*, le principal mode de transport en commun à Venise. En cas de doute sur les horaires et les arrêts, demandez à l'employé qui aide les passagers à monter et à descendre du bateau et téléchargez l'application pour smartphone CheBateo?.

Billets

Les billets ACTV sont en vente auprès des billetteries et des agences **Venezia Unica** (www.veneziaunica.it), chez les vendeurs agréés et aux billetteries automatiques sur certains quais. Vous pouvez acheter vos billets sur le site de Venezia Unica. Plutôt que d'acheter un aller simple à 7,50 € (1 heure 15), sachez qu'un billet touristique donne droit à un nombre illimité de trajets en *vaporetto* pour une période donnée (20/30/40/60 € pour 24/48/72 heures/7 jours).

Le billet **72 heures jeunes Rolling Venice** coûte 22 € à condition d'être en possession de la Carta Rolling in Venice (6 €).

Pensez à composter votre carte à chaque montée à bord.

Lignes principales

Lignes n°1 et 2 Elles parcourent notamment le Grand Canal, de Tronchetto au Lido et vice versa (la ligne n°2 va de Tronchetto à San Marco en passant par le canal de la Giudecca).

Lignes n°4.1, 4.2, 5.1, 5.2 et 6 Lignes faisant le tour de Venise par l'extérieur et desservant les lieux culturels et commerciaux importants.

Ligne N Service de nuit (nombreux arrêts) qui dessert la Giudecca, le Grand Canal, San Marco et le Lido (23h30-4h, toutes les 40 min environ).

Infos pratiques

Alimentation

Après quelques minutes passées en ville, vous aurez remarqué que l'offre en restauration est immense. Ce qui signifie que le risque de se "faire avoir" est important. Un conseil : évitez les restaurants avec un rabatteur, car dans 9 cas sur 10 la qualité laisse vraiment à désirer. Les bons restaurants à prix moyens sont difficiles à trouver pour cette raison, mais rassurez-vous, les exceptions ne manquent pas. C'est dans les restaurants historiques élégants et les établissements proposant un mariage virtuose entre tradition et innovation que l'on sert aujourd'hui la grande cuisine vénitienne. Dans ce guide, nous avons indiqué pour chaque adresse une catégorie de prix, calculée sur le coût d'un repas complet : entrée (riz ou pâtes), plat et dessert, boissons non comprises.

€	jusqu'à 20 €
€€	de 20 à 40 €
€€€	plus de 40 €

Ambassades et consulats

Consulat de Belgique (041 524 2944 ; segreteria@maggioloreis.it ; Dorsoduro 3464).

Consulat de France (041 522 4319 ; agenceconsulairevenise@gmail.com ; Palazzo Morosini, Castello 6140).

Consulat de Suisse (041 522 5996 ; mil.venezia@eda.admin.ch ; Campo di Sant'Agnese, Dorsoduro 810).

Argent

La carte bancaire est acceptée dans presque tous les hôtels de catégorie moyenne ou supérieure et dans la plupart des restaurants et magasins. En revanche, les B&B demandent souvent le paiement en liquide. Même si les pensions, trattorias et pizzerias n'acceptant pas les cartes sont assez rares, renseignez-vous à l'avance, notamment sur les îles.

Voici les numéros à contacter pour bloquer une carte perdue ou volée, ou pour obtenir plus de renseignements : **Amex** (06 72 282), **Diners Club** (800 39 39 39), **MasterCard** (800 870 866) et **Visa** (800 819 014).

Cartes de réduction

L'entrée dans les musées, monuments, galeries d'art et sites archéologiques d'État (à ne pas confondre avec les galeries et musées privés ou municipaux ; voir www.beniculturali.it, onglet "Luoghi della Cultura") est gratuite pour tous les jeunes de l'Union européenne de moins de 18 ans. Sauf pendant les périodes de gratuité, le billet est à 2 € pour les jeunes de l'Union européenne entre 18 et 25 ans. Pour ces mêmes sites, l'entrée est à 1 € (ou gratuite) pour tout le monde lors des nocturnes annuelles.

Lancée par le ministre de la Culture, l'opération **#IoVadoAlMuseo** fixe 20 jours de gratuité durant l'année solaire dans tous les monuments, musées, galeries, sites archéologiques, parcs et jardins monumentaux. L'entrée des musées et sites d'État est gratuite tous les premiers dimanches du mois, d'octobre à mars. Entre janvier et mars est mise en place la **SettimanaDeiMusei**, 6 jours d'accès libre à tous les musées d'État. De plus, chaque institution offre 8 jours supplémentaires de gratuité, en fixant elle-même les dates (voir iovadoalmuseo.beniculturali.it). Pour savoir quelles sont les structures culturelles relevant de l'État, consultez www.beniculturali.it.

Les prix des cartes indiqués ci-après sont susceptibles de varier si on les achète en ligne.

Le site de **Venezia Unica** (www.veneziaunica.it) permet d'acheter des cartes de réduction et des bons équipés d'un code-barres pour accéder à divers services touristiques (transfert depuis/vers l'aéroport Marco Polo, parkings, titres de transport ACTV, entrée aux musées et églises, expositions, connexion Wi-Fi) avant le départ, ce qui fait gagner du temps et de l'argent. Ils sont rassemblés dans la carte **Venezia Unica City Pass**, qui s'achète en ligne. Une fois l'achat effectué, vous recevrez par courriel un bon de confirmation indiquant votre PNR (Personal Name Record), un code-barres ou, pour le Wi-Fi, votre mot de passe. Dans les billetteries de l'ACTV ou en insérant votre PNR dans les bornes automatiques, vous retirerez une carte qui vous permettra de bénéficier des services de transport. L'offre est vaste, avec possibilité d'acheter un package ou de le personnaliser :

- **City Pass** (www.veneziaunica.it ; tarif plein/réduit à partir de 28,90/21,90 € **Silver**, 80,90/58,90 € **Gold**, 125,90/70,90 € **Platinum**, en fonction de l'âge et de la durée de validité). Elle inclut l'entrée dans les musées et les églises, un package complet avec tous les services de transport, y compris ceux desservant les îles de la lagune. Consultez le site pour découvrir l'offre et ses différentes options.

- **MUVE Museum Pass** (www.visitmuve.it ; tarif plein/réduit 24/18 € ; valable 6 mois). Ce pass permet d'accéder aux 11 musées municipaux, parmi lesquels le palais des Doges, le Palazzo Correr, la Ca' Rezzonico et la Ca' Pesaro (mais ni le Palazzo Fortuny ni la Torre dell'Orologio). En vente dans les musées participant

Un fil d'Ariane en voyage

Vous êtes ressortissant français ? Pensez à vous enregistrer sur le **portail Ariane** (pastel.diplomatie.gouv.fr/fildariane) du ministère des Affaires étrangères. Ce service gratuit vous permet de recevoir des alertes si la situation le justifie. Crise politique, catastrophe naturelle, attentat… recevez en temps réel des consignes de sécurité lors de votre voyage.

Il existe une application pour les smartphones et les tablettes, intitulée Conseils aux voyageurs.

à l'opération et à l'office du tourisme.

◦ **I Musei di Piazza San Marco** (www.visitmuve.it ; tarif plein/réduit 20/13 €, valable 3 mois). Ce billet combiné permet de visiter le palais des Doges (une seule fois), le Museo Correr, le Museo Archeologico Nazionale et les Sale Monumentali della Biblioteca Nazionale Marciana.

◦ **Chorus Pass** (www.chorusvenezia.org ; tarif plein/étudiant/famille 12/8/24 €). Permet de visiter 15 églises, valable une année calendaire. Sans cela, les touristes paient 3 € pour visiter chaque église (tarif réduit 1,50 €, gratuit pour les moins de 11 ans) appartenant au circuit Chorus. En vente dans chaque église et sur le site www.veneziaunica.it ; sachez que les recettes financent l'entretien et la restauration des églises de la ville.

◦ **Rolling Venice** Disponible en ligne (www.veneziaunica.it) ou aux offices du tourisme et billetteries Venezia Unica, cette carte concerne les touristes de 4 à 29 ans. Valable une année calendaire, ce pass à 6 € donne droit à un prix spécial (22 € au lieu de 40 €) sur le billet touristique ATCV 72 heures Jeunes permettant un nombre illimité de trajets en transports publics et l'obtention de réductions (musées, événements culturels, magasins, restaurants, auberges de jeunesse). Moyennant un supplément, elle permet aussi de bénéficier d'une remise sur le transfert depuis/vers l'aéroport.

◦ **Autres cartes** pour les jeunes :

International Student Identity Card (ISIC ; www.isic.it), **European Youth Card** (www.eyca.org), **IoStudio** (iostudio.pubblica.istruzione.it), **Hostelling International** (www.hihostels.com).

Pour la gratuité et les réductions, les limites d'âge varient selon les structures.

Électricité

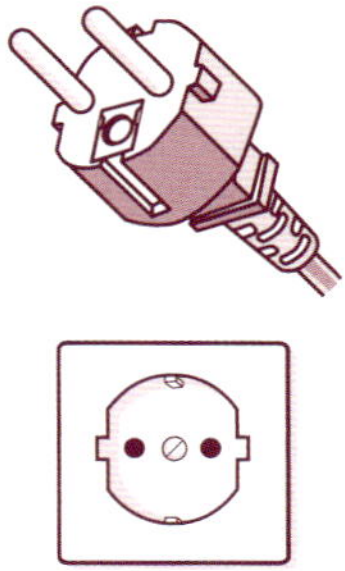

230 V/50 Hz

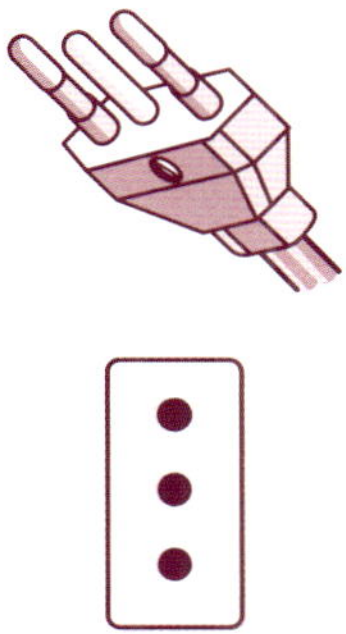

230 V/50 Hz

Formalités

Pays membres de l'UE Carte d'identité ou passeport.

Suisse et Canada Passeport ; aucun visa n'est requis pour une visite n'excédant pas 90 jours.

Handicap

Ponts, escaliers, parapets parfois absents au bord des canaux, équipements insuffisants dans les musées, fondations ou centres culturels : Venise pourrait à juste titre être considérée comme inaccessible aux personnes handicapées. Toutefois, la ville a récemment fait des efforts pour permettre l'accès à ses principaux monuments, suite à son choix très critiqué d'investir 11,3 millions d'euros pour construire le pont de Calatrava, non accessible aux personnes en fauteuil roulant à cause de ses nombreuses marches. Depuis, la ville a rendu ce pont accessible, même si l'élévateur installé se révèle peu pratique, et la traversée du pont prend du temps.

Mais à condition de préparer votre voyage suffisamment à l'avance, il est possible de visiter la ville en évitant les ponts. Venise n'est pas grande, ce qui est un avantage, surtout si vous décidez de vous déplacer majoritairement en *vaporetto*. L'accès à Burano, à Murano, au Lido, à Torcello, à San Francesco del Deserto et à San Servolo est assez aisé.

- **Transports publics** Le meilleur moyen de se déplacer en fauteuil roulant à Venise est le *vaporetto*, équipé d'une rampe d'accès. Pour les personnes à mobilité réduite, un billet spécial permet, pour 1,50 €, de voyager avec un éventuel accompagnateur.
- **Voyages en avion** Selon la loi européenne, les aéroports ont l'obligation de fournir assistance aux passagers à mobilité réduite. Si vous en avez besoin pendant votre voyage ou à votre arrivée en Vénétie, signalez-le à la compagnie aérienne au moment de la réservation, pour qu'elle en informe l'aéroport.
- **Voyages en train** La compagnie ferroviaire italienne Trenitalia met à disposition des voyageurs à mobilité réduite un service d'assistance depuis les principales villes du pays. Pour des informations et réservations, composez le **Numéro vert gratuit** (☎800 906 060 ; 🕘7h-21h tlj), joignable uniquement depuis un téléphone fixe, ou bien le **Numéro Unique**

Pas d'impairs

- Marchez sur la droite dans les ruelles étroites pour laisser passer les gens sur la gauche.
- Proposez votre aide aux personnes qui doivent franchir les ponts avec leur poussette ou leurs bagages.
- Dites *buongiorno* (bonjour) et *grazie* (merci) quand vous demandez votre direction à un Italien. Tout le monde se perd à Venise, pas de panique, mais restez poli.
- Goûtez votre plat avant de l'assaisonner. Pour les Vénitiens, c'est une hérésie d'ajouter parmesan, citron ou poivre sur des fruits de mer.

RFI (02 32 32 32, tarif normal ; 7h-21h tlj) depuis un fixe ou un mobile, un service réservé aux passagers handicapés et à mobilité réduite. Pour d'autres informations, consultez la page dédiée du site de **Trenitalia** (www.trenitalia.com/it/informazioni/assistenza_alle_personecon disabilitaomobilitaridotta.html). Les personnes voyageant en train **Italo** (www.italotreno.it) trouveront des informations dans la rubrique "Viaggiare con Italo". Si vous prenez un train de France, consultez le site de la **SNCF** (www.oui.sncf/guide/accessibilite) ; de Suisse, le site des **CFF** (www.sbb.ch/fr/gare-services/voyageurs-avec-un-handicap.html) ; de Belgique, le site de la **SNCB** (www.belgiantrain.be/fr/travel-info/prepare-for-your-journey/assistance-reduced-mobility).

Sites utiles

Sur le portail **Venezia Unica** (www.veneziaunica.it/fr/), déroulez le menu à gauche et cliquez sur "Visiter Venise" puis sur "Venise accessible" : vous trouverez nombre d'informations utiles. Parmi les autres sites italiens utiles, signalons : **Disabili.com** (www.disabili.com), **LP Tour** (www.lptour.it), **AccessiblEurope** (www.accessibleurope.com), et aussi le site suisse francophone **Procap** (www.procap.ch/fr.html). Enfin, le PDF en italien *Viaggiare senza barriere* de **Lonely Planet** (shop.lonelyplanetitalia.it/prodotto/accessible-travel) est gratuit et rassemble de nombreuses informations en ligne pour organiser votre séjour dans toutes les parties du monde.

Par ailleurs, l'**APF France handicap** (01 40 78 69 00 ; www.apf-francehandicap.org ; 17 bd Auguste-Blanqui, 75013 Paris) peut fournir des informations utiles sur les voyages accessibles.

Yanous (www.yanous.com), **Hizy** (hizy.org), **Handicap.fr** (www.handicap.fr) et **Tourisme et handicaps** (www.tourisme-handicaps.org) constituent également de bonnes sources d'information.

Heures d'ouverture

Les billetteries des musées ferment généralement 30-45 minutes avant le site lui-même. Comptez 1 heure avant pour les cuisines de restaurant.

Homosexualité

À Venise, vous trouverez un groupe associatif très actif, **Stonewall Venezia** (www.facebook.com/StonewallVeneziaLGBTQIA).

Depuis de nombreuses années, les associations et groupes du mouvement LGBTQI se sont regroupés pour coordonner et organiser des initiatives en Vénétie et dans toute l'Italie du Nord-Est, parmi lesquelles la **FVG Pride** (www.fvgpride.it), qui se déroule en juin chaque année dans une ville différente du Nord-Est (c'était Trieste en 2019).

ArciGay (www.arcigay.it) donne des informations sur le mouvement LGBT dans toute l'Italie.

Avant votre départ, vous pouvez consulter le site d'un tour-opérateur spécialisé **Quiiky** (www.quiiky.com) et le portail **Gay.it** (www.gay.it).

Internet

L'accès à Internet via le réseau Wi-Fi est largement disponible dans les bars, les restaurants et les hôtels. La mairie de Venise a mis en place **Cittadinanza Digitale** (www.cittadinanzadigitale.it) pour permettre aux habitants d'avoir accès à Internet via des *hot spots* publics et aux touristes d'acheter des services en ligne sur le site de **Venezia Unica** (www.veneziaunica.it).

Jours fériés

Certains jours fériés peuvent affecter les horaires d'ouverture et les transports, notamment :

Capodanno/Anno Nuovo (jour de l'An) 1er janvier

Epifania/Befana (Épiphanie) 6 janvier

Pasquetta/Lunedì dell'Angelo (Pâques et lundi de Pâques) mars/avril

Giorno della Liberazione (jour de la Libération) 25 avril

Festa del Lavoro (fête du Travail) 1er mai

Festa della Repubblica (fête de la République) 2 juin

Ferragosto (Assomption) 15 août

Ognissanti (Toussaint) 1er novembre

Immaculata Concezione (Immaculée Conception) 8 décembre

Natale (Noël) 25 décembre

Festa di Santo Stefano (Saint-Étienne) 26 décembre

Offices du tourisme

Adressez-vous à **Venezia Unica** (☎ 041 24 24 ; info@veneziaunica.it ; www.veneziaunica.it), qui dispose de bureaux d'information et d'accueil touristique (appelés IAT) à l'aéroport, à la gare et dans divers points de la ville (les horaires indiqués concernent le service information, les billetteries ont des horaires plus restreints).

IAT Aéroport (salle des arrivées, aéroport Marco Polo, Tessera-Venezia ; ⌚8h30-19h)

IAT Piazza San Marco (plan p. 50 ; Piazza San Marco 71f ; ⌚9h-19h)

IAT Piazzale Roma (c/o Autorimessa Comunale ; ⌚7h-20h)

IAT Mestre (Via Lazzari 32 ; ⌚8h30-19h)

IAT Stazione FS Venezia Santa Lucia (plan p. 128 ; quai 2 ; ⌚7h-21h)

L'**Associazione Amici dei Musei e Monumenti Veneziani** (plan p. 106 ; ☎041 244 00 10 ; www.amicideimuseivenezia.it ; Palazzo Mocenigo, San Stae-Santa Croce 1992) et son site Internet vous seront très utiles car certains monuments ne sont que très rarement ouverts, à l'occasion d'événements particuliers ou selon les périodes.

Poste

- **Bureau de poste** (Marzaria San Salvador 5106, San Marco ; ⌚8h20-19h05 lun-ven, 8h20-12h35 sam). Dans le centre historique.

Santé

N'oubliez pas d'emporter votre carte européenne, indispensable pour recevoir des soins médicaux. Les citoyens suisses ont droit à une assistance médicale gratuite (mais doivent s'acquitter du tiers-payant ou autre participation aux frais) pour la majorité des soins délivrés dans un établissement public, en présentant la carte LAMal. Pour les urgences, adressez-vous au Pronto Soccorso (urgences) d'un grand hôpital. Le standard téléphonique regroupant tous les hôpitaux est le ☎041 965 71 11.

- **Ospedale Civile SS. Giovanni e Paolo** (Castello 6777, Venezia). Le principal hôpital de la ville ; à 10 min à pied du Rialto.
- **Ospedale dell'Angelo di Mestre** (Via Paccagnella 11)

Presque toutes les pharmacies ouvrent de 9h à 12h30 et de 15h30 à 19h30, et sont fermées le samedi après-midi et le dimanche. La liste des pharmacies de garde est consultable à l'adresse www.farmacistivenezia.it, et tous les jours dans les journaux *Il Gazzettino* et *La Nuova di Venezia e Mestre*.

Sécurité

- **Précautions** Venise connaît un faible taux de criminalité ; mais prenez les précautions d'usage là où il y a du monde.
- **Enfants** Certains hébergements historiques, sites et bateaux ne sont pas adaptés aux enfants ; renseignez-vous et vérifiez les conditions d'âge requises avant de réserver.
- **Montée des eaux** Pour savoir s'il y a des alertes d'*acqua alta*, surveillez les prévisions des marées à 48 heures du **Centro Maree** (www.comune.venezia.it/it/content/notifiche-centro-maree). La sirène retentit quand une *acqua alta* risque d'atteindre

la ville dans les 2 à 4 heures.

Téléphone

Téléphone portable

Le réseau est compatible avec le réseau français. Les téléphones GSM et tribandes fonctionnent. Pour un séjour prolongé, il peut être avantageux d'acheter une carte SIM.

Indicatifs

- Indicatif de l'Italie : ☎39
- Indicatif de Venise : ☎041

Appels internationaux et en Italie

Appels à l'étranger depuis l'Italie Composez ☎00, l'indicatif du pays (☎33 pour la France, 32 pour la Belgique, 41 pour la Suisse et 1 pour le Canada) et le numéro de votre correspondant sans l'éventuel 0 initial.

Appels à Venise depuis l'étranger Composez le code d'accès international en vigueur dans le pays, suivi du ☎39 (indicatif de l'Italie), du ☎041 (indicatif de la ville de Venise), puis du numéro de téléphone.

Appels d'Italie vers des portables italiens Composez l'indicatif à trois chiffres du mobile, suivi du numéro de téléphone (sans l'indicatif de la ville).

Urgences

- **Ambulance** (☎118)
- **Assistance routière** (☎803 116 ACI, ☎800 116 800 ACI depuis un mobile étranger ; ☎803 803 Europ Assistance)
- **Médecins de garde** (☎041 238 56 48, 041 238 56 00)
- **Police** (☎urgences 113)
- **Pompiers** (☎115)

Langue

Les Vénitiens apprécient que l'on fasse l'effort de parler quelques mots de leur langue, même de façon très imparfaite. Les variantes linguistiques sont une composante forte de l'identité régionale italienne, mais vous n'aurez aucun mal à vous faire comprendre où que vous alliez si vous utilisez un italien "standard", tel que celui présenté dans ce chapitre.

L'italien oral ne pose pas de grosses difficultés car, à l'exception du *r* roulé, tous ces sons existent en français et toutes les lettres écrites se prononcent, y compris les doubles consonnes. Le seul problème que peuvent rencontrer les francophones concerne l'accent tonique, dont la position varie. Dans ce chapitre, nous indiquons en italique la syllabe accentuée.

Pour aller plus loin lors de votre voyage, procurez-vous le **Guide de conversation italien** de Lonely Planet.

Expressions courantes

Bonjour.
Buongiorno. bwon·*djor*·no

Au revoir.
Arrivederci. ar·ri·vé·*der*·tchi

Comment allez-vous ?
Come sta? *ko*·mé sta

Bien. Et vous ?
Bene. E Lei? *be*·né é *leï*

S'il vous plaît.
Per favore. per fa·*vo*·ré

Merci.
Grazie. *gra*·tsié

Excusez-moi.
Mi scusi. mi *skou*·zi

Désolé.
Mi dispiace. mi dis·*pia*·tché

Oui./Non.
Sì./No. si/no

Je ne comprends pas.
Non capisco. *nonn ka·pi·sko*

Parlez-vous français ?
Parla francese? *par·la frann·tché·zé*

Au restaurant

Je voudrais...
Vorrei... vor·*rèï*...

un café
un caffè ounn ka·*fè*

une table
un tavolo ounn *ta*·vo·lo

le menu
il menù *il me·nou*

deux bières
due birre *dou·é bir·ré*

Que me conseillez-vous ?
Cosa mi consiglia? *ko·za mi konn·si·lia*

Bon appétit !
Buon appetito! bwon ap·*pé·ti*·to

C'était délicieux !
Era squisito! é·ra skoui·*zi*·to

Santé !
Salute! sa·*lou*·té

Donnez-moi l'addition, s'il vous plaît.
Mi porta il conto, per favore mi *por*·ta il *konn*·to pèr fa·vo·ré

Shopping

Je voudrais acheter...
Vorrei comprare... vor·*rèï* komm·*pra*·ré...

Je regarde juste.
Sto solo guardando. sto so·lo gouar·*dann*·do

Combien ça coûte ?
Quanto costa questo? *kouan*·to *kos*·ta *koué*·sto

C'est trop cher.
È troppo caro/cara. (m/f) è *trop*·po *ka*·ro/*ka*·ra

Urgences

Au secours !
Aiuto! a·*you*·to

Appelez la police !
Chiami la polizia! *kia*·mi la po·li·*tsi*·ya

Appelez un médecin !
Chiami un medico! *kia*·mi oun *mé*·di·ko

Je suis malade.
Mi sento male. mi *sèn*·to *ma*·lé

Je suis perdu(e).
Mi sono perso/per·sa mi *so*·no *per*·so/*persa*. (m/f)

Où sont les toilettes ?
Dove sono i gabinetti? *do*·vé *so*·no *i ga*·bi·*nét*·ti

Heure et nombres

Quelle heure est-il ?
Che ora è? *ké o*·ra è

Il est (2h).
Sono le (due) *so*·no lé (*dou*·é)

matin	*mattina*	mat·*ti*·na
après-midi	*pomeriggio*	po·mé·*ri*·djo
soir	*sera*	*sé*·ra
hier	*ieri*	*ié*·ri
aujourd'hui	*oggi*	*o*·dji
demain	*domani*	do·*ma*·ni

1	*uno*	*ou*·no
2	*due*	*dou*·é
3	*tre*	tré
4	*quattro*	*koua*·tro
5	*cinque*	*tchinn*·koué
6	*sei*	*séï*
7	*sette*	*sét*·té
8	*otto*	*ot*·to
9	*nove*	*no*·vé
10	*dieci*	*dié*·tchi
100	*cento*	*tchèn*·to
1 000	*mille*	*mil*·lé

Transports et orientation

Où est... ?

Dov'è...? — *do·vè...*

Quelle est l'adresse ?

Qual'è l'indirizzo? — *koua·lé linn·di·ri·tso*

Pouvez-vous me montrer (sur le plan) ?

Può mostrarmi (sulla pianta)? — *pouo mos·trar·mi (soul·la piann·ta)*

À quelle heure part le... ?

A che ora parte...? — *a ké o·ra par·té...*

S'arrête-t-il à... ?

Si ferma a...? — *si fer·ma a...*

Comment puis-je m'y rendre ?

Come ci si arriva? — *ko·mé tchi si ar·ri·va*

bus	*autobus*	*aou·to·bous*
ticket	*biglietto*	*bi·liét·to*
horaire	*orario*	*o·ra·rio*
train	*treno*	*tré·no*

En coulisses

Vos réactions ?

Vos commentaires nous sont très précieux pour améliorer nos guides. Notre équipe lit vos lettres avec la plus grande attention et prend en compte vos remarques pour les prochaines mises à jour. Pour nous faire part de vos réactions, prendre connaissance de notre catalogue et vous abonner à notre newsletter, consultez notre site Internet : **www.lonelyplanet.fr**

Nous reprenons parfois des extraits de notre courrier pour les publier dans nos guides ou sites web. Si vous ne souhaitez pas que vos commentaires soient repris ou que votre nom apparaisse, merci de nous le préciser. Notre politique en matière de confidentialité est disponible sur notre site Internet.

Un mot de l'auteur

Ce guide est le fruit d'un travail d'équipe, et ma reconnaissance va à toute la rédaction. Mes remerciements les plus vifs à Silvia Amigoni qui a encadré ce travail ; et un merci particulier à Silvia Castelli. J'ai en outre pu bénéficier du professionnalisme d'Eloisa Bianco, Luciana Defedele et Paola Masi : qu'elles soient aussi remerciées pour leur patience.

Je voudrais enfin remercier Chiara, qui m'a comme toujours compris et soutenu, a trouvé les mots justes et a tenu la barre ; et, enfin, ma sœur Caterina, qui m'a consacré du temps et m'a prodigué de bonnes doses de sang-froid.

À nos lecteurs

Merci aux voyageurs qui ont utilisé la dernière édition du guide et nous ont fait part de leurs suggestions et de leurs anecdotes : Romain Audebert, Marie-Noëlle Bazet, Stéphanie Beaufils, Sophie Jacob, Nicolas Labrouquaire, M. Mauviel, Mallory Paya, Pauline et Quentin.

Crédits photographiques

Couverture : Bord de mer de Saint-Marc et San Giorgio Maggiore, Venise, Jon Arnold Images/hemis.fr ©

À propos de cet ouvrage

Cette 5e édition française du guide *Venise en quelques jours* a été traduite et adaptée de la 5e édition de *Venezia Pocket* en italien, rédigée par Piero Pasini.

Traduction Frédérique Hélion-Guerrini, Muriel Morelli et Maïa Rosenberger

Direction éditoriale Didier Férat

Coordination éditoriale Laurent Courcoul

Responsable prépresse Jean-Noël Doan

Maquette Valérie Police

Cartographie Cartes adaptées en français par Eduardo Yanes Blanch

Couverture Laure Wilmot

Merci à Marjorie Bensaada pour sa relecture attentive, à Paola Mildonian pour son avis d'experte, et à Dominique Bovet et Dominique Spaéty du bureau parisien.

Index

Reportez-vous aussi aux index :
Se restaurer p. 219
Prendre un verre p. 219
Sortir p. 220
Shopping p. 220
Activités p. 220

A

B

C

Référence des **sites**
Référence des **cartes**

Référence des **sites**
Référence des **cartes**

Se restaurer

A

B

C

D

E

F

G

H

I

L

M

O

P

Q

R

S

T

V

Prendre un verre

Sortir

Shopping

Activités

Notes

L'auteur

Avec un diplôme de journalisme en poche et un doctorat en histoire accroché au mur, Piero Pasini, né en 1980, écrit pour divers journaux nationaux et collabore avec des universités italiennes et étrangères. Depuis 2015, il est auteur pour Lonely Planet ; il a participé à la rédaction de guides sur les régions italiennes et les pays des Balkans, où il a escaladé des montagnes, remonté des rivières, exploré des villes, rencontré des centaines de personnes et parcouru des milliers de kilomètres. Mais il pense que c'est à Venise qu'il a fait le plus de kilomètres à pied, et il revient y marcher encore et encore.

Venise en quelques jours
5e édition
Traduit et adapté de l'ouvrage *Venezia Pocket, 5a edizione italiana, Giugno 2019*

Dépôt légal Septembre 2019
ISBN 978-2-81617-971-2
Imprimé par ESTIMPRIM, Autechaux, France
Réimpression 02, mars 2022

En Voyage Éditions | un département édi8